Cultural Sovereignty and Cultural Soft Power of Nation

艺衡 著

文化主权与
国家文化软实力

社会科学文献出版社
SOCIAL SCIENCES ACADEMIC PRESS (CHINA)

目录｜Contents

前言·文化战略与大国责任
——对中国和平崛起的文化解读

一 中国和平崛起的重要标志是文化崛起

对 20 世纪 90 年代以来因中国崛起问题的研究，是我们能否抓住未来五到十年这一重要战略机遇期的准备性条件。目前国内尤其是人文社会科学方面对中国和平崛起的战略选择和建构的研究尚嫌不足。

从世界历史经验看，一国崛起往往会带来国家冲突和战争。多数学者认为，一般情况下，新兴大国会冲击现有国际体系，与已经处于领导地位的大国的利益产生冲突，因而会对整个国际社会的稳定产生消极乃至破坏性影响。所谓和平崛起，是指在现有国际体系中，一国采取和平而不是冲突或者战争的手段来实现国家目标。但是和平崛起并非命定必然，而只是一个可能，这有赖于我们对中国和平崛起国家战略的研究和中国和平崛起大战略框架的形成。

所谓国家实现崛起的过程，就是这个国家由相对落后状态转为繁荣富强的发展历程，以及从普通国家成为大国的过程。一个国家的综合国力主要包括经济力、军事力和软实力三大部分。其中，国家的经济力是大国崛起的基础，军事力是大国崛起的坚强后盾，软实力是在这两者前提下国家组织行动的整合能力。传统的大国理论侧重于经济军事战略角度，现在则越来越多地转向文化角度。被费正清誉为"天才外交学者"的日裔美籍学者入江昭指出，权力和经济取向对国际关系的理解显然是不全面的；国家同个人一样，既追求权力和财富，同时也具有自己的情感、追求、成见和价值偏好，并试图实现某种理想，而这些也会影响国与国之间的关系。换言之，国家不仅仅是一个权力体和经济体，同时也是一个文化体，而文化这种国家软实力是大国竞争最主要的武器。我们以往的国家战略主要关注经济建设方面，GDP的增长一般被看做是崛起的一个主要标志，而对文化力这样的国家软实力是比较忽视的，或者说对其关注是远远不够的。

我们认为，大国崛起更重要的含义在于，它应当是一个政治文明的共同体，是他国文明样式和文明体系的典范。从国家战略角度看，中国作为大国的崛起，不仅应体现为经济上的强大，更应体现为具有五千年历史的文明大国在理念上的建构，中国应成为国家理念和文明形式的创新者，它的国家理念和文明形式要为其他国家所尊崇。这表明，中国的崛起在最终意义上应当是文化的崛起，是中华文明的复兴。

中国历史上的崛起都是和平崛起，主要是通过文化的融合和辐射。这已经成为中国国家战略的一个非常重要的传统。

首先，从历史事实看，中国基本上没有进行过对外军事征服、殖民掠夺。中国是通过自己的核心文化吸收和融合外来文化以发展自己的。在历史上，中国有几次对周边地区发动战争的事实，但是那绝不是欧洲历史上的国家军事殖民和武力征服，而恰恰是为了和平的目的。最让人瞩目的是，公元前133年西汉王朝对匈奴的战争，其战略目标不是为了战争，而恰恰是为了和平。并且，一旦战火平息，汉武帝就在边境通过新设的郡、县和治所，把汉民族先进的农耕技术及文化向落后的"蛮夷"地区传播，并充分顺应当地习俗，免除赋税，给予地方高度的自治权。这也表明中国国家扩张的传统手段不是军事性的掠夺，而是文化传播、文化辐射。

其次，从中国国家战略思想的历史传统看，中国的崛起都是通过文化道路的和平崛起，强调文化是立国之根本。《论语》中有子贡问政一段，孔子说："足食，足兵，民信之矣。"子贡问："必不得已而去，与斯三者何先？"孔子说："去兵。"子贡进一步追问："必不得已而去，与斯二者何先？"孔子非常干脆地回答说："去食。自古皆有死，民无信不立！"这里说的"足食，足兵，民信"就是我们今天国家战略的经济实力、军事实力，以及软实力或者说文化力。所谓"必不得已而去"，并非是真正可以去掉，一个国家的强大当然离不开经济和军事力量，这里只是在强调一种国家战略的优先价值秩序。孔子强调文化是立国之根本。

在中国的文化传承中，统而不一、和而不同的王道之治是一以贯之的文化精神和治国理念。因此，中国历史上的每一次崛起与扩张，都是文化融合创新的过程，是一次文化运动和文化事件。从某种意义上说，中国历史上的"统一"是在文化异质性共存下的统一，"崛起"是在文化多元下的和平相处。这是中国文化的禀性和根基。

所以说，中国和平崛起的重要标志是文化崛起。换言之，中国既然选择了和平崛起，就选择了文化的道路，这一道路选择本身是中国文化的历史"内生规定"，不是外在的。

二 中国和平崛起的文化战略理论建构

现代中国是"民族国家"，已然不同于古代中国的"文明国家"、"天下国家"了。虽然中国悠久的古代文明深深地影响了现代中国的国家理念型构，但是面对现代欧洲民族国家崛起的霸权冲突的历史经验，仍然需要对中国和平崛起予以历史性创新的回答。

1949 年，由中国共产党领导的新中国宣布成立，标志着中国作为一个现代"民族—国家"（nation-state）的最终完成。但从历史上看，"民族国家"是西方文明的特殊产物，西方几乎所有"民族国家"先后都走过侵略扩张的道路。中国要在 21 世纪为人类社会作出贡献，就须超越"民族—国家"的逻辑，自觉地走向重建中国作为一个"文明—国家"（civilization-state）的格局。这不仅是中国和平崛起的国家战略需要，也是中国作为大国崛起的责任所在。因为中国作为大国崛起的责任在于通过中华文明的复兴促进"和而不同"的世界文明新秩序的建立。

面对这一历史性创新的任务，我们应当树立深刻而广博的目标观。所有的大国崛起都不只是经济物质层面的崛起，更根本的是文化精神层面的崛起。国家的崛起在最终的意义上都是文化崛起，只有文化上的崛起和复兴，才能获得世界的尊重。甘地说，"物质力量同道德力量相比一钱不值"。

因此，提出构建中国和平崛起的文化战略道路，其目的就是要对国家理念建构进行历史性创新，要从根本上把我国建设成一个融入世界文明之林的"文明—国家"，并且通过中国的现代"文明—国家"建设来重建世界文明新秩序。这也是毛泽东所提出的"中国应当对人类作出较大的贡献"的题中应有之义。

那么，从现代"文明—国家"的国家理念出发，我们的文化战略框架应当如何构建，或者说它应当具备哪些基本的要素呢？

首先，文明国家在根本上是一个国家和民族的自我意识的张扬。国家之内，是每个公民的自我意识的张扬；国家之外，或者说国家之间，是一个国家自我意识的张扬。因此，文化战略这座理论大厦应当建设两个基本支柱：一是公民的文化权利，就是要让每个公民都享有基本的文化权利；二是国家文化主权，就是在吸纳世界优秀文明成果的基础上确立中华文明的主体性地位，通过国家主权的张扬来拓展国家利益。其中，公民文化权利是基础，国家文化主权是保障。没有公民的文化权利的充分实现，国家文化主权就成了无本之木；没有国家文化主权的张扬，公民的文化权利也就没有真正的保障。

三　满足公民的文化权利是维护
国家文化主权的基础

要理解文化权利的重要性，首先要弄清楚政治权利、经济权利和文化权利之间的关系。根据马克思主义的基本原理，这种关系最直接的表达就是：经济权利是基础，政治权利是保证，文化权利是目标。

"文化自由是人类发展的重要部分，国家应当采取行动并予以关注。"联合国开发计划署在《2004 年人类发展报告》中明确提出把文化自由摆在人类发展的中心地位，文化自由是文化权利的组成部分。这要求我们通过一系列政策逐步把文化权利这一隐性的权利显性化，使之成为一种显性的力量。

联系我国实际，我国公民文化权利的实现问题之所以被提到如此重要的位置来加以强调，有下面五个方面的原因。

第一，"以人为本"作为科学发展观的核心，它也是"三个代表"重要思想中提出的代表最广大人民群众的根本利益的落脚点。"以人为本"就是注重人的全面发展，也包括文化利益的满足和文化素质的提高。

第二，随着 GDP 增长，恩格尔系数下降，人们对文化消费的需求加大，精神文化的消费日益成为日常生活的重要组成部分。这要求政府通过政策和市场机制最大限度地调动各种社会力量，调用民间文化资源，来促进文化事业、文化产业的繁荣发展和公民文化权利的实现。

第三，现代化发展要求公民素质与之相适应。就现状而言，我国的国民素质与现代化发展要求还存在相当差距。中国现代化的根本在于人的现代化，人的现代化在于文化的现代化。

第四，民主政治使公共管理从权力理性走向权利理性。计划经济体制下个人对政府行政命令的绝对服从体现了以"权力理性"为基础的公共管理模式。而在市场经济体制下，权利规范发生了转型，公共管理走向"权利理性"，更看重执政机制中的内在向心力与凝聚力的建立，即把"人民拥护不拥护、高兴不高兴、满意不满意、答应不答应"作为公共执政、公共行政的参照系和出发点。服务型政府也就成为题中应有之义。

第五，在知识经济时代，知识、人的创意能力受到尊重。公民文化权利的实现程度和国家或地区文化实力的强弱有着密切的关系，它可以说是知识经济的核心环节。因为只有公民文化权利得到充分实现，才有人的创意能力的充分展现。

以上是从文化权利需求角度谈的。相应的，作为保障公民文化权利实施的主体——政府，其文化战略在实现公民文化权利方面应当包括以下四个基本层面的内涵。

一是享受文化成果的权利。给公民创造更多的文化享受的条件是文化权利实现最基本的内涵。这其中包括对影剧院、图书馆、博物馆等基本的文化场馆的建设与安排，对文学、戏剧、电影、音乐、舞蹈等多种多样文化产品的生产和供应，等等。

二是参与文化活动的权利。要建立一定的文化权利的公共参与机制，通过开展各种各样、不同层次的社会文化活动，使广大人民群众能够得到充分的文化参与的权利。

三是开展文化创造的权利。要充分调动社会资源，并投入到文化创造活动中去，才能切实形成一个大规模的文化建设的高潮，才能使群众的文化创造热情和潜能得到极大的发挥。

四是个人对自己的文化艺术创造所产生的精神上和物质上的利益享有保护权。这与文化创造权利紧密相连，如果没有形成对知识产权的保护机制，没有有效保护文化创造成果，就必然会打击人们开展文化创造的积极性。

五是进行文化选择的权利。这是文化自由权利的重要体现，它强调人们不分种族和阶层，都有进行文化交流和文化选择的自由权利。这就要求政府制定相关的多元文化政策，鼓励文化的多样性发展。

文化权利应被视为国家文化战略大厦最为重要的支柱之一，它是这座大厦的地基，它的深度和广度决定了这座大厦的高度。

四　通过文化主权拓展国家利益

主权随近代民族国家的出现而出现，它和领土、公民、政府一起构成了民族国家的四个基本要件。文化主权是国家主权的重要组成部分，与领土主权、政治主权、经济主权等主权概念相联系。其中，政治主权是文化主权的根本保障，领土主权是文化主权的空间载体，经济主权则是文化主权的必要前提。文化主权同时具有自己相对的独立性。它是某一民族、某一国家不容侵犯、不容剥夺的集体拥有的文化权利，是一个民族尊严和自我认同的必要依归。只有有了独立的民族意识的觉醒，才能有与之伴生的文化主权感。

全球化对传统的国家主权产生了巨大的影响，也在作为国家主权的一部分的文化主权上留下了深刻的印记。在殖民控制衰落和后冷战国际关系中社会制度和意识形态色彩淡化的同时，西方的文化支配权和文化扩张却凸显出来。在国际关系学里，文化支配权是指某些国家把其物质生活方式、人生观和价值观作为一种普世的行为准则加以推广，并赋予自己在文化上的支配地位。某些西方国家作为全球化的推动者和主导力量，在追求一个开放的国际市场（包括文化市场）的同时，还致力于自身政治和文化价值的推广，通过改造大众意识来建立起文化支配权，在很大程度上把经济全球化变成了一场文化扩张运动。由于经济与文化一体化的日益发展，文化的渗透、文化霸权的建立是以文化经济（文化产品的国际贸易）、信息传播等方式来进行的，比如电影、广播电视节目、流行音乐、出版物、游戏软件等产品的出口。而互联网上90%以上的信息资源都以英语为语言载体，在网上使用自己民族语言的文化权利的被剥夺也构成了西方文化支配权的一个主要方面。

文化支配权给世界带来的后果是多方面的，其中文化的同质化无疑最值得注意。文化支配权的建立，不是通过强制性的暴力措施，而是依赖大多数社会成员的自愿认同来实现的。究其实质，正是某些国家通过经济的全球化，使得其他国家与地区的人们接受其产品，进而接受其文化，最后导致文化的全球一体化，也就是世界文化的同质化。同质化是对文化多样性的根本否定，是对各具个性的民族文化的摧毁，更是对国家文化主权与文化安全的侵略甚至颠覆。

作为与文化支配权相对应的概念，"文化主权"在20世纪90年代以后，越来越成为国际社会关注的焦点。文化主权是针对文化扩张而提出的，其目的是为了避免民族文化被全面侵蚀的危险，并维护本民族的文化完整和国家的根本利益。在此背景下，研究全球化背景下的文化主权问题，维护与发展我国的文化主权，不仅是中国崛起的战略需要，而且是一种现实任务。

国家的文化主权首先体现在其文化先进性上。文化先进性的核心是文化的创新能力，因此，文化主权不是封闭的体系，而是开放的体系。维护文化主权不能采取完全的文化封闭主义态度，在捍卫基本的民族尊严的同时，要有广阔的胸襟接纳外来文化，并使之与本民族文化相融合。其次，对文化主权的尊重必须建立在对人类普世价值的认同上。好的文化秩序的根本是普世价值，包含勇敢、坚强、爱、创造等价值元素。不过，在肯定这些基本价值元素的同时，必须要强调对文化多样性的认可。人类生活因为多样性而可爱，而不是因为单一性而高贵。

我们在弘扬文化主权的同时，要警惕两种主义：一种是文化沙文主义，唯我独尊，这将导致自身文化的封闭性，使文明走向衰落；另一种是由文化相对主义导致的文化虚无主义。如果丧失了中华文明主体性，就很容易从文化相对主义走向文化虚无主义，使得国家丧失前进的方向感。

五 中华文明的复兴与大国责任

当前中国面临的问题是如何作为一个有世界历史抱负的大国而崛起。尼采在《历史对于人生的利弊》中评论古希腊民族时说："希腊人是第一个文化民族，并由此成为一切后来的文化民族的典范。"我们在前面提出要将中国重建为一个"文明—国家"，就是基于这一深刻而广博的目标观。

要重建中国为"文明—国家"，重要的是，在尊重世界普世价值的基础之上确立中华文明的主体性地位，强化中国文化的自信力。梁启超曾提出"大中华文明—国家"的思路和所谓的"国性"问题。"国性"即指中华文明的主体性，也就是我们提出的中国国家文化主权的本源。没有中华文明的主体性，就没有我们的文化主权。

那么，什么是中华文明的主体性？它应当由哪些内容构成？我们认为它应当包含以下内容：一是中国五千年的古老文明资源，就是布罗代尔所说的"远程历史"，它以较为缓慢的速度和隐秘的方式伴随着我们，是中国重建"文明—国家"最重要的历史文化资源；二是中国共产党创建的社会主义平等传统和1978年以来的改革开放传统。这是我们建设中国现代政治文明的现实资源，也是中华文明主体性的核心内容。只有具备了这样的文化主体意识，我们在接受西方现代文明时才能真正具有开放的心态，我们才会平静而理性地面对西方文明给我们带来的冲击。

费孝通先生曾提出"文化自觉"这一概念。所谓"文化自觉"，就是要认识我们的文化传统及其演变，对生活于其中的文化有"自知之明"，以加强对文化转型的自主能力，取得决定适应新环境、新时代的文化选择的自主地位。不是要"复归"，同时也不是要"全盘西化"或"全盘他化"。

"文化自觉"这一概念，落实到个人层面，就是文化权利，或公民文化权利的充分表达；落实到国家层面，就是国家文化主权。一个国家的文化主权，其本身就是要确立国家转型的文化自主能力和文化选择的自主地位。一个大国，若没有自己的文化主体地位，没有自己的文化主权，尽管仍可能是一个经济发达国家，但绝不可能是一个文明国家，不可能得到文明世界的尊重。所以张扬国家的文化主权，就是张扬中华文明的"文化自觉"，就是张扬中华文明的主体性地位。

亨廷顿的"文明的冲突"论敏锐地看到了文化因素在塑造全球政治格局中的核心作用，却错误地认为文明的冲突是不可避免的。这是他的理论局限，也是西方文明历史逻辑的局限。我们认为，不仅"文明的冲突"是可以避免的，而且文明是可以和解的，是可以共容的。

中华文明的复兴在一定程度上取决于我们和其他文明之间能建立多大的"共容利益"（encompassing interests），从而增加不同文明之间的相互依存度，而不是互相冲突。为了从"文明的冲突"走向"文明的共容"和"文明的和解"，中华文明要促进世界文明新秩序的建立，这是中华文明复兴的机遇，也是中国作为大国崛起的责任。

胡锦涛总书记于 2006 年 4 月 21 日在耶鲁大学的演讲中阐发了中国作为"文明国家"负有大国责任的国家理念，他强调："中华文明历来注重亲仁善邻，讲求和睦相处；历来爱好和平，在对外关系中始终秉承'强不执弱'、'富不侮贫'的精神，主张'协和万邦'。中国人提倡'海纳百川，有容乃大'，主张吸纳百家优长、兼集八方精义。今天，中国高举和平、发展、合作的旗帜，奉行独立自主的和平外交政策，坚定不移地走和平发展道路，既通过维护世界和平来发展自己，又通过自身的发展来促进世界和平。"

古今中外的文明史表明，任何一个文明都有一个从生长、壮大、强盛到衰弱的历史周期，过于霸权化的文明必然会走向衰落。和世界上其他文明有巨大的不同，中华文明是世界古代文明中始终没有中断、持续五千多年发展至今的文明。一个冲突的西方文明历史在遭遇一个"和而不同"的中华文明历史之后，作为世界性的"复数的文明"概念才会真正兴起。也就是说，只有在中华文明"和而不同"的条件下，多样性的世界文明才可能真正和平相处与和平发展。

第一章
文化主权学说和国家文化软实力构成要素

世界正在经历一个经济、技术和政治一体化的过程；与此同时，它又在经历一个政治碎片化的过程。全球化、国际组织和跨国公司的兴起，直接导致了"国家主权之死"这一事件，不过，主权之死并不意味着作为主权实体的民族国家的消亡，而是欧洲现代性思想内部的一个理论危机。探讨近代政治理论核心部分的主权思想的深层结构性病理，提出主权作为一种欧洲现代性理论在全球化时代的解释困境，是我们面对欧洲现代性危机的一个理论任务。意大利政治学家安东尼奥·奈格里和美国学者麦克尔·哈特提出，全球化已经导致了一个新的帝国的出现，而这个帝国最核心的理论就是主权。他们从欧洲的内在性主权和先验性主权两种现代性主权入手，以勘察欧洲现代性危机的思想痕迹。这个新帝国的出现带来了主权的复兴。这个主权不是传统的以政治和军事为核心的国家主权，而是传统国家主权的边缘性主权——文化主权，是对政治、军事等核心性主权的反动，即不再是由政治和军事主权来规定文化主权，而是以文化主权来规定政治和军事主权在全球化时代的边界。

单纯从法律角度来理解文化主权的视角，已经难以承担起文化主权在全球化时代的国家理论要求，我们需要一种文化政治法学来替代传统的政治学和法学以对文化主权进行重新论证。这要求我们把文化主权置于政治哲学的思考维度，重新审视主权理论诞生之时的政治性处境，而不局限于主权国家确立之后的法律权利界定维度。可以说，一个国家的法律的效力源自于这个国家的主权。主权从一开始就是价值性的，或者说是文化性的，它关涉到我们选择什么样的文化理念来建设我们自己的国家形态。在这个意义上，主权本身就是国家软实力最核心的构成要素。

要区分普通国家和大国之间的文化主权观。普通国家的核心主权是政治主权，强调一般意义的国家领土完整，文化主权在其中只是一种边缘性主权，这种文化主权观往往成为国家文化民族主义的固守阵地，成为对抗世界强势文明的国家武器；对于大国来说，文化主权则是国家主权秩序建构的基础，也就是说，政治主权、军事主权等作为核心主权，在法统上依赖于文化主权的理念建构，文化主权使得政治主权和军事主权可以转化为国家软实力而成为国家在国际政治舞台拓展国家利益的力量。所以，国家文化软实力在某种程度上是文化主权在国家外交上的具体展开，是国家在文化政治法学层面的理念斗争。对于国家文化软实力的建构，尤其迫切需要一种文化主权学说的理论论证。

这个问题对于中国来说尤为迫切，它是百年中国问题的根本之根本。中国的国家危机和文化危机相互纠缠，国家利益、国家主权以及国家建设紧密联系在一起，注定了中国问题的复杂性和探索性。不过，这反而使得中国问题的理论探索本身就构成了解决全球化时代思想危机的一条深具希望的道路。所以，对中国问题的理论思考不仅是对中国的，也是对世界的。中国的文化危机和国家危机紧密联系在一起，国家危机的核心是主权危机，这本身也就构成了中国文化危机的政治性处境。所以，文化主权的提出既是中国问题的一个内在逻辑，也是中国经过 30 年改革开放之后实现经济再崛起的现实逻辑；既是中国经济崛起后重返世界大国关系秩序背景下的国家理论要求，更是中华文明复兴的历史任务的根本要求。文化主权是中国文化自觉的题中应有之义。在中国现代化的背景下，文化主权承担了中国文化自觉的历史使命。我们提出通过主权思考文化的思路，是对中国文化政治意识的提升，是对传统中国文化的血气政治的复归。文化主权所具有的国家力量是由民族和国家之文化精神血质所规定的，它是文化的价值根基所在，也是国家文化软实力构成的基本要素。

第一节　主权的终结与再生

一　主权的终结

"确实，与全球化的进程相伴随，民族—国家的主权尽管依然是有效的，但已不断地衰落。"萨森（Saskia Sassen）认为："生产和交换的主要因素——金钱、技术、人力、商品——越来越容易地越过国界，因此，越来越少有力量去制约以上因素的流动，向经济施加它的权力，甚至最占据统治地位的国家在自身疆界的之内或之外，也不再被认为是至高无上的权威。"[1] 比萨森更为激进的是约瑟夫·A. 凯米莱里和吉米·福尔克，他们认为："主权，作为民族国家对其全部领土和人口行使管辖权的绝对权力，与展现在我们眼前的政治和经济现实越来越不相符合。"[2] 在他们看来："世界正在经历一个经济、技术和政治一体化的过程；与此同时，它又在经历一个政治碎片化的过程。"在这样一个过程中，他们提出以主权理论作为核心的"当代的政治理论和说辞在多大程度上可以为我们认知的这一切提供了适当的基础"。[3] 约瑟夫·A. 凯米莱里和吉

---

[1]　参看 Saskia Sassen, *Losing Control? Sovereignty in an Age of Globalization*, New York: Columbia University Press, 1996。

[2]　约瑟夫·A. 凯米莱里、吉米·福尔克：《主权的终结——日趋"缩小"和"碎片化"的世界政治·中文版自序》，浙江人民出版社，2001，第3页。

[3]　约瑟夫·A. 凯米莱里、吉米·福尔克：《主权的终结——日趋"缩小"和"碎片化"的世界政治·英文版序言》，浙江人民出版社，2001，第7页。

米·福尔克从考察主权的性质入手，认为作为一种认识民族国家世界政治的主权学说已经遭遇到前所未有的解释危机。但在现实政治世界的权力关系里，以主权作为基础的民族国家仍然是世界政治的决定性力量，因此，约瑟夫·A.凯米莱里和吉米·福尔克所说的"主权的终结"并非指现实世界中民族国家的主权的终结，而是指作为一种近代政治理论的主权学说内在的解释性的思想危机。因此，我们的任务是，勘察主权学说的理论变化，提出一种应对全球化背景下世界政治变化的新的主权学说。

中国学者俞可平梳理了全球化时代的几种具有代表性的国家主权学说。[①]

"民族国家终结论"。鉴于经济全球化对民族国家的领土、主权和公民认同所构成的挑战，一些学者直接就把全球化的过程定义为"非民族国家化"的过程，认为全球化正在消除经济空间和政治空间的一致性。

"国家主权过时论"。一些学者断定，传统的国家主权已经开始彻底崩溃，国家主权已经成为一个过时的概念，国际政治的"后威斯特伐利亚"时代已经来临。

"国家主权弱化论"。许多学者指出，国家主权遭到了全球化的强烈冲击，国家主权已经被严重地削弱了，它不再具有先前的那种绝对性和至高无上性。

"国家主权多元论"。一些学者认为，在全球化时代，国家主权开始在现实生活中变得多元化，它同时向两个方向转移和让渡，一方面对内向国内的地方政府和民间组织转移，另一方面对外向国际组织和全球公民社会组织转移。

"国家主权强化论"。一些学者认为，"民族国家的终结"是一个彻头彻尾的神话，全球化不仅没有削弱民族国家的地位，没有使

① 俞可平：《全球化时代的国家主权》，2004年11月15日《文汇报》；《论全球化与国家主权》，《马克思主义与现实》2004年第1期。

国家主权消失，没有改变国家主权的性质，甚至也没有使其弱化；相反，国家主权的属性和功能在全球化时代得到了前所未有的增强。

"世界政府论"。一些学者相信，全球化为世界政府奠定了深厚的现实基础，也使"世界政府"和"世界社会"变得比以往任何时候都更加必要，也更加具有现实性。

"新帝国主义论"。新帝国主义是传统帝国主义在全球化时代的最新发展，是全球化时代的帝国主义。所谓新帝国主义，实质上指的是西方发达资本主义国家完全无视国家主权的客观存在，在通过全球化过程进行经济扩张和金融垄断的同时，想方设法将其文化价值、政治制度和意识形态推向广大的发展中国家。新帝国主义的重要特征，就是以"主权过时"、"反对恐怖"、"国家失效"等为名公开谋求国际霸权。

"全球治理理论"。在当代西方的各种新国家主权理论中，最有影响的是全球治理理论。基于全球化进程已经极大地改变了传统的对国家主权的认识，许多学者主张，一种与全球化进程相适应的全球秩序已经出现，传统的国际合作应当向全球治理转变。全球治理的要素主要有以下五个：全球治理的价值、全球治理的规制、全球治理的主体或基本单元、全球治理的对象或客体，以及全球治理的结果。

俞可平指出，纵观上述形形色色的新国家主权理论，我们不难看到，虽然它们的观点各不相同，有些甚至相互对立，但绝大多数理论的背后，都存在着这样一种共识：经济全球化作为一种影响世界历史的客观进程，已经对民族国家及国家主权产生了极大的冲击，国家主权面临着前所未有的挑战。

全球化到底对国家主权产生了什么样的影响？有的学者还从全球化角度发展出一套衡量国家涉入全球化体系事务的指标，以此进一步设计出衡量全球化对主权影响的变数和指标。① 总的来说，全

---

① 《全球化架构下国家主权的测量》，http：//www.ntpu.edu.tw/pa/news/94news/attachment/950221/1 – 3.pdf。

球化之下每个国家的各类政策与措施，都会列入国际的评比，全球市场在其中发挥奖惩的功能，缺乏良善政策的国家将被排斥在外。为了避免被开除"全球市场"成员资格，政府领导人即便不为本国人民负责，也会受到其周围的各个经济利益集团（这些利益集团往往决定政治人物的政治前途和生命）的影响。这样，国家必须评估自己的各种比较优势，做出选择。所以，权力平衡，这个古老的现实主义理念，仍然主导主权的走向。非全球化与全球化时期，影响主权的差异主要不在于质，而在于量。在全球化之下与主权抗衡的组织大为增加且各不相同，抗衡的范围扩大，但抗衡的原理并没有多大的改变。

对全球化之下国家主权影响的测量以及诸如此类的种种新的国家主权理论给我们以新的思想启迪，但是它们并不能解决主权理论的内部危机，因为它们实际上只是对民族国家主权理论在现实政治世界变化中所处境况的一种现象描述，还没有真正触及作为近代政治理论核心部分的主权思想的深层结构性病理。在这点上，约瑟夫·A. 凯米莱里和吉米·福尔克给我们做出了非常有意义的探索，那就是从考察主权理论在当代政治分析中是如何被表述的入手，指明主权作为一种欧洲现代性理论在全球化时代遭遇的解释困境。这是因为"主权既是思想又是制度，它位于现代的因而也是西方的时间与空间的经验的中心"。[1] 说到底，"主权之死"是欧洲思想内部的一个死亡事件。所以，对主权理论的深层结构性病理的诊断就是对欧洲现代性的诊断。

二 主权的再生

1999 年，美国《政治研究》杂志专门以"处于千年之交的国家主权"为主题出版了一期专号。[2] 罗伯特·杰克逊（Robert

---

① 约瑟夫·A. 凯米莱里、吉米·福尔克：《主权的终结——日趋"缩小"和"碎片化"的世界政治》，浙江人民出版社，2001，第 13～14 页。

② 杨雪冬：《全球化进程中的国家主权与国家自主》，2006 年 2 月 15 日《学习时报》。

Jackson）在"导论"中指出，主权是一个有争议的学术概念。从各种说法可以归纳出两类定义。一类是把"主权等同于独立"。历史学家、国际法学家以及政治理论家倾向于这种观点，认为主权就是"权威"和"权利"。另一类是把"主权定义为自主"。政治经济学家和政治社会学家乐于使用这个定义，把主权视为"权力"和"能力"。在杰克逊看来，这两种定义各自反映了对主权两个组成方面的强调。前者强调的是主权的内部性，是对一定管辖范围内的一定人口的最高统治权；后者侧重的是主权的外部性，认为主权代表国家的政治独立，代表了国家有权参与国际活动和国际组织。

在同一期杂志中，乔治·仁森（Georg S. Rensen）指出，如果把主权视为一种制度（institution），那么它是由"宪政性规则"（constitutive rules）和"管制性规则"（regulatory rules）组成的一套规则。前者保证了国家的宪法独立，是第一位的规则；后者调节的是各种活动，是第二位的规则。显然，这种划分基本上也是采取主权的内外部指向逻辑。沃尔夫冈·H. 林尼克（Wolfgang H. Reinicke）对主权的界定更为明确，他认为主权应该划分为外部主权和内部主权。所谓外部主权指的是国家所要应对的外部环境以及国际体系中国家间的关系；内部主权指的是国家领土范围内政府与公民、经济以及更加具体的团体和制度之间的关系。他指出全球化的发展对"国家行使内部主权的能力提出了根本性的挑战"，而当代国际关系理论由于没有区分内部和外部主权，所以无法清楚地解释全球化对国际体系，尤其是对民族国家的影响。因此，他进一步提出，在主权的内外部划分的基础上，可以从概念上把主权区分为"法理学上的主权"（legal sovereignty）和"实际运行中的主权"（operational sovereignty）。

这就是《政治研究》杂志试图挽救主权理论的一种努力，如同主权的死亡要从主权思想内部寻找病理一样，主权的再生也要从主权思想内部寻找可以分裂出来的 DNA 结构。

在这方面，意大利政治学家安东尼奥·奈格里和美国学者麦克尔·哈特在 2000 年于哈佛大学出版社出版的《帝国》（*Empire*）中做出了探索性的研究。他们的理论充满了争议，但却给予人们足够的思想刺激。在他们那里，所谓帝国问题就是主权问题，或者说，主权是帝国的核心问题。他们从欧洲的两种现代性主权入手，分析欧洲现代性的危机。

现代性主权有两种，即内在性的主权与先验性的主权。前者是从中世纪解放出来的文艺复兴之人文主义现代性，以斯宾诺莎和马基雅维里为代表，这种现代性强调的是人的"内在性（immanence）的主权原则"，以之对抗宗教的压迫；而后者的现代性则是经过霍布斯最初加工后，由康德最终完成的"先验性之主权原则"。内在性主权原则强调欲望的解放和社会的联结；而先验性主权原则则强调凌驾一切之上的权威，以维护社会秩序。现代欧洲主权国家就是先验性主权原则的产物。现代民族国家的主权终结是先验性主权的终结。所以，安东尼奥·奈格里和麦克尔·哈特力图通过恢复内在性主权来挽救欧洲现代性主权危机，也就是欧洲的危机。[①]

主权思想的困境在黑格尔那里已经有深刻的洞悉。[②] "欧洲的危机"使得从黑格尔到托克维尔，每个来自欧陆的思想家都对美国有一种想象，让这些思想家在哀悼欧洲衰微的同时，转而将美国

---

① 柯朝钦：《〈帝国〉和美国想象》，台北《文化研究月报》第 26 期。

② 高全喜指出了《法哲学》中由法权界定的"中介性的"自由："《现象学》所强调的那种主人与奴隶的极端对立关系在《法哲学》那里得到了消解，《法哲学》相互承认的原则不再是主奴关系的敌友政治原则，而是市民社会的法人法律原则，宪政国家的形式中立取代了贵族国家的生命冲突，以人格的自由定在为本性的所有权在《法哲学》中占据了重要的地位，成为市民社会乃至政治国家赖以存在的法权基础……因此，黑格尔的《法哲学》也就不存在所谓历史终结的问题，一个看上去虽然多少有些平庸但却不可或缺的利益与权利相结合的市民社会变成了黑格尔法权理论的中心内容，而在此无疑表现出黑格尔《法哲学》与英国古典自由主义的相关性，因为《法哲学》的市民社会是以英国市民社会的发展为原型构造出来的。"参见高全喜《论相互承认的法权》，北京大学出版社，2004，第 51 页。

想象为一种欧洲文明的救赎、复兴，乃至延续。柯朝钦指出安东尼奥·奈格里和麦克尔·哈特的《帝国》的思想论述同样根植于这个"欧陆—美国"实现传统。他们认为新的帝国不在欧洲，而在美国的宪法中获得体现。美国的立宪精神没有现代的先验性主权原则，而是一个追求内在性主权的开放原则，这个原则是制造"特异性"关系的原则。这是个令人惊讶的创见，作者发现原来福柯和德勒兹煞费苦心所试图挖掘的久已湮没的文艺复兴人文主义之法权的内在性传统，竟然早就存在于大西洋彼岸的美国宪法中。① 虽然安东尼奥·奈格里和麦克尔·哈特的"帝国"是以美国为蓝本，但是他们非常清楚地指出："未来的帝国不是美国的，美国不在其中心。""帝国的基本原则便是其力量没有实际的和可确定的范围或中心。帝国的权力通过流动和体现出来的控制机制分散在网络之中。"② 《帝国》英文版的封底内页的宣传文字将这本书定位为《新共产主义宣言》，它承继了马克思和恩格斯的《共产党宣言》的政治—经济批判传统，而帝国作为当代全球资本主义的统治方式，成为一种新的主权理论。

帝国与我们所熟悉的民族国家的形态的区别，是它要把以往历史上形成的权力形态和国家形态统统纳入一种新的普遍性的秩序之中。帝国的主权是要把民族国家的文化世界、传统、地域收归到一个全球性的理念中去，并以此来规定人类的本质和未来。③ 那么，帝国的问题就是作为全球统治形式的文化基础问题。

帝国这个新的主权从根本上说是一种文化主权。主权的再生是文化主权的再生。"主权说到底是一种思想——是一种人类的发明。"④

① 柯朝钦：《〈帝国〉和美国想象》，台北《文化研究月报》第26期。
② 安东尼奥·奈格里、麦克尔·哈特：《帝国——全球化的政治秩序》，江苏人民出版社，2003，第363页。
③ 张旭东：《全球化时代的文化认同——西方普遍主义话语的历史批判》，北京大学出版社，2005，第100~101页。
④ 张旭东：《全球化时代的文化认同——西方普遍主义话语的历史批判》，北京大学出版社，2005，第55页。

约瑟夫·A.凯米莱里和吉米·福尔克的这一认知无疑承继了德籍宪法学家施米特的诊断。在施米特看来，国家主权说到底是人为的东西。[①]

"主权概念在当代政治学说中的普遍应用，使近来发生的那些错综复杂的发展与变化被淡化了。"约瑟夫·A.凯米莱里和吉米·福尔克指出，对于大多数文明来说，主权一直不是政治生活的确定特征。例如，对于以血缘关系组织起来的非洲和大洋洲的部落社会来说，这一概念就没有多大意义。在古代中国的列国体系中，天子与诸侯、大夫之间细微而多变的关系也不能被描述为主权国家体系。霸权原则可以用来解释埃及、波斯和罗马帝国主义的兴起，但它与现代的多极、相互竞争但又平等的主权国家的概念很少有相同之处。所以，为了洞悉主权概念，我们必须把注意力更多地转向欧洲。因为那里被认为是现代国家的摇篮。[②]

对于古代中国的朝贡关系和欧洲民族国家体制的不同，国内学者有不少研究。汪晖就指出，清帝国的对外关系是一种所谓的朝贡关系，这种关系是礼仪性质上的。这里的所谓礼仪既是一种道德/政治关系，也是一种法律/经济关系。这种帝国之间或宗主国与朝贡国之间的关系模式与民族—国家关系模式的基本区别是：首先，早期帝国之间的条约或朝贡关系的礼仪协定并不奠基于一种"国际法"之上，它们往往或者是力量对比、文化交往的产物，或者是内部关系的扩展。其次，朝贡体系内部的某些政治实体具有国家的各种特征，如朝鲜、越南、琉球等，而另一些则很难用"国家"来形容，如中国西南的土司。朝贡体系基本上是中国国内关系的延伸，并不存在国际与国内的明确区分。在宗主国和朝贡国之间形成朝贡圈，但是宗主国并不依赖朝贡国的贡品维持自己的经济运行，

---

① 刘小枫：《现代人及其敌人——公法学家施米特引论》，华夏出版社，2005，第233页。

② 约瑟夫·A.凯米莱里、吉米·福尔克：《主权的终结——日趋"缩小"和"碎片化"的世界政治》，浙江人民出版社，2001，第14页。

在大多数情况下，中央国家为了维持礼仪上的崇高地位，必须对朝贡国进行回赐。这种朝贡—回赐的关系是等价的，有时回赐超过朝贡的价值，从而朝贡关系具有经济贸易往来与礼仪往来的双重性质。在这种情况下，礼仪形式上的不平等与实质上的对等关系、朝贡关系的礼仪性质和朝贡贸易的实质内容是相互重叠的。① 日本学者滨下武志这样概括朝贡关系："朝贡国以接受中国当地国王的承认并加以册封，在国王交替之际以及庆慰谢恩等等之机去中国朝见；是以举行围绕臣服于中央政权的各种活动，作为维系其与中国的关系的基本方式。"② 与朝贡关系的种种因素相比，民族—国家体制是一种全新的体制。

所谓民族—国家体制，就是一种主权体制，是建立在欧洲国际法的主权国家独立平等原则基础之上的政治文化秩序。那么，这个主权国家体制是怎么发展起来的呢？在中世纪，欧洲各国都服从于普遍的法律秩序，其权力来源于上帝之法（Law of God）。本（Benn）和彼得斯（Peters）论述了这一凭借上帝的权力规定的等级法律概念："法律不被认为是政治秩序的创造物——法律认为是外部的、客观有效的规则体系，所有的联系都存在于这一体系之中，所有行为者的权利和责任都来自这一体系。"③ 尽管存在领土上的分隔，但构成世界秩序的单位并不拥有现代主权概念所具有的占有性和排他性特征，它们将自己看做一个世界共同体中的地区代表。

到 15 世纪末，欧洲由将近五百多个独立的政治单位组成，不过到这个时候，旧的封建制度已日渐衰落，在意大利半岛北部，一些城市国家变成了独立的政治实体。它们开始有商业和贸易，国王

---

① 汪晖：《帝国与国家》，《现代中国思想的兴起》（上卷第二部），三联书店，2004，第 691~692 页。

② 滨下武志：《近代中国的国际契机——朝贡贸易体系与近代亚洲经济圈》，中国社会科学出版社，1999，第 35~36 页。

③ 转引自约瑟夫·A. 凯米莱里、吉米·福尔克《主权的终结——日趋"缩小"和"碎片化"的世界政治》，浙江人民出版社，2001，第 15 页。

也开始征税，地方权力逐渐集中到君主的手里，有了文职官员，并雇用了军队使征税合理化。到了 16 世纪，文学、艺术和哲学领域的文艺复兴加速了欧洲社会世俗化的进程，削弱了教会在精神和世俗方面的权威。随后的基督教改革运动和反改革运动及以后的宗教战争，使欧洲被此起彼伏的宗教和政治动乱所吞没，这个时候世俗国家权威的出现成为对这种动乱最有效的补救方式。三十年宗教战争结束的一个重要成果就是《威斯特伐利亚和约》（Treaty of Westphalia，1648）的签订。从此，国际关系由世俗规则来决定，而不再由神圣罗马帝国或罗马教皇来决定。这样，主权国家就诞生了。

主权是欧洲民族国家的剖腹产婴儿。忘记是谁说了这句话，但是它生动地表述了主权诞生的暴力和血腥。拉萨·奥本海默（Lassa Oppenheim）在他的《国际法》（International Law）中论证说："作为主权的和平等的国家之间的法律，建立在这些国家的共同认可基础上的国际法是现代基督教文明的产物。"① 这种形式上平等但实质上可能并不平等的主权国家体系成为欧洲殖民主义扩张的工具，构成了欧洲"现代"进程的重要环节。

这样一个欧洲民族国家的扩张史，后来却被当作一个自然的历史过程，主权理论也就在这样一个过程中成熟起来。首次系统地讨论主权本质的是法国的让·博丹（Jean Bodin）。其时他的祖国正在经历内战的骚乱，处于从封建主义末期向中央集权国家过渡的阶段。博丹是将国家利益置于宗教或者个人考量之上的国家主义派的拥护者。在反映其党派精神以及时代政治状况的《共和六书》中，博丹成为法国君主制赖以建立的主权学说的创立者，现代政治学也是建立在他的主权学说之上的。② 陈端洪教授认为，博丹第一次系

① Lassa Oppenheim，*International Law*，London，p. 44。转引自汪晖《帝国与国家》，《现代中国思想的兴起》（上卷第二部），三联书店，2004，第 693 ~ 694 页。
② 梅里亚姆：《卢梭以来的主权学说史》，法律出版社，2006，第 5 ~ 6 页。

统地论述了绝对主权，在理论上敲响了中世纪封建制的丧钟。霍布斯继承了绝对主权的理念，完成了对这个概念的哲学论证，从而奠定了现代国家的理性建构的观念基础。而卢梭则是第一个完成人民主权的哲学理论建构的思想家，奠定了现代共和制的理论基础。[①]这就是主权从上帝主权到君主主权（王权），再到人民主权和国家主权的理论发展过程，其背后的推动力量是欧洲启蒙理性主义的"现代性谋划"。

"主权"和"国家"就是这一谋划的重要部分。"它们是总体叙述的一部分——大量人物构成一幅世界图画，并将他们的理解和行为有机地组织起来。"本尼迪克特·安德森指出，"国家"是一个概念，它是一个想象的大共同体（community），[②] 这个概念的提出本身就是一项杰出的发明。它告诉一群人，尽管权力和财富的分配是不平等的，但有些东西将他们团结在一起，形成一种"深厚的同志关系"。在这里，国家政治共同体被想象为"生来就是有限的，也是主权的"，"在我们今天的政治生活中，民族性（nationness）是最普遍的合法价值"。18 世纪的欧洲不仅描绘出了民族主义的图画，也使宗教思想黯然失色。它使现代性的时代——世俗宿命论被理性主义、世俗现代化和进步所替代。安德森认为："没有什么比国家更适合这一目的。"[③] 19 世纪之后，随着欧洲资本主义的全球扩张，欧洲以国家主权为基础的"国际法"确立了全球化统治的法律秩序，从而把亚洲、非洲等地区的政治实体纳入"国际法"这一欧洲文明建构的普遍性秩序之中。

在全球化的背景下，欧洲问题已经构成中国现代性问题的重要组成部分。对于中国而言，"这里的真正问题是：礼仪的等级性与各自表述和解释的自主性之间确实可能构成一种实质性的相对平等

---

① 陈端洪：《宪治与主权》，法律出版社，2007。
② 本尼迪克特·安德森：《想像的共同体——民族主义的起源与散布》，上海人民出版社，2005。
③ 佩里·安德森：《绝对主义国家谱系》，上海人民出版社，2001。

关系，而这种对等性是在一个与民族—国家范式截然不同的历史范畴中展开的。因此，我们需要进一步追问：朝贡关系的等级性与对等性存在于怎样的政治、经济、文化条件之下？它们的平衡是如何被破坏的？"① 汪晖由这个问题指出，晚清以来的中国国家危机体现为建立在等级秩序基础之上的帝国体制遭遇到了建立在平等秩序基础之上的主权国家体制的挑战。而这背后更深刻的是文明冲突所表现出来的惊恐与仓皇。历史学家何芳川指出："农业文明对稳定、和平的基本要求的特征，以及为了这种稳定、和平需要应运而生的儒学那些'君臣父子'、'忠孝节义'等理念框架，也自然延伸到帝国对外关系的基本理念与原则之中，以维持彼此的稳定与和平。"国家对稳定、和平的需要是农业文明的内在需要，所谓的华夷秩序这种国际秩序范式也是以农业文明为基础，离开了农业文明，华夷秩序定然是土崩瓦解。"中华帝国在带给其他国家和平的时候，同时也将自己摆在了与其他邦国不平等的基础上，彼此的关系，是'治'与'奉'的关系，是'抚驭'与'事大'的关系，中华帝国及其统治者，始终居于华夷秩序中居高临下，凌驾一切的地位。"说到底，华夷秩序把中国与世界简单地划分为"内夏"与"外夷"，其要害是只可"以夏变夷"，不可"以夷变夏"。② 实际上，华夷这种等级秩序观念的产生并非中国所独有，欧洲的古代社会也是建立在这种等级秩序观念的世界观之上。③ 欧洲社会从游牧、农业文明经过工业革命洗礼之后，进入了工业文明阶段，文化的承载者也从部落转为民族国家，文化的继承和扩张以民族国家为主要动力，主权国家之间的竞争实际上是对建构世界文明秩序的文化领导权的竞争。

---

① 汪晖：《帝国与国家》，《现代中国思想的兴起》（上卷第二部），三联书店，2004，第 693 ~ 694 页。
② 何芳川：《"华夷秩序"论》，《北京大学学报》（社会科学版）1998 年第 5 期。
③ 吴莉苇：《欧洲人等级制世界地理观下的中国——兼论地图的思想史意义》，《中国社会科学》2007 年第 2 期。

第二节 什么是文化主权

一 文化主权概念的提出

晚清以来的中国国家危机表现为深刻的文化危机，使文化主权成为严肃的中国学者不可回避的思想主题。总体而言，国内学界对文化主权的思考还远为不足，直到 20 世纪 90 年代，国内一些新锐的国际政治学者才开始思考文化主权问题。就我们的视野所及，时任复旦大学国际政治学系教授的王沪宁可能是国内最早论述文化主权的学者，他于 1994 年在《复旦学报》上发表了《文化主权和文化扩张：对主权观念的挑战》一文，① 指出霸权主义者在进行扩张时，从来都不只是单纯运用军事或经济手段，而是非常自觉地把军事、政治、经济与文化手段并用，并致力于用西方的价值观念来改变世界。当年的西、葡、英、法等是这样，而今的美、英仍然是这样。如"老布什时期提出的国家安全报告把扩大美国政治价值作为美国国家安全的基础工作之一，克林顿把民主作为外交政策的支柱之一"。王沪宁深刻地指出了文化主权是大国政治的核心观念。大国的外交博弈从表面看是军事经济利益的争夺，其实质说到底是文化主权的争夺，这才是大国最大的政治。美国政治学者赫姆林克甚至还提出了"文化同步"的概念，他的观点是："文化同步的进程意味着一种宗主国文化的发展紧密地与接受国相沟通，当地的社会创造性和文化创造性进程进入混合状态，或者被摧毁。"②

近年来，虽然国内学界对文化主权的研究论文开始大量涌现，但大抵不出以下两种研究范式：其一是从国家主权的内容分类角度

---

① 王沪宁：《文化扩张与文化主权：对主权观念的挑战》，《复旦学报》（社会科学版）1994 年第 3 期。
② 转引自王沪宁《文化扩张与文化主权：对主权观念的挑战》，《复旦学报》（社会科学版）1994 年第 3 期。

来分析文化主权，提出文化主权是和国家政治主权、军事主权、经济主权并列的主权内容。中央党校的孙万菊博士认为："文化主权是现代民族国家将本民族文化的习惯、信仰和价值观念上升为国家意志，对本民族文化所拥有的最高和独立的权力和权威。文化主权与政治主权、经济主权密不可分。"① 朱虹博士提出，冷战后文化主权概念出现在主权理论当中，并逐步发展为国际关系的重要组成部分，其本质是国际竞争在文化层面上的直接反映。而近年来，围绕西方汉学家提出的"新汉文化圈"观点，东亚国家频频发生文化主权上的激烈争执，使我国国家主权中的文化主权安全面临严峻的挑战。② 其二是从文化产品贸易入手，论述文化主权和国家文化安全之间的关系。国家发改委传媒产业研究中心主任齐勇峰博士认为，文化主权是文化产业开放政策的底线，"这个开放的底线就是要以不影响国家的文化主权和我们国家的信息安全为底线"。③ 由于传媒产品所蕴涵着的巨大文化功能，许多国家都在考虑以立法的形式来限制迅速泛滥的美国流行文化的入侵，以保护本国、本民族的传统文化，捍卫本国的文化主权，在这方面比较典型的有法国、以色列、加拿大等国。加拿大的文化政策表明，所谓文化主权是指加拿大有能力得以自行而不受干扰地制定法律、法规和政策，以有效地保护和推动符合加拿大人民利益的文化与文化产业。④

　　这两种文化主权的论述要么是主权内容说，依附于传统的国家主权理论，要么是依附于国际贸易理论，还缺乏在文化政治理论上的自觉性。另外，全球化的扩张、人口的迁徙和流动导致身份政治成为国际和国内政治理论的前沿课题。福山指出："移民与身份认

---

① 孙万菊：《文化主权、经济主权和政治主权》，《科学社会主义》2005 年第 2 期。

② 朱虹：《应重视国家文化主权安全问题》，《中国党政干部论坛》2005 年第 11 期。

③ 参见新华网齐勇峰博士在 2005 年博鳌亚洲论坛国际文化产业会议上的发言，http://news.xinhuanet.com/newmedia/2005 – 11/22/content_ 3816834. html。

④ 一鸣：《加拿大文化政策》，《国家展望》1999 年第 20 期。

同的困境最终与更大的问题后现代性的价值缺失结合起来。相对主义的兴起让后现代社会的人在确立积极的价值观，一个共同的价值观念方面更加困难。而这本来是移民要想成为公民必须满足的一个条件的。"① 亨廷顿正是敏锐地看到了冷战之后，民族国家作为公民身份认同的价值受到了严峻挑战，文明构成了身份认同的新基础。② 当然从亨廷顿的角度看，文明不是身份认同的新基础，它一直是那个基础，只是在冷战期间被意识形态给遮蔽了。所以，文化主权从根本上是一种文化政治理论的复兴，其政治理论范式则是从民族国家走向文明国家。

从法律渊源角度看，文化主权的国际法渊源是联合国宪章，尤其是2006年在巴黎召开的联合国教科文组织第三十三届大会宣布通过的《保护和促进文化表现形式多样性公约》。该《公约》的通过标志着国际社会在保护和促进世界文化多样性方面向前迈出了关键性的一步，也为各国今后制定和实施相关政策提供了强有力的法律依据。全球一体化带来的文化同质化和文化多样性之间的矛盾构成了全球化时代民族国家文化发展的深刻紧张。2001年，联合国教科文组织通过了《世界文化多样性宣言》，各会员国重申：坚信文化多样性是发展的源泉之一，其对于人类的重要性就如同生物多样性对于大自然的重要性一样。所以，从这个角度看，文化主权的合法性不是来源于国家，而是来源于文化，来源于文化的多样性。但即便在全球化时代，民族国家仍然是文化理念的生产者和承载者，也就是说，文化主权是由国家主权所规定的，一国的宪法是文化主权的国内法渊源。这也是法国等国家提出"文化例外"论的主权理由。不过，我们认为这种法律角度的文化主权概念还不足，尤其不能满足中国和平崛起的迫切理论和现实需求。

近两年，国内学者已经越来越认识到建构一种新的国家政治法

---

① 福山：《移民与身份认同》，吴万伟译，http://www.prospect-magazine.co.uk。
② 亨廷顿：《文明的冲突与世界秩序的重建》，周琪等译，新华出版社，1999。

学之于回应新时期中国现代性问题的重要性。高全喜认为，从国内政治角度看，"中国发展为现代的民族国家在 20 世纪又分为两个阶段，第一阶段属于民国时期国民党主导的政治诉求，第二阶段属于共产党领导国家的政治诉求，尽管它们具有明显的区别，但追求政治国家的合法性（legitimacy）权威一直作为一条基本的原则或隐或显地贯穿于其中。进入 20 世纪的最后 20 年，中国社会的政治合法性经历着巨大的变化，从政党政治逐渐转变为国家政治，因此，过去所谓作为人民主权制的政党原则开始为公民代议制的国家原则所取代，因此，国家利益问题就日益凸显出来，成为中国新时期政治社会转型中的一个根本性问题，具有重要的政体意义"。① 他进一步指出，对于中国这样一个后发国家来说，国家利益问题还有一个国际政治的维度，"从历史上看，中国属于现代民族国家的第三波，其国家的主权原则和国家利益并没有获得国际社会的真正卓有成效的认同和尊重。现在，随着 21 世纪国际政治秩序进入一个新的格局，特别是中国作为一个沉睡的大国在现代国内外形势下的政治、经济、军事与文化等方面的全方位的复兴或崛起，就必然需要在新的国际秩序的语境下探讨国家主权和国家利益问题，以应对各方面的挑战，赢得中国应有的国际地位，为中国的进一步发展提供理论的指南"，② 所以，国家利益问题关系中国的国家定位，与国家政体、国家主权和国际秩序等有着本质性的联系，需要在理论上予以深入的探讨。从政治哲学和法哲学的高度，针对中国政治社会近百年的国家形态演变的现实状况，对国家利益问题做一个审慎、全面的考察，不仅具有重大的理论意义，而且具有迫切的现实意义。③ 作为文化政治法学的核心概念的文化主权和国家利益紧密

---

① 高全喜：《论国家利益——一种基于中国政治社会的理论考察》，http://www.scuphilosophy.org/bbs/boke.asp? gaoquanxi.showtopic.1119.html。

② 高全喜：《论国家利益——一种基于中国政治社会的理论考察》，http://www.scuphilosophy.org/bbs/boke.asp? gaoquanxi.showtopic.1119.html。

③ 高全喜：《论国家利益——一种基于中国政治社会的理论考察》，http://www.scuphilosophy.org/bbs/boke.asp? gaoquanxi.showtopic.1119.html。

相关。它的提出不仅是一种理论的需要，更是现实的需要。

那么，对作为一种文化政治理论的文化主权应当如何来理解呢？首先，我们还是要从主权思想的内在逻辑入手。"什么是主权？"200 年前的法国主权学说的论辩斗士库辛（Cousin）提出了这个问题。"首先，什么是主权？它是权利。绝对主权就是绝对权利。"① 这一个类似"什么是启蒙？"的著名问题，它的提问方式已经告诉我们，对主权的理解，不能通过"主权是什么"或者"主权不是什么"这样的思考方式来进入，因为提问的本身就已经界定了主权的态度，它是一种决断，是一种关涉政治价值的决断。

主权的英文是 Sovereignty，法文是 Souverainete，德文是 Souveranitat，它们都来源于拉丁文 Superanus，意思是最高权力。"主权"一词在中国古代典籍中早已存在，《管子·七臣七主》说："藏竭则主权衰，法伤则奸门闾。"在这里，"主权"仅指君主的权力，它并没有触及君主权力来源的合法性问题。现代意义上的主权是对权力来源合法性的法律论证。19 世纪末，西方的 Sovereignty 概念开始传入中国，当时根据读音翻译成"萨威梭帖"。康有为在《公车上书》中就有言"大雪国耻，耀我威权"。我们现在用来翻译 Sovereignty 的"主权"是后来学者从日文中借用过来的。严复在翻译孟德斯鸠的《法意》时就明确使用了"主权"一词。②

黑格尔提出主权分为国际主权和国内主权，国际主权是国内主权的自然历史结果。和西方的历史经验不一样的是，主权问题之于近代中国，首先不是一个国家内部的制度建设问题，而是一个国家生死存亡的国际政治问题。这要求我们首先要考虑到主权思想在中国现实中的政治性处境。

德国公法学家施米特在一本讨论"主权"学说的小册子《政

① 转引自梅里亚姆《卢梭以来的主权学说史》，法律出版社，2006，第 60 页。
② 杨泽伟：《主权论》，北京大学出版社，2006，第 12 页。

治的神学：主权学说四论》中也提出主权是政治问题。施米特把讨论现代民主国家"主权"问题的论著看成是"政治的神学"，并强调说，这里的重点不是"神学"，更非"神学的政治"，而是"政治的神学"。主权问题当然是国家问题，但在施米特看来，国家问题如今成了政治问题。毫无疑问，在施米特那里，所谓"政治的"有特别的含义。在完成了细致讨论魏玛共和国宪法的《宪法学说》之后，施米特发表了"政治的概念"（1927）的讲演，五年后讲稿修订扩展成小册子，讲稿的问题，即"出发点是：国家的概念以政治的概念为前提"，引发了极大的争议。① 而施米特在其最后一部论著《政治的神学续篇》（1970）中也谈到："人们今天不再从国家的角度界定政治，而是必须反过来，从政治的角度界定今天所谓的国家。但是，今天政治的标准不可能是一种新的实体、新的'质料'或新的自主领域。今天，唯一科学的标准、唯一替代性的标准就是一种联合或分化的强度，也就是划分敌友。"② 刘小枫就此追问，为什么不能再"从国家的角度界定政治"？因为，人民民主的主权原则已经改变了国家或者说政治的性质。说得更明白些，作为问题出发点的"国家的概念以政治的概念为前提"这一命题，就是民主政治的正当性论证。③ 在魏玛共和国初期，宪政正处于非常脆弱的处境。在那个时候，德国似乎面临三种主要的政治选择方案：要么回到君主政制，要么接受布尔什维克的阶级专政，要么巩固魏玛宪法的民主宪政。施米特的法学思考的政治立场显然是：维护和巩固魏玛宪政。施米特在整个魏玛共和国时期的法学—政治学论述和政治行动证明了这点。施米特多次说过，他的大

---

① 刘小枫：《现代人及其敌人——公法学家施米特引论》，华夏出版社，2005，第89页。刘小枫教授认为比国内学术界通行的"魏玛共和国"更为准确的翻译应是"魏玛民国"。根据约定俗成原则，我们在此采用国内通行翻译。

② 施米特：《政治的神学》，转引自刘小枫《现代人及其敌人——公法学家施米特引论》，华夏出版社，2005，第89页。

③ 施米特：《政治的神学》，转引自刘小枫《现代人及其敌人——公法学家施米特引论》，华夏出版社，2005，第90页。

多数论著都是处境性的，也就是政治性的。①

我们提出文化主权这一概念也是政治性的。我们的政治性处境是：中国文化在中国从传统社会向现代社会转型的过程中遭遇了深层危机，也就是说，国家类型的转型，其背后必然是文化类型的转型，也即传统中国文化向现代中国文化类型的转型，如果没有经过这个文化转型，就难以承担现代中国国家建设的正当性论证，中国文化就可能成为"游魂"。

这是晚清以来给中国知识分子提出的百年问题。五四运动是一次爱国运动，是一次政治运动，更是一次新文化运动，但什么是五四运动的政治性处境？政治学者郑永年博士在一篇发表在报刊上纪念五四运动88周年的短文中谈到：

> "很多年以来，五四运动多被曲解，人们往往简单地把五四运动和激进主义联系起来……对五四运动这样一场在中国现代历史上具有里程碑意义的运动，任何轻易的结论都为时过早，政治性的结论更是站不住脚。和其他所有的思想运动一样，五四运动的确有其激进的一面，主要是针对中国传统文化的激进批评。但是激进运动并不缺失其理性的一面。社会主义在意识形态上的领导权，就是通过五四运动在中国得到确立的。"②

在这个意义上，五四运动是中国的一次关于文化主权的政治性行动。它背后是社会主义和自由主义两种政治文化争夺对五四运动领导权的斗争。如果不能从这个层面来理解五四运动，那么，在我们看来就是不懂得五四运动的政治性处境。为了更深刻地理解这一

---

① 施米特：《政治的神学》，转引自刘小枫《现代人及其敌人——公法学家施米特引论》，华夏出版社，2005，第90页。

② 郑永年：《五四运动与社会主义的领导权》，http://www.zaobao.com/special/forum/pages5/forum_ zp070508. html。

点。我们首先必须区分两个不同的概念，即领导权和统治权。"根据意大利马克思主义理论家葛兰西的说法，领导权和统治权是两个互相关联但又具有不同性质的政治概念。意识形态的领导权是以特定的意识形态通过和其他意识形态的自由竞争而得到的地位。社会成员自由选择该意识形态，自愿接受认同这种意识形态，并且在行动中受这种意识形态的引导或者指导。但意识形态的统治权则不一样。意识形态的统治权往往是一个政党或者政治组织在取得政权以后，把自己的思想或者意识形态加于社会群体之上。"① 意识形态确定其统治地位可以通过政治的、行政的、法律的和经济的各种力量，也可以通过自由竞争。郑永年博士认为："在五四运动期间，社会主义为什么会成为中国占领导地位的意识形态？这和社会主义思想在当时的竞争力分不开。"② 那么，我们提出的"文化主权"的任务就是，在全球化时代，我们如何在主权层面通过对中国文化的改造，从而把丰富的传统中国文化资源改造为中国和平崛起中的国家文化软实力，以提升中国在全球政治文化新秩序的建构中的竞争力和领导力。

二 作为文化自觉的文化主权

从"什么是主权"这样的提问方式出发，就是要区分本书所说的"文化主权"和传统国家主权中的文化主权之间的不同性质。一般意义上的文化主权，是指国家主权的内容，即和政治主权、经济主权、军事主权一样的主权的某个部分，这是分类学意义上的主权。我们提出的"文化主权"，强调的是主权不仅仅是一个外交词汇，它不只是国家领土完整、领事裁判权等国际法意义上的主权，而且是政治哲学和文化认同意义上的主权，即主体性的最高自我认

---

① 转引自郑永年《五四运动与社会主义的领导权》，http：//www.zaobao.com/special/forum/pages5/forum_ zp070508.html。

② 郑永年：《五四运动与社会主义的领导权》，http：//www.zaobao.com/special/forum/pages5/forum_ zp070508.html。

识和自我确证。① 作为一种新的主权理论，文化主权强调主权的最高表现形式不是国家实力的支配，而是韦伯所说的"文化领导权"，或者"文明领导权"。正如有的学者所提出的，国家主权之所以是国家与宪政理论的重要内容，并不是因为如社会契约论者所想象的那样它是社会契约的执行者，而是因为它是施展文明力量的最重要的载体。②

这也就是我们提出要通过主权思考文化的根由：首先，通过主权问题对欧洲现代性问题进行反思，指出欧洲现代性主权存在两种主权类型，它们根植于欧洲思想文化传统之中，即内在性的主权与先验性的主权。现代民族国家的主权终结是先验性主权的终结。欧洲的思想家们力图通过恢复内在性主权来挽救欧洲现代性主权危机，也就是欧洲的危机。其次，通过对主权的思考，把中国文化现代化问题提升到国家政治的战略层面，激发中国文化的政治意识。只有在这个意义上，我们才能理解欧洲国家的主权理论和欧洲思想危机之间的内在关系，才能使中国文化传统在主权层面上和欧洲文化传统进行平等的理性对话，这样，中国文化才有可能在全球化的政治秩序中作出自己的贡献。否则，对中国文化问题的思考仍然在现代性问题之外，也就是目前这个全球普遍性秩序之外。这样，所谓中华文化复兴的口号也就变得自说自话了。在这个意义上，文化主权的提出，构成了中华民族复兴的文化先决性条件。

文化主权这一新的主权理论，强调从主权的角度来认识一个国家和民族的文化问题，以凸显其国家和民族文化的政治意识。什么是文化主权，说到底，它是指一个国家和民族的文化自觉，就是从主权角度来考察一个民族国家的文化自觉意识之构成。中国的现代化最终是文化的现代化，没有文化的现代化，中国的现代化就不可能达成，因为现代化最终要落实到人的现代化，而文化是人存在于

---

① 张旭东：《全球化时代的文化认同——西方普遍主义话语的历史批判》，北京大学出版社，2005，第 92 页。

② 强世功：《国家主权与公民伦理》，《读书》2007 年第 1 期。

社会的意义之网。康德认为，人类生活的最高意义是文化。人类的最终意义是追求幸福，追求这样一种美好生活，而对幸福和美好生活的界定和理解只有在一定的文化语境里才具有意义。这里的文化，不是一般人类学意义上的文化，而是涉及人心秩序和政治秩序，是一个关于什么是好的或者不好的政治哲学概念。

那么，什么是"文化自觉"呢？这是费孝通先生在 1998 年北京大学一百周年校庆时提出来的："在中国面向世界，要世界充分认识我们中国人的真实面貌，我们首先要认识自己，才能谈得到让人家认识我们和我们认识人家。科学地相互认识是人们建立和平共处的起点。人文学科就是以认识文化传统及其演变为目的，也就是我常说的'文化自觉'。在文化传统上说，世界没有一个民族有我们中华文化那么长久和丰富。我们中国人有责任用现代科学方法去完成我们'文化自觉'的使命，继往开来地努力创造现代的中华文化，为人类的明天作出贡献。"① 在该文中，他进一步解释说："文化自觉，意思是指生活在一定文化中的人对其文化有'自知之明'的意思。不是要'复归'，同时也不是主张'全盘西化'或'全盘他化'。自知之明是为了加强对文化转型的自主能力，取得决定适应新环境、新时代的文化选择的自主地位。"费孝通先生在这里提出了"文化自觉"三个层面的问题：一是中国文化要在世界有位置，首先是要认识自己，即所谓"自知之明"，既要知道自己的长处，也要知道自己的短处，这样才会发挥自己的长处。二是要通过人文学科这门现代科学来认识自己。这是一个非常重要的环节，没有人文学科这门现代科学所提供的方法，我们就难以真正认识自己。费孝通先生在这里强调人文学科这门西方现代学问的方法，不是要"全盘西化"，而是要我们从传统的中国文化研究的价值泥沼中撤退出来，通过价值中立的现代学问方法，平心静气地发现中国文化真正的价值所在。三是提出文化自觉的历史任务：要求

① 费孝通：《百年北大与文化自觉》，中华校园网 http://www.54youth.com.cn。

我们对中华文化所具有的世界文化身份，以及作为一种民族文化身份与其他民族文化之间的关系有一个清醒定位。

这样，我们可以来理解作为一种文化自觉的文化主权这个定义的三层结构内容了。首先，文化主权是一个国家和民族文化自觉的产物。一个国家和民族具有国家主权并不一定就具有文化主权，例如，亨廷顿考察的那些"无所适从的国家"类型的国家和民族就是如此，它们由于缺乏本民族和国家的文化自觉，结果因没有文化认同而陷入无所适从的困境，找不到自己的未来，文化主权自然也就无从说起。其次，一个国家和民族的文化自觉的形成，必须依靠现代人文社会科学的思考方法，其中最基础的方法就是主权思考的方法，即通过主权思考文化。一个国家的主权构成其文化自觉形成的"技术支架"（海德格尔语），离开主权思考就难以完成文化自觉。再次，在前两者的基础上，文化主权是民族多样性文化和世界普世性文化相统一的前提。没有民族文化的多样性，就不可能有世界文化的普世性。反之亦然，没有世界文化的普世性，我们也就无从理解民族文化的多样性价值。这个文化的普世性不是讲在民族文化多样性之上的另一种特殊性文化，而是各民族文化在相互交往过程中形成的"重叠共识"（罗尔斯语）。它包含在各民族文化产生之初的对世界的思考当中，也就是各特殊性的民族文化的普遍性的那一面。在这种普世的文化共识基础上对本民族文化的最深刻认知的文化发展意识，是我们提出文化主权的基础。因为只有在这个基础上，我们在新一轮的全球性文化竞争当中，才有立于不败之地的文化先决性条件。

文化自觉的目的之一就是要达到"各美其美，美人之美，美美与共，天下大同"。费孝通提出"各美其美，美人之美"，就是提倡在不同民族和文化之间既要看到自己的长处，也要欣赏别人的长处；相互学习，取长补短；"己欲立而立人，己欲达而达人"，推己及人；以健康和豁达的心胸平等地对待自己和他人。"美美与共，天下大同"指的是人类文化的发展前景。费孝通先生是从

"和"的进路来展望世界文化的发展前景的，世界上各民族的优秀文化和美地融为一体之日，即人类理想社会到来之时。这样看来，全球文化就包含着世界的和民族的、全球的和地方的两种充满张力的要素。用当代西方一些社会学家的话说，全球文化的形成过程是一个世界的和民族的、全球的（global）和本土的（local，也译作在地的）、普遍的和特殊的两者的对立统一。罗伯森（R. Roberson）用"全球在地化"（glocalize，glocalization）来说明全球化是一个相对自主的双向过程，其间存在着普遍性的特殊化和特殊性的普遍化的双重动因。①

通过改造自己来改变世界，这是时殷弘教授提出的中国大战略的一个出发点。② 实际上，这也是对费孝通先生的"文化自觉"问题在国际关系上的一个理论思考。在国家主权层面，费孝通先生提出的"文化自觉"，其实也就是韦伯在《民族国家与经济政策》这篇演讲中所提到的作为德国民族担纲者——德国民族国家的"政治民族"意识。韦伯提出："民族国家绝非仅仅是一个单纯的上层建筑，绝非只是统治阶级的组织和'虚构'；相反，民族国家立足于根深蒂固的心理基础。这种心理基础存在于最广大的国民中，包括经济上和政治上受压迫的阶层。只不过，在通常情况下这种政治本能只沉淀在大众的无意识层次。但正因为如此，经济政治领导阶层的特殊职能恰恰就是要成为民族政治意识的担纲者，事实上这是这些阶层存在的惟一政治理由。"③

韦伯的"政治民族"问题意识是对自己的祖国——德国从一个长期积弱的经济落后国家迅速崛起为一个欧洲经济大国的深深忧虑，因为他认为，一个长期积弱的落后民族在经济上突然崛起必然隐含一个致命的内在危险，即它将加速暴露落后民族特有的"政

---

① 苏国勋：《社会学与文化自觉》，《社会学研究》2006 年第 2 期。
② 时殷弘：《中国和平崛起只是可能不是必然》，《中国与世界观察》第 1 辑，商务印书馆，2005。
③ 马克斯·韦伯：《民族国家与经济政策》，三联书店，1997，第 80 页。

治不成熟"（political immaturity），这种经济快速发展与政治难以成熟之间的强烈反差不但最终将使民族振兴的愿望付诸流水，甚至还会造成灾难性的结局即民族本身的解体。韦伯终其一生惶惶不安的就是德意志民族无法走向"政治成熟"。韦伯的这一担忧事实上为德国日后的发展所证实：韦伯死后，德国的"魏玛共和"在今日几乎成为"政治不成熟"的同义词，其结果就是希特勒的上台以及战败后两德分裂，分别依附于美、苏。① 甘阳提出，中国问题和韦伯的德国问题几乎具有相同的背景，在经过二十余年的改革开放后，社会分殊化的程度已相当之高，从而使中国在社会层面已具有现代社会的基本特征。目前不同社会阶层之间，不同地区之间，乃至同一地区的不同"单位"之间的利益都已有极大的差异、矛盾和冲突。所有这些不断增生中的新的社会差异、社会矛盾和社会冲突，事实上都突出了一个基本问题：在社会高度分殊化发展后，中国将以什么样的政治机制和政治过程来达成社会整合？从韦伯的"政治民族"问题意识出发，甘阳提出当前中国改革的中心问题，就是要从"政治不成熟"走向"政治成熟"。②

这一"政治成熟"在文化上就是国家和民族的文化自觉，它的历史使命必然要求提出文化主权问题。韦伯指出："全球经济共同体的扩展只不过是各民族之间相互斗争的另一种形式，这种形式并没有使各民族为捍卫自己的文化而斗争变得容易，而恰恰使得这种斗争变得更困难，因为这种全球经济共同体在本民族的内部唤起当前物质利益与民族未来的冲突，并使得既得利益者与本民族的敌人联手而反对民族的未来。"③ 韦伯指出这种斗争和冲突不是一个技术问题，而是民族国家在政治上和文化价值上的自主权问题，是人的基本价值观和生活形式问题。韦伯的这种历史责任感和政治意识，就是对自由的意志、自由的勇气的追求。他写道："我们子孙后代冀

---

① 甘阳：《走向"政治民族"》，《读书》2003 年第 4 期。
② 甘阳：《走向"政治民族"》，《读书》2003 年第 4 期。
③ 马克斯·韦伯：《民族国家与经济政策》，三联书店，1997，第 74 页。

望我们在历史面前能够担起责任，这并不在于我们留给他们什么样的经济组织，而在于我们为他们在世界上征服了多大的自由空间供他们驰骋。"[1] 我们需要避免韦伯所批判的"鼠目寸光的法律与秩序市侩主义"（short-sighted law and order philistinism）和"政治市侩主义"。[2] 我们要让中华民族成熟为一个伟大的现代政治民族！在这个意义上，文化主权的提出是对一个血性的中华民族的召唤。

三　文化主权与血气政治

我们提出文化主权，强调文化的主权意识，提升文化的政治感觉，其根本是对血气政治的回归。梁启超著有《中国之武士道》一书，提出日本之武士道精神其实来源于华土，这是中国文化的血气一面，中国历史上有一个很强的尚武侠客传统，但秦始皇统一六国，建立专制政治之后，中国文化的尚武（血气）一面就被腰斩了。后流落日本，反而被日本武士阶层及知识人发扬光大。我们提出文化主权，就是要对中国文化补上血气政治这一课。

梁启超这本《中国之武士道》于1904年由上海广智书局出版，署名为"饮冰室主人"。[3] 写作这本书时，梁启超32岁，因戊戌变法失败遭到清政府通缉，流亡日本。眼见中国国家积弱、政府腐败、社会腐朽，国民精神委靡不振、懦弱不堪，日本人和欧洲人贬斥中国人为"东亚病夫"，认为"中国之历史，不武之历史，中国之民族，不武之民族"。梁启超感愤其言，"吾耻其言，吾愤其言，吾不能卒服也"，遂愤而著此书进行驳斥。梁启超在序言中写道："我神祖黄帝，降自昆仑，四征八讨，削平异族，以武德贻我子孙。自兹三千余年间，东方大陆，聚族而居者，盖亦百数，而莫武于我族。"从而指出，中国民族之武，是中国民族之天性，而中国民族之不武，才是第二天性。

---

① 马克斯·韦伯：《民族国家与经济政策》，三联书店，1997，第75页。
② 甘阳：《走向"政治民族"》，《读书》2003年第4期。
③ 梁启超：《中国之武士道》，中国档案出版社，2006。

梁启超由此要追问的是，造成中国民族之不武这第二天性的原因是什么。梁启超指出，中国之武德"要而论之，则国家重于生命，朋友重于生命，职守重于生命，然诺重于生命，恩仇重于生命，名誉重于生命，道义重于生命"。这种武德曾是中国先民意识中最高尚最纯粹的理想，是当时社会上普通的习性。但是后来武德之沦丧，是自统一专制政体之施行开始的。"统一专制政体，务在使天下皆弱，惟一人独强，然后志乃得逞，故曰，一夫为刚，万夫为柔，此必至之符也，作俑者秦始皇。始皇既一天下，锄群强而独垄之。贾生记之曰：堕名城，杀豪俊，收天下之兵，聚诸咸阳，销锋镝。又曰，士不敢弯弓而抱怨，民气之摧残，自兹时矣。"梁启超认为，武德精神之丧失是中国民族积弱积贫，受人侵凌的重要原因之一。①

历史学家雷海宗也指出，自秦汉之后中国文化是"无兵的文化"，也就是中国文化中的"尚武"精神和"武德"消失了。雷海宗进一步指出，只有文武兼备的人才有坦白光明的人格，文武兼备的社会才是坦白光明的社会。偏重文德使人文弱、阴险，只知使用心计、欺诈，失去了光明磊落的风度，中国两千年来社会各方面的卑鄙黑暗都是文德畸形发展的产物。② 这是对传统中国文化以及传统中国社会痼疾很深刻的认知。余英时先生曾专门撰写了《侠与中国文化》的论文，考察了"任侠"、"游侠"、"豪侠"在中国社会阶层结构中的变化及其精神结构的演变，通过比较"侠"和西方的"武士"（Knighthood）或"骑士"（Chivalry）之间的社会阶层结构和精神结构的差异，以此来论证"侠"在整个中国文化系统中的位置。③ 余英时对"侠"的起源进行了考证，他指出，"侠"源于武士阶层，其出现的历史过程大致和文士相同，也就是说，"侠"起源于古代"封建"秩序的解体。文武兼具的"士"

---

① 梁启超：《中国之武士道》，中国档案出版社，2006，第 26 页。
② 雷海宗：《中国文化与中国的兵》，商务印书馆，2001，第 55 页。
③ 余英时：《侠与中国文化》，《现代儒学的回顾与展望》，三联书店，2005，第 320～391 页。

在周代"封建"制度中原是等级最低的贵族，但到了春秋以后原有的那种封建等级制度已经不能维持了，于是发生了上下流动的现象，有些高层的贵族下降为"士"，不少平民上升到"士"的阶层。一方面，"士"开始文武分化；另一方面，"士"的队伍也在不断扩大之中。历史学家齐思和先生的《战国制度考》就分析了这一变化："平民既成为战斗之主力，于是尚武好勇之风遂传播于平民，而游侠之风兴焉。慷慨就义，尽忠效死，本为封建时代武力之特殊精神。……惟春秋之侠士刺客，犹限于贵族。至战国则举国皆兵，游侠好勇之风，逐下被于平民。"①

余英时认为，平民上升为"士"（包括武士）是战国时期最重要的变动之一。这便说明，中国的"侠"在历史舞台上出现时即包括了平民在内，而非贵族阶层所独占。这是"侠"与西方"骑士"之间最显著的文化差异之一。西方中古的骑士必然是贵族，不仅有庄严的授爵典礼，而且还有正式的组织。而中国的"士"的资格取得是否必须通过形式化的礼仪，在史籍上找不到明确的记载。另外，"侠"在中国是非法组织，和西方骑士是合法组织不同。近代学者关于"侠"的起源大抵有三种说法，一是源于儒家，一是源于墨家，一是源于黄老道家。余秋雨就特别强调中国文化中的墨家的黑色特质，认为墨家是中国文化的"黑色的光亮"。② 他认为中国的墨家"以其艰苦的生活方式，彻底忘我的牺牲精神，承担着无比沉重的社会责任，这使他的人格具有一种巨大的感召力"，墨家"开启了中国文化一种感人至深的精神力量。司马迁所说的'其言必信，其行必果，已诺必成，不爱其躯'的'任侠'精神，就是从墨家渗透到中国民间。千年崇高，百代刚烈，不在朝廷兴废，更不在书生空谈，而在这里"。韩非子就说："世之显学，儒墨也。"挖掘和转化中国传统文化中的儒墨思想，以之为当代的

---

① 齐思和：《中国史探析》，转引自余英时《侠与中国文化》，《现代儒学的回顾与展望》，三联书店，2005。
② 余秋雨：《黑色的光亮》，《收获》2007 年第 4 期。

精神力量，是我们接续中国文化血气传统的内在理路。

明清泰州学派的何心隐对"侠"和"儒"提出了这样的见解："意与气，人孰无之，顾所落有大小耳。战国诸公之与之落意气，固也。而孔门师弟之与，常非意气之落耶？战国诸公之意之气，相与以成侠者也，其所落也小，孔门师弟之意之气，相与以成道者也，其所落也大。"① 根据何心隐的说法，"儒"和"侠"本来便是合流的，因为二者同是"意气"落实的结果。"侠"来自他的"意气"。西文里和这个"意气"相对应的词就是 thumos（血气，意气）。

在武士道精神人物列传里，被梁启超列为第一人的却是我们儒家学说的开创者——孔子。这一发现，多少颠覆了我们对传统儒家文化虚弱的认识。梁启超认为孔子代表弱国鲁国出使强国齐国，身处强敌之中，但不惧威权，以国家利益为至上，机智勇敢，迫使齐国退还占领的鲁国领土，乃天下之大勇。

梁启超深刻地指出了武德之兴衰和政治体制紧密相关，从而提出中国民族武士道之丧失，乃是专制体制的结果，要发扬中国文化之尚武传统，需要建立一个民主政制。这样，"武德"（血气）就不只是一个一般意义的文化问题，而是一个政治问题，是政治哲学的主题。从这个角度出发，我们就可以和西方古典政治哲学最隐秘的主题——"血气"，进行对话了。

"血气"在西方历来是古典政治哲学的主题。它是一种政治美德，是正义女神的品性。所谓血气，就是人对何谓正确、何种东西带来尊严和荣誉的精神感受。人类共同体在一定程度上有赖于凭借血气捍卫财富与荣誉的分配，但血气对正义和合法性的要求从来不能得到满足。这就是古希腊传说中的"阿基琉斯的愤怒"主题。②

---

① 转引自余英时《侠与中国文化》，《现代儒学的回顾与展望》，三联书店，2005，第383页。

② 萨克逊豪斯：《阿基琉斯传说中的血气、正义和制怒》，载刘小枫、陈少明主编《经典与解释》第18辑，华夏出版社，2007，第1~2页。

阿基琉斯是荷马史诗《伊利亚特》中的人物，他生活在一个没有宇宙秩序的世界中。不朽的诸神由于意见不合而分派，常常引发人类的战争。他们像人一样，为种种力量——激情和命运——所左右，自己却不能理解这些力量，也不能控制。诸神反复无常，没有权力，所以正当性（righteousness）不可能来自诸神。相反，人们必须确立自己的正当性规则，规定什么属于他人，什么属于自己，并确定他们共同体的性质和秩序。由于诸神不可能总是出现在人类生活之中，所以，这些规则和秩序必须靠人类自己强制实施。人类凭靠什么来捍卫并维持这些秩序规则呢？就是人的血气。在捍卫正义方面，即何为应得之物，血气在人类事务中维护着一种微弱的稳定性。这是因为血气作为正义的守护者，在血性地追求正义时，总显露出含糊不清的东西。何为应得之物——荣誉、战利品，或权力——从来没有得到过清楚的规定；降灾或赐福从来不能与应得的伤害和回报相般配。所以，凭血性追寻正义、归还应得之物、把荣誉颁予那些追求者，或者服从走向极端的"真正的"统治者，这些都会危及人类共同体。因此，在人类事务中，捍卫应得之物时有必要适度（moderation，节制）。阿基琉斯的故事就是关于一个人如何学会适度即节制的故事。这个故事大家可以去看《伊利亚特》或者萨克逊豪斯写的《阿基琉斯传说中的血气、正义和制怒》论文。① 萨克逊豪斯指出，阿基琉斯的故事经过转换的传说，经过反思和节制，并没有引向放弃应得之物这一（正义）观念，而是引向理解这一概念的限度。也就是说，血气是捍卫和维护正义的守护者，但是我们必须懂得对血气的使用适度和节制，这样我们才会真正获得正义，而不是伤害正义。

那么，怎样才能学会适度和节制呢？这涉及教育问题，为什么

---

① 萨克逊豪斯：《阿基琉斯传说中的血气、正义和制怒》，载刘小枫、陈少明主编《经典与解释》第18辑，华夏出版社，2007，第1~2页。

教育是政治哲学中最重要的问题就在于此。这是古希腊苏格拉底以来的政治教育传统。在柏拉图的《王制》里，[①] 苏格拉底把灵魂分成三部分，即理性、血气和欲望。其中血气是最高的或者说最高贵的，它在本质上服从理性；欲望是最低的，它的本质是反抗理性。虽然血气有时会表现出和理性的不一致来，但那是因为人对理性的遗忘，或者说还没有学会适度和节制。灵魂这三部分对应着城邦的三个阶层，即城邦护卫者—统治者、护卫者—士兵、工匠和农夫。显然，士兵最高贵的德性就是勇气。所谓正义就是城邦中的每个阶层或灵魂的每个部分均安分守己、各尽其职。城邦统治者和士兵相结合是为了控制城邦中的工匠和农夫，就像血气与灵魂中的理性相结合是为了控制欲望。[②] 这就把血气和理性的结合问题和城邦的政制安排问题联系在一起了。所以，人要过城邦共同体生活，其目的就是通过城邦共同体来学习节制。

城邦的政治哲学就是把血气变得文雅。罗马的帝国政策和自由政体相对应的灵魂激情不是恐惧，而是勇敢，其基础就是引发愤怒（anger）的血气（thumos）。[③] 亚里士多德也讨论了血气与虔敬问题，[④] 指出勇敢之人本质上是有血气的。源于血气的勇敢是最自然的，血气若与理性选择和一种目的观相结合，就是真正的勇敢。亚里士多德思考了血气的政治作用和意义，认为政治血气存在于心胸博大的高尚层面，它既是正义的源泉，也是友谊的源泉。城邦统一的关键是心胸博大之人，心胸博大之人既有血气，又有理智，因此既能够统治，又能维护自由。亚里士多德认为城邦友谊的基础是血

---

① 商务版翻译为"理想国"。"王制"是刘小枫先生主张的翻译，参看他主编的《柏拉图注疏集·主编序言》。

② 尼科尔斯：《柏拉图〈王制〉中的血气与哲学》，载刘小枫、陈少明主编《经典与解释》第18辑，华夏出版社，2007，第20~21页。

③ 尼科尔斯：《柏拉图〈王制〉中的血气与哲学》，载刘小枫、陈少明主编《经典与解释》第18辑，华夏出版社，2007，第5页。

④ 查尔尼：《亚里士多德笔下的血气与虔敬》，载刘小枫、陈少明主编《经典与解释》第18辑，华夏出版社，2007，第31~47页。

气，"因为血气是灵魂的容器，凭借它我们成为朋友"。在《尼各马可伦理学》中，亚里士多德指出"大度"这个题目包含了血气的元素——愤怒（anger），它通过正当性（righteousness）来约束。所以，人，甚至哲人，不必也不该也不可能抑制自己的愤怒，应该做的，是学会正当的愤怒、正义的愤怒，在愤怒中体现自然正当（natural right）。

　　林国华梳理了血气与高贵品质之间的涵义流变。① 德国神学思想家施莱尔马赫用 Eifer（即 zeal，热情）来翻译 Thumos（血气）这个词，使我们了解了 Thumos 这个词隐含的高贵的品质。在谈论 Thumos 这个词时，学者们通常使用愤怒（anger）、高贵（nobility）、义愤（indignation）和热情（zeal）。尼采在《扎拉图斯特拉如是说》中也讨论了血气问题，他采用 Mut 来翻译 Thumos。在英文里，Mut 最主要的对应词就是 courage（勇气）。扎拉图斯特拉要做的工作是"重估一切价值"。他认为自己的任务就在于对所有德行的再次评估和重新评估。传统德行需要进行重新评估，是因为上帝之死使得德行丧失了根基和依据，变得专断而无常。他认为适度和平庸之间具有相似性，而审慎这一德行几乎变得面目全非，其他很多德行都受到了扎拉图斯特拉的类似对待。惟一一对勇气，扎拉图斯特拉没有挑出任何毛病。不过，勇气得益于增饰（adornment）。勇气，Mut，能够通过变成 Anmut 而得到提高，Anmut 是一种和蔼、优雅；最后，Mut 变成 Grossmut，字面意思为伟大的勇气，含义是灵魂崇高、宽大慷慨。扎拉图斯特拉在那篇名为《论高尚者》的演讲中把这些术语连接到了一起。这篇演讲主要讲的是把人类提升至真正的美。② 血气是高贵价值的基础，或者说就是高贵价值本身，离开了血气，我们就不可能懂得什么叫高贵的事物，什么叫美

---

① 林国华：《诗歌与历史——政治哲学的古典风格》，上海三联书店、华东师范大学出版社，2005，第 4 页。
② 丹豪瑟：《〈扎拉图斯特拉如是说〉里的血气》，刘小枫、陈少明主编《经典与解释》第 18 辑，华夏出版社，2007，第 102、109 页。

好的事物。血气和政体类型相关，这是因为没有好的政制安排，血气就会演变为暴政；有了好的政制，血气就会成为文雅，使灵魂伟大，把人教育成心胸博大之人。这就是血气为什么是政治哲学一直以来的隐秘主题的缘由。

托克维尔在《论美国的民主》里继续探索这一主题。一个谋求伟大的国家必须能够激发起国民的爱国主义精神："不管你到何处寻找，除了在人们意志的自由联合中你不会在诈欺的人们中间找到强大的力量。现在，爱国主义和宗教是世界上唯一能够使全体公民持久地奔向同一个目标的东西。"他发现，在历史上，爱国主义是"古代国家的生命之源"。托克维尔认为美国人的习性或心灵的习性是美国人得以维持其自由体制的关键。他所谓的心灵的习性（moeurs 或 habits of the heart），便是那种塑造概念、意见和思想等心理习惯的东西，是社会中人的道德与智慧习性的总和。他对于美国文化在美国人及其社会性格的塑造中所起的至关重要的作用给予了充分的肯定。

亨廷顿在处理美国政制和美国政治思想的关系问题时，也探讨了美国理想中的"信念激情"，他把它的根源追溯到英国革命和美国早先的清教徒精神。① 爱国主义和信念激情这种政治激情从根本上和血气相关。在柏拉图的《王制》里，血气是和欲望分离的，他通过给予血气一个高于欲望的地位，对欲望进行了贬抑。作为爱欲的对立物的血气意指的是政治激情。政治激情体现为对于城邦和祖国的依恋，本身就是爱欲的一部分。欲望包含了爱欲（eros），即最高与最低意义上的爱的欲望（erotic desire）。施特劳斯关于苏格拉底的政治哲学演讲的第五讲几乎专门是分析血气的。施特劳斯认为，从词源学上猜测，血气本身中立于两种欲望对象——身体的利好与心灵的善好，因此极其含混两可，并成为最极端混乱的根

---

① 参看亨廷顿《失衡的承诺》之第五章"信念激情的政治"和第六章"信念激情的根源"，东方出版社，2005。

基，这样理解的血气正是那种把人类变得有趣的东西，因此也就是悲剧的主题。[①] 荷马是悲剧之父，其《伊利亚特》的主题是阿基琉斯的愤怒，而《奥德塞》的主题是奥德修斯充满障碍的归途，这都和血气相关。血气在本质上和政治自由有关，和法有关，和正义有关。国内学者李猛在《爱与正义》的论文里就专门处理了这一思想主题。

在血气的基础上，托克维尔区分了两种类型的爱国主义，一种是本能的爱国主义，一种是理智的爱国主义。[②] 所谓本能的爱国主义是人内心的"模糊的本能"，这种爱国主义属于传统社会，爱国之情常常就是忠君之心。这种爱国心不是理智思考的结果，不是出自个人利益的一种选择，而是一种与生俱来的对国家、对民族、对乡土的热爱。它自身就是一种宗教；它不推理，但相信、感受、行动。它基于个人对国家的德性和义务。为什么本能的爱国主义不能继续存在于民主时代呢？托克维尔认为，这是因为古代社会没有现代社会这种个体意识。当民主国家以个体权利和自由取代德性和义务作为政治基础时，本能的爱国主义就失去了存在的土壤。

托克维尔指出理智的爱国主义源自于个人对自我利益的关切和维护，可以说是公民自然权利和利己主义的延伸。但是，如果爱国主义只是以个人利益为基础的话，利益的变化会将其摧毁。所以，爱国主义和自然权利的关联必须借助政治实现，这就是民主国家实行促进公民参与的共和主义政治使公民成为爱国主义者，把这种爱国主义培养成为理智的公共精神的原因。经过长期的政治实践，这种理智的爱国主义逐渐转化成民情，超出利益追求成为一种自然的对同胞、家乡和国家的眷恋情感。托克维尔发现，美国人的公共精

---

① 施特劳斯：《苏格拉底问题六讲》，载刘小枫、陈少明主编《经典与解释》第 8 辑，华夏出版社，2005，第 57～72 页。
② 有关托克维尔对爱国主义的分析，参看崇明《民主时代的政治与革命——论托克维尔的新政治科学和政治史》之第三章"政治与自由"第四节关于"爱国主义"的论述，载《思想与社会》第 6 辑，上海三联书店，2006。

神尽管以利益为基础，但逐渐超越了利益成为国民内在的情感：
"美国的自由制度和人们拥有的政治权利时时刻刻提醒每个公民：
他生活于社会当中……起初人们把关心公共利益当成一种必要，后
来视之为一种选择。过去是一种算计，现在成了本能。通过为他的
同胞的利益效劳，他最终培养了一种习惯和爱好来为他们服务。"

卢梭指出："可以肯定的是，美德之最伟大的奇迹产生在爱国
的行为中。"从西方古典政治哲学对血气主题的理解到托克维尔对两
种类型爱国主义的区分，把我们提出的文化主权概念引入了一个更
为广阔的思想传统和更明确的未来，那就是通过对文化主权的思考
接续我们中国文化的血性传统，使之变成真正的大国所要求的文化
气质。这也要求我们有这样的气魄，投身到追求伟大的事业中去。

"传统是希腊的鬼魂，要靠活的血来喂养，才能说话。否则海
伦的美也不过是沉默的幻影。而中国思想的任务，就是用我们的血
气，滋养我们的传统，让它们重新讲出我们生活的道理。"① 这是
我们所应当具备的中国文化政治意识。张旭东指出："中国文化如
何在当代西方各种强势文化的影响下进行自我定位和自我构想，这
实际上也就是一个争取自主性，并由此参与界定世界文化和世界历
史的问题。这反映出一个民族的根本性的抱负和自我期待。"②

这是时代交付我们的根本任务。

第三节　关于国家文化软实力的主权学说

一　国内学界对软实力概念的讨论和误用

自从美国政治学者约瑟夫·奈在 1989 年的《注定领导》
(*Bound to Lead*) 一书中首次明确提出了"软实力"这一概念之

---

① 《思想与社会·丛刊序言》，上海人民出版社，2006。
② 张旭东：《全球化时代的文化认同》，北京大学出版社，2005。

后，这一术语已经成为国际政治理论中一个非常具有解释力的名词，并对现实政治造成了深远的影响。但是约瑟夫·奈同时也指出令自己深感沮丧的是，这一术语常被误用，甚至被贬为仅仅是意指可口可乐、牛仔裤和麦当劳的影响力。这一术语在我国学者之中的误用更为普遍。郑永年博士在《世界政治与经济》发表了《国际政治中的软力量以及对中国软力量的观察》一文，对中国国际政治学界在软力量概念的使用中存在的一些问题进行了分析。① 他指出，一个有趣的现象是，一些西方国际政治学者提出的具有政策导向的概念或者学说，由于存在着明显缺陷，并没能在西方学术界得到广泛关注和应用，但在一些发展中国家，这些理论却得以迅速传播，影响深远。由于学术界的推崇，加上媒体的炒作，奈的软力量概念近年来已经传遍中国。尽管应用甚广，但国内各方面、各领域对软力量并没有达成一致的认识。目前，中国国际政治学界对软力量概念的探讨很大程度上是介绍奈的软力量概念，② 或者将奈的概念在内涵上加以扩大，以便解释中国的软力量。③ 因此很多讨论在

---

① 郑永年：《国际政治中的软力量以及对中国软力量的观察》，《世界政治与经济》2007 年第 7 期。

② 例如，杨文静：《重塑信息时代美国的软权力——介评》，《现代国际关系》2004 年第 8 期，第 61～62 页；张晓慧：《"软实力"论》，《国际资料信息》2004 年第 3 期，第 25～28 页；刘德斌：《"软权力"说的由来与发展》，《吉林大学社会科学学报》2004 年第 4 期，第 55～62 页；韦宗友：《权力、软权力与国家形象》，《国际观察》2005 年第 5 期，第 39～45 页；谢晓娟：《论软权力中的国家形象及其塑造》，《理论前沿》2004 年第 19 期，第 19～21 页；肖欢：《冷战后美国软实力的下降及其启示》，《国际政治研究》2006 年第 3 期，第 148～156 页。转引自郑永年《国际政治中的软力量以及对中国软力量的观察》，《世界政治与经济》2007 年第 7 期，第 6～12 页。

③ 例如，刘杰：《中国软力量建设的几个基本问题》，载上海社会科学院世界经济与政治研究院编《国际体系与中国的软力量》，时事出版社，2006，第 101～115 页；胡键：《中国软力量：要素、资源、能力》，上海社会科学院世界经济与政治研究院编《国际体系与中国的软力量》，第 116～133 页；王艳红：《"中国的软力量建设"专家座谈会综述》，载上海社会科学院世界经济与政治研究院编《国际体系与中国的软力量》，第 134～140 页；庞中英：《中国软力量的内涵》，2005 年 11 月 7 日《瞭望新闻周刊》，第 62 页；庞中英：《发展中国软力量》，2006 年 1 月 2 日《瞭望新闻周刊》，第 63 页；刘阿明：《软权力理（转下页注）

基本沿袭奈的理论模式的同时，也避免不了其不足之处。

美籍华人学者王红缨对中国学术界关于软力量的讨论做过一个相当全面的总结，发现在概念范畴上，中国学者使用的软力量广于奈的概念。奈丰要针对国际关系而提出软力量概念，但中国学者对于软力量的讨论包括了外交政策和国内政策两方面内容。另外，奈关于美国软力量的讨论主要集中在流行文化和政治模式上，而中国学者关于中国软力量的讨论则集中在传统文化和经济发展模式上，并涉及国家凝聚力、社会公平、政治改革、道德水准、反腐败等内容。而且，软力量概念对于国家政策的影响在中国似乎比在美国大。她同时对奈的软力量概念提出一些批判，比如，没有解释如何度量吸引力及想当然地认为"吸引力"和"影响别国在国际关系中行为的能力"两者之间存在联系。由于理论上的局限，奈的软力量概念无法对中国政策制定者增加和运用中国的吸引力来实现其政策影响的计划提供进一步的指导。[①]

国内对"soft power"的翻译包括"软力量"、"软实力"、"软权力"等。这些不同的翻译侧重了 soft power 在不同方面的含义，我们在文中也混合使用。在这里，我们要指出的是，国内学者在引用奈的 soft power 这一术语时，往往误用多多，这很大程度上是因为一些西方社会科学概念在中文中缺乏对应的词汇。其次，一个术语脱离了原来的语言文本而进入另一种语言文本之中时，就脱离了源语言的语境传统，反而在目的语言（翻译语言）的语境中获得了新的生命。关于这一点，丁学良博士有一篇非常精彩的文章可以

（接上页注③）论与中国和平崛起》，《太平洋学报》2005 年第 12 期，第 55～63 页；李捷：《提升软权力对实现我国和平崛起战略的作用》，《太平洋学报》2005 年第 12 期，第 64～71 页；刘艳萍：《试析软权力及其实现途径》，《阴山学刊》2006 年第 5 期，第 90～94 页；邓显超：《提升中国软实力路径》，《理论与现代化》2006 年第 1 期，第 15～20 页；邓显超：《悄然崛起的中国软实力》，《攀登》2005 年第 6 期，第 89～93 页；陈琴啸：《论软实力与中国外交》，《江南社会学院学报》2005 年第 2 期，第 30～33 页。

① 转引自郑永年《国际政治中的软力量以及对中国软力量的观察》，《世界政治与经济》2007 年第 7 期，第 6～12 页。

参考。在《当中国学生遇上西方概念：误解的三个根源》一文中，① 丁学良博士提出了造成误解的三个根源：第一个根源是语言性质的，包括翻译技术。有一些西方社会科学的概念和术语，很难在中文里找到对应的单词，即便被费力地译成中文，也造成了对原来概念和术语的扭曲，反而蒙蔽和误导了读者。第二个根源是本体性质的（ontological），由于中国社会和西方社会极不相同的历史经验，中国学生的生活经验很难为他们提供精确地理解现代西方社会科学内涵的至关重要的参照坐标。第三个根源是方法论性质的（methodological），即西方社会科学之概念构筑（conceptualization）的逻辑、方法及技巧，往往与中国文化传统中形成的思维定势不一致，从而导致误读。

我们认为国内学者在使用奈这个软实力（soft power）概念时出现的误用，其重要原因就是丁学良博士提到的这三个根源。所以，要理解奈这个术语，我们要简单地对这个术语做一个追根溯源的工作。第一个提出并比较系统地讨论软力量但没有使用这个概念的是意大利新马克思主义学者安东尼·葛兰西。在葛兰西那里，软力量表现为意识形态和文化。在对西方发达资本主义国家尤其是意大利的政治进行考察后，葛兰西认识到资本主义国家政权最有效的统治工具并非是诸如武装部队和警察这样的硬力量，而是其占霸权地位或上升至霸权地位的意识形态和文化。葛兰西讨论的是软力量在国内政治中的作用，而奈则把此扩展到国际政治。奈之所以提出软实力这个术语，是因为他认为在世界政治中，软力量的重要性在不断增加，美国要学会运用灵巧的力量（smart power），即结合硬力量（hard power）和软力量来实现其外交政策目标。奈认为，力量（power）是影响他人行为从而实现自己目的的能力。硬力量在于引诱（"胡萝卜"）或者威胁（"大棒"）。而一国的软力量主要在于

———————————
① 丁学良：《当中国学生遇上西方概念：误解的三个根源》，《中国经济的再崛起——国际比较的视野》，北京大学出版社，2007，第 239 ~ 261 页。

三个资源：该国的文化（对他人具有吸引力的地方）、该国的政治价值观（当该国在国内、国外都实践该价值观的时候），以及该国的外交政策（当这些政策被看做合理、合法并具有道德权威的时候）。[①]

从以上分析可见，不管是葛兰西的国内政治运用还是奈的国际政治运用，软实力这一概念首先是一个政治概念，以此，我们可以区分一般意义上的文化概念和文化软实力，并非所有的文化都构成国家的文化软实力。目前国内学者泛化软实力、把一切文化都当成软实力的做法，就是对软实力的政治性缺乏认知的表现。其次，它是一种国家理论，不管是在国内政治意义上，还是国际政治意义上，它以主权国家为基石，离开了主权国家来谈文化软实力问题，那就漫无边际了。大家都在说同一概念，但是说的意思却各个不同，这也是目前国内学者纷纷使用软实力这一概念，但却基本上缺乏对软实力这一概念有知识上的贡献的原因。

二 作为一种主权学说的国家文化软实力

作为一种文化政治理论，文化主权是一个民族的文化自觉在主权理论方面的自我承担，是对一个民族的血气传统的回归。它是要从根本上回答一个民族之所以成为这一民族的主权学说。从国家实力构成的理论基础角度看，军事实力和经济实力奠基于一个国家的军事主权和经济主权之上，作为国家软实力的文化软实力，同样需要一种主权学说来对它进行论证和支持。文化主权是国家文化软实力的一种主权学说。

文化主权作为一种隐性主权与国家软实力联系在一起。约瑟夫·奈提出的软实力是指有很多种影响他人行为的方式，既可以通过威胁和奖励，也可以通过吸引，以达到自己的目的。[②] 前者是运用

[①] Joseph S. Nye, Jr., *Soft Power: The Means to Success in World Politics*, New York: Public Affairs, 2004, p. 2, p. 11.

[②] Joseph S. Nye, Jr., *Soft Power: The Means to Success in World Politics*, p. 2. 转引自张小明《约瑟夫·奈的"软权力"思想分析》，《美国研究》2005 年第 1 期。

"硬权力"，后者是施展"软权力"。在他看来，"硬权力"通常指的是同诸如军事和经济那样的具体资源相关的"硬性命令式权力"（hard command power），"软权力"指的是与诸如文化、意识形态和制度等抽象资源相关的、决定他人偏好的"软性同化式权力"（soft co-optive power）。奈和罗伯特·基欧汉（Robert Keohane）在合写的一篇文章中更是明确地指出，硬权力是指通过威胁或者奖励，让别人做他们不想做的事情之能力；而软权力则是指通过吸引力而非强制手段，让他人自愿追求你所要的东西之能力。① 换句话说，"硬权力"的运用，表现为借助引诱（"胡萝卜"）或者威胁（"大棒"）手段，直接迫使他人改变自己的意志或者行为。而"软权力"的运用，则表现为通过自己思想的吸引力或者决定政治议题的能力，让其他国家自愿效仿或者接受体系的规则，从而间接地促使他人确定自身的偏好。也就是说，让别人追求你想要的东西。奈认为，在以信息为基础的经济发展和跨国相互依存的时代，权力的性质发生了很大变化，权力正在变得越来越难以转化，越来越不太具体，越来越缺少强制性。实际上，用一句简单的话来说，软权力就是吸引力。我们强调通过文化主权来拓展国家利益，还是建立在对国际力量性质的变化这一判断上。约瑟夫·奈强调要注意国际力量资源的变化，"国际力量资源在早期相对容易评估。国际政治对大国力量的传统测试是其'打仗的能力'。但是过去数世纪间，随着技术的进步，战争力量的来源经常发生变化"，"但是现在的政治领袖们鲜有时间思考力量的性质如何发生了变化，特别是在施展力量时如何将其软性层面纳入战略决策之中"。在他看来，20世纪科学技术的发展给力量的资源带来的翻天覆地的变化表现在如下几个方面。②

---

① Robert O. Keohane and Joseph S. Nye, Jr., "Power and Interdependence in the Information Age," *Foreign Affairs*, September/October 1998. 转引自张小明《约瑟夫·奈的"软权力"思想分析》，《美国研究》2005年第1期。

② Robert O. Keohane and Joseph S. Nye, Jr., "Power and Interdependence in the Information Age," *Foreign Affairs*, September/October 1998. 转引自张小明《约瑟夫·奈的"软权力"思想分析》，《美国研究》2005年第1期。

首先，军事力量的角色发生了巨大变化。例如对美国来说，科技进步使其拥有了无以匹敌的军事力量，成为世界惟一的超级大国，但同时也增加了美国进行武力征服的政治代价及社会代价。核武器用于威慑，因其太可怕、破坏力太大而变得"肌肉因持续紧张而僵硬"，从而使得代价太大而不大可能在战争中使用。另外，核技术、通信技术以及民主国家内部的社会变化也让使用军事力量的成本上升，由于后工业社会的民主国家更注重社会福利而不是荣誉，战争的高伤亡率使战争的道义正当性受到民众的质疑。还有一个重要的变化是，技术的民主化和社会变化使战争对于现代民主国家来说成本过高，同时也使极端恐怖主义分子更加容易获得新的毁灭技术，从而导致战争的国家化变成战争私有化。约瑟夫·奈指出，美国在9·11事件后将国家安全战略转移到反对恐怖主义和大规模杀伤性武器上是对的，但是布什政府所选择的方式太注重硬力量而未启用足够的软力量，则是一种错误，因为恐怖分子正是通过其软力量来赢得广泛支持和招募新的成员。

其次，在硬力量和软力量的相互作用上，它们有时相互扶持，有时相互干扰。如果不能很好地利用软力量，就会使得硬力量在实施的道路上障碍重重。约瑟夫·奈指出，2003年的伊拉克战争是两种力量相互作用的一个生动的例子。发动战争的部分动机是基于硬力量的威慑作用。据报道，美国前国防部长拉姆斯菲尔德初入白宫时认为美国"被全球视为纸老虎，一个不会出拳的弱巨人"，为此，他要改变美国的这种形象。新保守主义认为美国的力量可用来向伊拉克输出民主，并转变中东的政治。如果成功，战争就自然具有合法性。但是有关伊拉克战争的部分争议就是纠缠在战争的合法性上。

信息革命和经济全球化正在改变世界。著名网络社会学家卡斯特指出，信息革命创造了实际上超越国境的虚拟社会和网络。约瑟夫·奈认为，全球信息时代的政治游戏显示，软力量会变得日益重要。在信息时代有较大吸引力从而赢得软力量的国家，当属那些拥有多重沟通渠道来帮助其分析问题的国家、那些本国主导文化接近流行的全球规则（当前所强调的是自由主义、多元主义及自主）的国家，以及那些信誉随其国内和国际价值观及政策而增强的国家。聪明的力量在于硬、软力量的巧妙结合。

奈的"软权力"的含义很广，归纳起来，奈所说的软权力具体包含以下几个方面的主要内容。①

第一，文化吸引力。奈所说的文化是指普世性文化（universalistic culture），也就是具有全球吸引力的文化。然而，"文化"是一个内容很广、也很模糊的概念，很难加以定义。宗教、语言、教育、生活方式、电影、电视、报纸、网络、饮食等都可以包括在文化的范畴之内。很显然，具有全球吸引力的文化无疑是构成"软权力"的重要基础。

第二，意识形态（ideology）或政治价值观念（political values）的吸引力。"意识形态"和价值观念同样也是难以定义的概念。奈本人在论及软权力源泉的时候，常常把"理念"（ideas）、"政治价值观念"（political values）等概念和"意识形态"概念加以混用，有时使用"政治价值观念"（political values）。他在新著《软权力》中论述软权力的三个主要源泉时，使用了"政治价值观念"的提法。但在该书的某些地方，他也提到意识形态的吸引力。实际上，意识形态或政治价值观念是广义文化的重要组成部分，在一定程度上也可以把它们列入文化的范畴之中。

第三，塑造国际规则和决定政治议题的能力。奈在1990年出版的《注定领导世界》中明确指出，如果一个国家可以通过建立和主导国际规范（international norms）及国际制度（international institutions），左右世界政治的议事日程，那么它就可以影响他人的偏好和对本国国家利益的认识，从而具有软权力，或者具有"制

---

① 张小明：《约瑟夫·奈的"软权力"思想分析》，《美国研究》2005年第1期；约瑟夫·奈：《美国霸权的困惑：为什么美国不能独断专行》，郑志国、何向东、杨德、唐建文译，世界知识出版社，2002。

度权力"（institutional power）。他在 2004 年出版的著作《软权力》中，使用了"塑造国际规则"的提法。他在书中这样写道："如果一个国家可以塑造（shape）国际规则（international rules），使之与自己的利益和价值观念相吻合，其行为就更可能在他人看来具有合法性。如果它可以使用和遵循那些能够引导和限制他国自愿行为的制度和规则的话，那么它就没有必要使用代价高昂的胡萝卜与大棒。"①

当然，奈的软权力还有其他一些内容，如他在著述中还指出过"信息"、国家政策等因素的重要作用，它们也可以被列入软权力的范畴。他特别提出了"信息权力"（informational power）的概念，在他看来，信息革命通过促进非集中化和民主，正在改变政府和主权的性质，使得非政府角色的作用得到增强，并使外交政策中软权力的重要性增加。在《软权力》中，奈把对外政策同文化、政治价值观念一道列为软权力的三大源泉。②

我们首先要认识到，正如一些学者所指出的，约瑟夫·奈提出的软力量概念具有很强的政策针对性，是面向美国外交所面临的难题的，它提醒美国决策者重新注重使用软力量，强调软力量在国际政治中的重要性。但从学术角度看，在软力量的概念和范畴等方面，奈的理论存在着不少问题。③ 在卡内基和平基金会 2006 年于北京召开的中国软实力学术会议上，一些学者对约瑟夫·奈提出的"软权力"理论提出质疑。中央党校国际战略研究所的刘建飞教授·认为，奈的"软权力"概念不是很严密，其借助了计算机软件、

---

① Joseph S. Nye, Jr., *Soft Power：The Means to Success in World Politics*, pp. 10–11. 转引自张小明《约瑟夫·奈的"软权力"思想分析》,《美国研究》2005 年第 1 期。

② Joseph S. Nye, Jr., *Soft Power：The Means to Success in World Politics*, p. 11. 转引自张小明《约瑟夫·奈的"软权力"思想分析》,《美国研究》2005 年第 1 期。

③ 郑永年：《国际政治中的软力量以及对中国软力量的观察》,《世界政治与经济》2007 年第 7 期，第 6~12 页。

硬件的区分思维，而事实上软件和硬件必须结合起来，二者是辩证统一的。北京师范大学政治学与国际关系学院的张胜军教授认为，奈对"软权力"概念的定义非常狭隘，把文化功利化了；软权力需要硬权力来支撑，而且必须放在战略层次讨论才有意义。

关于硬权力与软权力的关系问题，北京大学国际关系学院的余万里教授认为，软权力和硬权力概念的区分很困难，例如战场上的航空母舰是硬力量，而当美国把它派去南亚赈灾时，则变成了软力量；二者的区分并不指向某一特定的物体，而是作用力方式的不同，吸引力作用的是软力量，强制力作用的则是硬力量。卡内基中国项目高级研究员丁学良教授认为，软力量不能脱离硬力量而发展，硬力量在有些情况下可以转换成软力量，有些情况下则不行。

关于实力、软力量的概念及增强软力量的方式，中国人民大学国际关系学院的金灿荣教授认为，"软权力"是一个软概念，在做研究时要想办法把它变成更实的概念；软权力和软平衡一直都存在，其理论和实践几千年前就有。中国现代国际关系研究院美国所所长袁鹏教授认为，实力概念可以从很多角度去看，如硬实力和软实力、静态实力和动态实力、自己看自己的实力和别人看自己的实力等，软实力只是其中的指标之一。卡内基中国项目主任裴敏欣认为，一个国家的软实力体现在以下三个方面：是否是模范公民、是否有国际话语权、是否拥有国际标准的制定权；软实力的用途体现在对付非传统的安全挑战和协助硬实力等方面。

郑永年教授指出，奈对软力量范畴的描述并不符合现代社会科学所强调的科学性，并没有对国际政治中的软力量和其他方面的软力量作出科学的规定。《软力量》一书用了两个章节来列举美国和其他一些国家与地区的软力量。他这样做时，有将软力量的范畴无限扩大化的趋势，把很多对国际政治和国家行为影响甚微的东西都给包括进去了。比如，在讲美国软力量资源的时候，奈列举了移民人数最多、电影电视最受欢迎、高等教育发达、诺贝尔奖得主多以及美国流行文化等。在讲欧洲软力量时，还是用了诺贝尔奖、音乐、书刊销量、体育、对外经济援助、跨国公司甚至人口的预期寿命等。这些长长的清单的其中几项到底属于奈所定义的软力量还是硬力量并不清楚,单看这一长串清单,多数是对国际政治和国家行为起不了重要作用的因素。奈的这种对软实力定义的清单罗列法,反而使他的软实力概念失去了解释力。很显然,事实并非是如果中国人喜欢听美国流行音乐,中国政府就会在外交上配合美国的政策。同样,美国观众喜欢看中国电影也并不意味着美国政府的对华政策会有什么变化。把软力量范畴无限扩大化使得奈的概念很难科学地分析国际政治现象,尤其是主权国家的国际行为。说到底,国际政治的主体迄今为止还是主权国家,国家利益才是主权国家制定外交政策时所考虑的最重要的因素。[①]

所以,我们要想很好地运用奈这个软实力概念为中国国家战略政策的制定服务,首先就得对软实力概念在学术理论上有一个大的突破。如上面的一些学者所分析指出的,国际政治的主体仍然是主权国家,任何避开主权国家来分析国际政治的理论,要么是过于理想化,要么就是过于简单化。也就是说,对国家软实力的认识,也要把它提升到主权理论的层面,在主权学说的框架内找到国家软实力可以依托的基石,只有这样,我们在新一波的国际关系的理论发展中,才可能主动地掌握话语权,为国家利益的扩展服务。这一任务对于中国的和平崛起尤为重要。

中国的和平崛起不是单方面的崛起,而是和世界其他国家在共赢结构下的崛起。离开了其他国家,尤其是既存的大国利益来谈中国的和平崛起,不仅是不可能的,而且是比较危险的。中国和平崛起的一个现实的思想前提,就是如何从地缘政治的角度向周边国家论述中国的崛起有助于实现每个国家的利益最大化;其次是对目前的霸权国,尤其是美国,论述中国之崛起不在于挑战它的大国地

---

① 郑永年:《国际政治中的软力量以及对中国软力量的观察》,《世界政治与经济》2007年第7期。

位，而是为它分担世界治理的公共秩序责任，也就是美国前助理国务卿佐利克所提出的"利益攸关者"的大国责任。这两者都要求中国积极地参与到国际社会新的观念建构中去，而这是目前中国国家文化软实力的理论任务。说到底，这就是新的一轮国家意识形态在制定国际政治规则议程上的竞争。曾任美国基辛格研究中心讲座教授的相蓝欣就明确地指出，美国智库和政府并不担心中国经济实力的提升，引发两国冲突的主要原因是意识形态的差异，如何在意识形态理论上和美国进行对话是中国崛起的一个重要约束条件。①他认为重启意识形态的辩论是基于以下三个方面的原因：首先，冷战中那种人为的、以意识形态为标准的东西方的划分概念已经不复存在。人类社会的发展必然要回到早先那种以历史和文化源头为分野的时代。其次，中国的地位重新上升的历史意义绝不可能仅仅限于单个国家自立于世界强国之林，中国的经济崛起将不可避免地促成中华文化传统的复兴，并为全人类今后发展的方向和进程提供有益的价值观和思路。最后，这次在全球范围内启动意识形态大辩论的契机是世界大多数人都反对的伊拉克战争。在越战中，欧洲民主对美国民主的性质和运作方式并没有提出根本意义上的质疑，伊战却促使欧洲民主国家的公民思考美国民主模式的病根，从而引发了一场真正意义上的世界范围内的地缘政治大震荡。② 中国如要把握住这次世界范围内的意识形态大辩论的机会，首要的就是要认真地梳理构成国家文化软实力来源的传统文化资源，通过主权理论对传统文化思想资源进行创造性转化，从而把思想资源转化成真实的战略资源。

作为软实力的三个来源，即文化、政治制度和国家内外政策，并不必然构成一个国家的软实力，而是需要一番坚实的理论工作才可以完成。从建构主义国际关系理论的角度看，国家的身份和利益

---

① 相蓝欣：《传统与对外关系》，三联书店，2008。
② 相蓝欣：《传统与对外关系》，三联书店，2008，第7~8页。

不是预先给定的因素,而是在国家之间的互动中得以建构的;主权、无政府状态等国际制度同样也是社会建构的结果。观念(文化)塑造利益,是建构主义理论的一个核心思想。这一理论过程在西方的历史建构就是西方文化从特殊性到普遍性的主权话语建构。法国革命的思想基础就是博丹的立法主权和卢梭的人民主权理论,或者说,没有后者的主权学说,法国革命除了流血外还是流血,不可能给世界贡献这么丰富的国家理论资源。美国革命的思想血液就源于法国革命。[①] 世界历史上流血革命多矣,但有几个革命产生了如此深刻的世界影响?同样,如果中国对世界没有思想文化理念上的贡献,那么,她的衰落是必然的,从世界经济史看,没有任何一个国家可以一直保持不衰的经济增长。但是文化软实力却可以让一个大国保持持续的领导力。有学者认为,与其说美国是通过其世界第一的军事实力征服世界,还不如说是通过制度和文化征服世界,从各国申请移民美国的人数就可以说明这点。我们要看到的是,美国的文化软实力是奠基在美国的国家主权学说之上的。美国文化有一个非常形象的比方,即美国文化是一个熔炉文化。这一方面表明美国文化的多样性,另一方面强调的是各种文化进入美国这个熔炉之后所产生的独特的美国性。这种多元中一元的文化特征就是美国文化的特质。这一文化过程的核心环节就是美国国家主权的建构过程。托克维尔惊奇地发现,"人民主权原则主宰整个美国社会——美国人在他们革命之前就已实行人民主权原则——这次革命使人民主权原则得到发展","美国的革命爆发了。人民主权原则走出乡镇而占领了各州政府,所有的阶级都从本身的考虑出发卷进了运动,人们在人民主权原则的名义下进行战斗并取得胜利,人民主权原则成了法律的法律"。[②] 在欧洲国家是民族认同,在美国是国家认同,这一点是非常关键的区别。美国建国者们创造了一种新

---

① 苏姗·邓恩:《姊妹革命——论法国革命和美国革命》,上海文艺出版社,2003。

② 托克维尔:《论美国的民主》(上卷),商务印书馆,2004。

的主权学说。在欧洲传统的国家主权学说中，主权是惟一的，是不可分的，但是在美国的国家制度建设中，美国建国者们却创造了一种可分主权的学说，这就是美国联邦主权和州主权的二元主权学说。① 就是这种新的二元主权学说，成功地解决了美国的南北分裂问题，完成了国家统一；同时，为美国多元文化的统一提供了文化竞争的政治制度空间。美国文化学者迈克尔·卡门在他的《自相矛盾的民族——美国文化的起源》中对美国文化特性的形成有非常精辟的分析。他引用查尔斯·狄更斯的《马丁·朱泽尔维特》(*Martin Chuzzlewit*) 中的一段话来揭示美国文化的这种双重性。马丁在美国正处于经济大萧条的时候来到美国，他碰到的人都和他说起美国发生了经济大萧条，不过，"马丁对美国一无所知，或者他十分清楚地知道：如果单个美国公民的话都可信，那么美国永远处在萧条、停滞和令人恐慌的危机中，而绝不会是其他情况；但是美国人作为一个整体，日夜随时准备向四福音书作者起誓，美国是地球上人迹可至的所有国家中最欣欣向荣的"。② 美国的这一文化特征和中国传统文化有相同的地方，也有不同的地方。相同的是，美国文化和中国文化一样，既有多样性又有一元性，并且都是通过国家权力完成的。美国为了国家统一，不惜打一场内战。

主权学说从根本上是对国家的法统论证，③ 而国家文化软实力的一个重要来源就是国家的法统性。晚清以来中国最大的危机是国家的法统危机，所以，主权学说是我们在国家法统建设中需要下大

---

① 强世功：《联邦主权与州主权的迷思》，《中外法学》2006 年第 4 期。
② 迈克尔·卡门：《自相矛盾的民族——美国文化的起源·前言》，江苏人民出版社，2006，第 3 页。
③ 法统的英文是 legitimacy，国内学者一般翻译为合法性或者合理性。丁学良认为，在英文中 legitimacy 概念具有两个方面的含义，一是外在的、描述性的、与法律规则相关的；一是内在的、与道德规范相关的。合法性只能翻译出与法律规则相关这一层面的意思，它对应的应是 legality 和 lawfulness。合理性对 legitimacy 两个方面的含义都表达不足，而且和 rationality 的中译相混淆，所以，他提出以"法统"来翻译。见丁学良《共产主义后与中国》，牛津大学出版社，1994，第 3~5 页。

工夫研究的国家理论，同样，国家文化软实力的资源转化也应当放在这个主权学说的框架之中。金耀基先生提出"中国人的三个政治"的概念，指出中国文化在大陆、香港和台湾三个不同政治体制架构下形成了三种政治文化类型。这既是历史所造成的一个悲剧，同时也是中国文化政治实践对世界文化的一个巨大贡献。[①] 中国文化的政治实践已经提供了丰富的经验材料，文化主权的提出是对这一政治实践的理论总结，也为国家冲突之化解提供了新的主权理论武器。

三 认真对待文化民族主义

文化主权既然是一个国家和民族的文化自觉，是一个国家和民族文化主体性的体现，那么，它必然要回答自身和爱国主义及民族主义的关系问题。文化民族主义既是文化主权的文化自觉意识的外在表现，也是国家文化软实力的核心价值的基础架构。近代民族国家之建构和民族主义之间是一种互相纠缠的历史，所以，认真对待文化民族主义，是文化主权理论和国家文化软实力建设必须严肃对待的问题。

爱国主义和民族主义是培养民族国家认同的重要手段，或者说，爱国主义和民族主义构成一个国家和民族的文化主权的血气基础。有学者指出，民族之复兴有赖于民族意识之复兴，以及对民族历史文化传统之复活抱有自信心的文化民族主义理念。在第二节我们处理了爱国主义问题，提出基于理智的爱国主义的公共精神是共和国的血气基础。在本节我们专门来讨论和爱国主义有关的文化民族主义问题。

对民族主义与国家认同之间的建构关系，美国哲学家罗蒂在《美国的民族自豪感：惠特曼与杜威》一文开篇就有非常精辟的阐述："就国家而言，民族自豪感有如个人的自尊，它是国家自我完

---

① 金耀基：《中国人的三个政治》，台北经济与生活出版公司，1989。

善的必要条件。然而，过分的民族自豪感可能激发好战情绪或者导致帝国主义倾向，就像自尊心太强会产生傲慢的态度。但是，如果一个人自尊心不足，他就很难展现自己的道德精神。因此，缺乏足够的民族自豪感就难以形成有关国家大计的富有成效的辩论。如果一个国家想在政治筹划方面富于想象力和创造力，那么，每个公民都应该在感情上同自己的国家休戚与共——因国家的历史或现行的民族政策而产生的强烈耻辱感或炙热的自豪感。当然，只有在民族自豪感压倒民族耻辱感的时候，这个国家才能在政治上有所作为。"① 罗蒂为什么这么强调"民族自豪感"，如何来理解罗蒂的问题呢？罗蒂继而指出："对政治领导权的争夺在某种程度上也是不同的、有关一个民族的自我认同的故事之间的竞争，是不同的关于民族之伟大的象征符号之间的竞争。"罗蒂把民族自豪感上升到政治领导权竞争的高度，通过对"民族自嘲和自憎"和"民族的希望和理想"两种不同的知识分子写作的分析，指出"民族自嘲和自憎"的写作对美国理想和美国未来的根本性伤害。罗蒂就一些美国知识分子忙于揭穿假象，不屑解决局部问题，穷于理论思辨，却不能激发读者投身社会实践的现象进行了批判。他认为艺术家和知识分子的天职在于通过构造民族历史和优秀人物的叙事和形象来不断地为民族认同和立国理念增添新的活力，然而美国当代的文化和思想生产却远远没有满足国家的需要。②

　　从罗蒂的论述中，我们似乎可以看到非常熟悉的文艺政策传统，即"文艺为政治服务"。当然，这里的"政治"不是指具体的政治行为，而是国家理想，是一个国家的未来走向。罗蒂关于民族耻辱感和自豪感的界定，为我们理解百年来的国家命运及传统文化危机找到了一条隐秘的通道。这也是罗志田教授所指出的："近百多年间，中国始终呈乱象，似乎没有什么思想观念可以一以贯之。

---

① 理查德·罗蒂：《筑就我们的国家——20 世纪美国左派思想》，三联书店，2006，第 1 页。

② 张旭东：《知识分子与民族理想》，《读书》2000 年第 10 期。

各种思想呈现出一种'你方唱罢我登场'的流动局面，可谓名副其实的'思潮'——潮过即落。但若仔细剖析各类思潮，仍能看出背后有一条潜流，虽不十分明显，却不绝如缕贯穿其间。这条乱世中的潜流便是民族主义。如果将晚清以来各种激进与保守、改良与革命的思潮条分缕析，都可发现其所包含的民族主义关怀，都可视为民族主义的不同表现形式。"[1] 余英时先生也指出，百年来中国一个最大的动力就是民族主义，"一个政治力量是成功还是失败，就看它对民族情绪的利用到家不到家。如果能够得到民族主义的支持，某一种政治力量就会成功，相反就会失败"。[2]

近代中国的民族主义和欧洲的民族主义有比较大的区别，欧洲的民族主义和爱国主义是分开的，而中国的民族主义和爱国主义往往交织在一起，难以区分。英国政治学家米讷格（Kenneth Minogue）在其《民族主义》中曾试图对"爱国主义"和"民族主义"做出一种学理上的区分。他认为二者的区别在于：爱国主义是热爱本国的现实状况（loving one's country as it is），因此主要表现为抵抗外来侵略以捍卫现实存在的祖国；反之，民族主义则是致力于实现祖国尚未达到的理想目标（ideal of one's country that is yet to be realized）。[3] 罗志田教授认为，近代中国民族主义的反抗与建设两方面相辅相成而不可分割，也就是说，近代中国的民族主义和爱国主义是交织在一起的。这是近代中国知识分子为"强国"而激烈反传统甚至追求"西化"的民族主义心态的根本原因。

晚清以来，中国一直处于一种国家和民族生死存亡的紧张之中，可以说，近代中国的一切问题都可归结为国家和民族如何摆脱生存的梦魇。列强对中国的瓜分，给中国知识分子烙下了深深的民族耻辱感。这一民族耻辱感构造了中国近代以来文化心理结构的基

---

[1]　罗志田《乱世潜流：民族主义与民国政治·序言》，上海古籍出版社，2001。

[2]　余英时：《中国近代思想史中的激进与保守》，转引自罗志田《乱世潜流：民族主义与民国政治·序言》，上海古籍出版社，2001。

[3]　甘阳：《民族主义还是爱国主义？》，2000 年 5 月 14 日《联合早报》。

本特征，这就是为何中国近代思想史是一个非常激进化的过程。对传统的反抗和否定首先是一种价值立场，而相关的各种思潮在这种立场表态之后也就获得了当然的价值正当性。由于近代中国的这一历史特征，中国的文化保守主义基本上在思潮层面上没有话语权。这使近代中国民族主义的面相主要表现为政治民族主义，而文化民族主义这一维度反而被遮蔽了。不过，丁耘在评论甘阳的《将错就错》时指出了政治民族主义遭遇的困境，"政治民族主义的意图原是通过实现自然权利重建民族认同。但如果没有'谁的'民族认同这个前提，一切民族认同都将是空话甚至更坏。而这个前提只能来自文化认同"。① 晚清以来的中国文化危机的解决由于国家政治危机被一再延宕。这也是李泽厚在论文《启蒙与救亡的双重变奏》里要处理的问题，即中国一方面要接触西方文化，解决中国的文化危机，但是另一方面又要救亡，结果是救亡更为紧迫，压倒了学术思想的正常发展。中国的文化危机问题因此被覆盖。

被覆盖并不等于问题已经解决。随着中国的工业化建设基本完成，尤其是加入 WTO 之后，中国的全球化进程加速发展，正如盖尔纳所指出的，成熟的工业社会要求其成员能够顺利地交流和流动，而正是这种要求导致了民族、民族文化、民族国家和民族主义的兴起。中国的改革开放带来了经济高速增长，中国经济体的世界地位上升，近代以来的民族耻辱得到洗刷，民族自豪感逐步增强。19 世纪以来的中国文化的"传统和现代"问题在一个新的历史背景下被再次表述，这就是 20 世纪 90 年代中国文化民族主义兴起的内在逻辑。

20 世纪 90 年代，文化民族主义在中国大陆的兴起，是一个非常值得注意的现象。

"文化民族主义"的代表人物之一康晓光在 2003 年第 2 期的《战略与管理》上发表了《文化民族主义论纲》，阐述了"文化民

---

① 丁耘：《文化民族主义：刺猬的抑或狐狸的》，《读书》2003 年第 3 期。

族主义"兴起的思想背景。

现代意义上的文化、民族与国家是不可分离的。民族、文化、国家的"三位一体"是现代化的产物。文化是民族和国家认同的基础。没有统一的文化就没有统一的民族和国家。反之，没有独立的国家也很难有完整的文化。

在全球化时代，文化竞争日趋激烈。对于后发展国家来说，现代化的成功并不意味着民族文化的丧失，而是为民族文化的复兴创造了条件。现代化不等于西方化。在全球化时代，文化构成了民族国家的国际竞争力的核心要素之一。文化是支持民族国家经济发展的最重要的"社会资本"。正如亨廷顿所指出的那样，文化也是民族国家成功地参与国际经济合作和国际政治结盟的基础。文化或文明正在成为支配国际政治格局的基本力量之一。

21 世纪初叶，中华民族站在了文化复兴的转折点。一方面，文化或文明成为主导国际冲突的最重要的因素之一。在激烈的全球竞争中，任何民族都不应轻视自己的文化资源。另一方面，就国内形势而言，需要从传统文化汲取理想、价值和道德资源，为民族的进一步发展提供目标、动力和凝聚力。同时，持续的经济发展为文化复兴奠定了基础，提高了中国人的文化自信心。此外，中国人口众多，移民遍布全球，而且中华文化气质独特、难于同化，也是支撑文化民族主义的得天独厚的条件。

所以，此时此刻，我们必须高度重视文化建设问题，通过文化重建强化民族凝聚力，同时通过文化重建在全球范围内整合资源，建设以华人为基础的、超越国界的"文化中国"，并借此提高中国的国家竞争力，为中华民族的伟大复兴奠定基础。也就是说，21 世纪的中国需要一种超越民族国家的文化民族主义！

康晓光指出"文化民族主义"就是新儒教民族主义："第一，面向未来，继承历史，在现代化的脉络中审视文化传统，为中华民族寻求新的理想、价值、道德，重建中华民族的精神家园。第二，立足全球化，审视文化传统，把文化民族主义看做是提高国际竞争力的有力工具，是文化中国的灵魂，是中华民族屹立于世界民族之林的根基。第三，提倡力行，反对空谈，提倡通过社会运动，建立一种渗透到日常社会生活之中的、与现代社会相适应的民族宗教，即新儒教。"

康晓光提出"新儒教"，其意在于与 20 世纪二三十年代唐君毅、牟宗三等人的"新儒学"相区别。他们的新儒学基本上还是在学理层面展开，而康晓光他们强调要从学理层面走向实践，要把儒学变成公民宗教。"今日重提'文化民族主义'，不是要建立一种束之高阁的关于传统文化的理论，而是要建立一种强有力的意识形态，要发起一场广泛而持久的社会运动。通过继承传统，博采众长，古为今用，洋为中用，继往开来，确立新时代中华民族的理想、价值、道德。这是一场精英领导、国家支持、大众参与、始于本土、遍及全球的中华文化复兴运动。这一运动的核心目标是，把儒学重塑为与现代社会生活相适应的、遍及全球的现代宗教。这是支持中华民族复兴的最深厚的根基。"[①]

和近代中国的"国粹派"、"整理国故"的文化民族主义不同，20 世纪 90 年代的文化民族主义虽然以复兴国学或者儒学为口号，但两者之间并没有太多的血缘关系。"国粹派"实际上是"反西化的西方化"，其价值取向还是西方的，实际上是运用西方的人文社会科学方法来处理中国文化问题，以此发掘中国文化价值的现代意义。而西化派也并非要抛弃传统文化，其内心认可的往往还是儒家人格。所以，在实践过程中，往往出现越是西化的反而越是儒家的现象。例如以实现"中国文艺复兴"为己任的胡适虽然自诩是

---

① 康晓光：《文化民族主义论纲》，《战略与管理》2003 年第 2 期。

"世界主义者",但骨子里却仍然是一个文化民族主义者。这种内在的思想张力在 20 世纪 90 年代的文化民族主义者身上几乎消失了。20 世纪 90 年代的"国学"运动力图切断与西方的价值联系,以此来确立中国文化的主体性位置。这无疑会让中国文化走入"文化自闭症",结果反而阻碍了中国文化现代化的完成。

20 世纪 80 年代的"文化热"可以说是 20 世纪 90 年代中国文化民族主义兴起的一次热身运动,只不过 80 年代的"文化热"迅速地被市场经济大潮席卷而去。而且 80 年代"文化热"的问题域基本上是接续五四运动以来对"传统和现代"问题的思考。实际上,从五四运动到 20 世纪 80 年代,实际上一直隐含了一条解决中国文化问题的思想道路:通过现代化来解决中国文化传统问题。这也就是甘阳所宣称的,筹划现代性就是筹划自我,文化主体未来的重建恰恰是通过文化现代化来完成。在这个意义上,"现代的"就是"中国的"。这条思路应当说非常有价值,因为中国已经不是那个隔绝于西方世界的古老中国,西方的历史已经构成了中国的一个重要组成部分。西方文化的历史冲突也就自然成为中国文化的历史冲突。所以,80 年代"文化:中国与世界"编辑委员会所提出的研究西学是"当代中国文化意识"的核心部分的观点,无疑是非常深刻的。实际上,陈寅恪在对冯友兰《中国哲学史》的出版审读报告中就已经指出了中国文化民族主义的思想路径:"窃疑中国自今日以后……其真能于思想上自成系统,有所创获者,必须一方面吸收输入外来之学说,一方面不忘本民族之地位。此二种相反而适相成之态度,乃道教之真精神,新儒家之旧途径,而二千年吾民族与他民族思想接触史之所昭示者也。"这一点在 20 世纪 90 年代的文化民族主义者身上缺乏自觉继承,无疑是很遗憾的。

应当说,康晓光、蒋庆他们提出的文化民族主义即儒教民族主义,给我们建构了一种比较理性的文化民族主义的思想框架,有不少给人启迪的地方,尤其是他们提出的建立现代中国的"公民宗教"概念,应当说是中国文化现代化创造性转型中非常关键的环节。但是，他们对作为西方现代性产物的民族主义思想辨析不足，这导致20世纪90年代的文化民族主义被有的学者称为"不成熟的民族主义"。① 离开西方现代性这个思想框架来思考中国问题，不仅不能触及中国文化危机的根源，反而可能因为诊断错误，让我们离目标越来越远。

另外一个需要认真对待的现象是，从历史上来看，民族主义往往是国际关系冲突的导火线，所以一直受到政府的抑制。20世纪90年代以来，以网络为言论平台，文化民族主义的能量得到空前释放，它和网络民族激情混合成为一种新型的网络民族主义。这样，民族主义的破坏性可能会超过它的建设性而成为我们难以驯服的力量，并可能演变为一种网络文化暴力。所以，正确引导民族主义的激情，应当是罗蒂所说的知识分子的责任。

在现实政治层面，面对一个新的国际时代，中国对国际秩序的理解和追求自身利益的方式，需要我们在"国家认同"和"国际意识"这两个方面都建立和建设新思路、新眼光，并进而寻找到新途径。朱锋教授指出，在现实的国家利益发展面前，中国强化和发展"国家认同"与"国际意识"的进程必须是一个自觉的过程，并且是中国追求"现代性"努力中不可缺少的一个组成部分。国家认同与国际意识的现代化其实一直是中国人现代化努力的重要组成部分。② 在今天中国对外和对内发展的关键时刻，这种努力显得格外迫切和重要。

① 王焱：《关于民族主义的发言》，公法评论网 http：//www.gongfa.com。
② 朱锋：《"中国崛起"与"中国威胁"——美国"意象"的由来》，《美国研究》2005年第3期。

第二章
文化主权的争夺与世界文明秩序的重建

　　考察世界文明演变的历史进程，我们从中发现，近代以后，世界文明呈现出加速发展的趋势，那么，这个世界文明加速发展背后的动力是什么？后发国家在这一场文明发展加速度的竞争中如何脱颖而出？这其中一个非常关键的因素就是现代民族国家这一新兴的国家形态的崛起，它作为一种最具效率的组织形式，在和其他的帝国朝贡国家体系的竞争中获得了节节胜利，从而揭示出世界文明格局变动的最重要的动力学原理。

　　近代以来欧洲的文化扩张就是通过民族国家的扩张，通过主权使特殊性的欧洲文化成为全球普遍性文化，这就是西方普遍主义话语建构的历史真相。这是我们提出文化主权的历史性基础。

　　马克思在论德国革命时指出："理论在一个国家的实现程度，取决于理论满足这个国家的需要的程度。"[①] 百年中国的问题是什么？简单地说，就是中国的现代化，就是通过现代化建设使中国从传统社会进入现代社会，从而立足于世界民族国家之林。在这

---

　　① 《马克思恩格斯选集》第1卷，人民出版社，1972，第11页。

百年问题之中，最深刻也是最难处理的是中国文化的现代化问题。文化主权的提出不是脱离中国现代化这一历史进程所发的抽象议论，而恰恰是中国现代化事业本身所提出来的一个重大历史课题和任务。着眼于文化主权和中国现代化之间的现实关系，是我们当今提出文化主权的基本出发点。只有这样，我们先辈们百年来所追求的中国现代化及中华文明的伟大复兴，才可以称得上是可能的现实。

全球化扩展带来了全球政治文化秩序的合法性转移，与经济全球化相伴随的是全球的人口流动。福山指出："移民与身份认同的困境最终与更大的问题后现代性的价值缺失结合起来。"① 全球人口流动导致身份和文化认同危机成为主权国家的重大政治问题。文化主权将在一定范围之内取代国家政治主权成为全球移民新的政治认同。

主权和文明之间的互动是近代以来世界文明秩序的内在逻辑。国际政治和国际关系理论中国家从权力体、经济体到文化体的范式变化，呼应着在全球一体化背景下，世界权力性质发生的根本性变化，即以往大国赖以崛起的军事和经济力量等国家硬实力越来越受到限制，文化、制度及政策等软实力越来越成为国家在世界舞台拓展其国家利益的重要手段。经过三十年的改革开放，中国的经济崛起已经成为世界大国关系中重要的变量，如何积极积累和调动中国国家战略的软实力资源，以提高和拓展中国在世界权力格局中的地位和作用，是中国伟大复兴的前提性条件。到目前为止，中国的崛起还仅仅是经济意义上的崛起，一个国家的崛起从最终意义上必然是文化上的崛起，即自己的国家成为其他国家学习的文明典范。文化主权就是因应世界权力性质变化而兴起的一种主权学说，它本身构成了国家文化软实力基础性的内在要素。

---

① 福山：《移民与身份认同》，吴万伟译，http://www.prospect - magazine.co.uk。

第一节　主权国家和近代文明格局的变动

一　主权国家的兴起与文明变速

为什么某些西方国家首先自主地走上现代化—工业化的道路，成为"发达国家"？为什么发达国家从工业革命开始以来直到今天能成为"世界历史"的导向力量？为什么发达国家的现代化各有自己的模式，而各不相同的模式最终都通向现代化？发达国家的现代化对世界现代化进程，特别是后发国家和地区有何作用和影响？为什么后发国家都必须争取走现代化道路，否则就会被时代所淘汰？虽然现代化理论在新一轮的反现代性理论呼声中备受质疑，尤其是现代化理论所隐含的"进步"观念受到了严厉的批评，但是现代化理论是否业已丧失了理论的解释力呢？如果我们抛开所谓道德温情脉脉的面纱，直面历史的现实，我们仍然会相信马克思在《资本论》第一卷的序言里所提出来的"工业较发达国家向工业较不发达国家所显示的，只是后者未来的景象"。[①] 对现代化理论的质疑或辩护不是我们在这里要思考的重点，不过，现代化理论对现代文明社会的动力机制的深刻解释力，却仍然是我们在下面要展开的理论的起点。

据考古学家考证，在公元 1500 年以前，安第斯文明和中美洲文明与其他文明之间，以及它们内部之间几乎没有交往。汤因比的历史研究为我们分析了世界上二十几种文明形态并存的发展格局，但是他却没有像亨廷顿那样从文明的斗争模式的角度考察文明演变的动力结构，从而不能给我们展现出历史上激动人心的斗争场面。亨廷顿指出，分隔文明的距离和有限的克服距离的交通工具，限制了交流和商业关系的发展。虽然在地中海和印度洋上有一些海上通

---

① 马克思：《资本论》第一卷序言，人民出版社，1972。

商，但"旅行的有效手段是穿越平原的马匹，而不是海上航船，像公元 1500 年以前一样，世界上相互分离的文明靠它们彼此之间维持着微小的联系"。①

这个状况到了 16 世纪，却发生了天翻地覆的变化。15 世纪结束时摩尔人最终重新征服了伊利比亚半岛，葡萄牙人开始了对亚洲的渗透，西班牙人开始了对美洲的渗透。在其后的 250 年间，整个西半球和亚洲的重要部分都被置于欧洲的统治和控制之下。到 20 世纪初，除土耳其之外的整个中东实际上都直接或间接地受到西方的控制。1800 年欧洲人或前欧洲的殖民地（在南美和北美）占据了地球表面土地的 35%，1878 年这一数字为 67%，1914 年为 84%。到 1920 年，当奥斯曼帝国被英国、法国和意大利瓜分时，这一比例进一步提高。1800 年英帝国拥有 150 万平方英里的土地和 2000 万人口。到 1900 年，维多利亚女王时代的"日不落"帝国包括了 1100 万平方英里土地和 3.9 亿人口。在欧洲扩张的过程中，安第斯文明和中美洲文明被有效地消灭了，印度文明、伊斯兰文明同非洲文明一起被征服了，而中国则受到渗透并从属于西方的影响。只有俄国、日本和埃塞俄比亚这三个在高度中央集权的帝国权威统治下的文明得以抵制西方的冲击，并维持了有意义的独立存在。概而言之，400 年之久的文明间关系是由其他社会对西方文明的从属所构成的。②

这一变化背后的文明动力机制是什么？亨廷顿认为，这一独特的而急剧的发展的原因是：西方社会结构和阶级关系的发展；城市和商业的兴起；西方社会的权力在各等级和贵族之间、世俗权威和宗教权威之间的相对分散；西方各民族的民族意识的觉醒以及国家行政机构的发展。西方扩张的直接根源是技术：发明了到达距离遥

---

① 亨廷顿：《文明的冲突与世界秩序的重建》，周琪等译，新华出版社，1999，第 34~35 页。

② 转引自亨廷顿《文明的冲突与世界秩序的重建》，周琪等译，新华出版社，1999，第 35~36 页。

远的民族的航海工具，发展了征服这些民族的军事能力。杰弗里·帕克说："'西方的兴起'在很大程度上依赖于使用武力，依赖于下述事实：欧洲人及其海外对手之间的军事力量对比稳定地倾向于有利于前者……西方人在1500～1750年期间成功地创造出第一个全球帝国的要诀，恰恰在于改善了发动战争的能力，它一直被称为'军事革命'。"① 西方军队的组织、纪律和训练方面的优势，以及随后因工业革命而获得的武器、交通、后勤和医疗服务方面的优势，也促进了西方的扩张。西方赢得世界不是通过其思想、价值或宗教的优越（其他文明中几乎没有多少人皈依它们），而是通过运用有组织的暴力方面的优势。② 亨廷顿提出西方扩张的直接根源是技术，他还没有更深入地认识到除了航海工具等工程技术之外，还有一个非常重要的国家治理的制度技术，或许是后者，才是西方扩张的直接根源。

保罗·肯尼迪在《大国的兴衰》中写道，在公元1500年前，这个时候的欧洲居民们还绝对看不出他们的大陆即将统治其余的大部分地球。在16世纪初期，中西欧诸国能否在世界民族之林中脱颖而出，显然还未见端倪。在其他重要文化和经济活动中心方面，东方国家远胜西欧，欧洲在文化、技术、工程学或者航海和其他技术方面也没有显示出和亚洲文明相比更为明显的优势。③ 但问题是，为什么在16世纪之后，处于边缘性力量的欧洲会主导了世界文明的发展，成为世界文明的中心？

一个非常显著的原因，就是欧洲在经历了三十年战争之后，由于民族国家的出现而随之成为席卷世界的重要力量。换句话说，因为民族国家的兴起，欧洲才得以加速扩张。民族国家比传统城市国

---

① 转引自亨廷顿《文明的冲突与世界秩序的重建》，周琪等译，新华出版社，1999，第36页。
② 转引自亨廷顿《文明的冲突与世界秩序的重建》，周琪等译，新华出版社，1999，第37页。
③ 保罗·肯尼迪：《大国的兴衰》，世界知识出版社，1990。

家更具备对资源和军事力量的组织和整合能力。中国文化在历史上曾经有过几次大危机，但最终被中国运用国家力量化解了，这也是我们对中国文化具有同化外来文化的特征的历史性认识。但是这一认识到晚清中国和欧洲相遇时，却遭遇了重大的挑战，亡国亡文化一直是百年来中国知识分子的梦魇。这说明中国文化具有同化外来文化的特性并不牢靠，起码还需要很多其他的条件支持，那么，其中最重要的条件是什么呢？我们要看清晚清中国和西方的相遇区别于历史上中西相遇的最根本之处，就是传统国家和民族国家的相遇。晚清在经济总量上并不输给西方，一直到 1820 年，中国的工业经济产值仍然占世界工业经济产值总量的 32.8%，为世界最大的经济体，但碰上欧洲民族国家这一新型的国家力量，却土崩瓦解。这使我们需要重新思考民族国家力量在世界历史进程中的作用。

通过对近代中华帝国和同时期欧洲国家抗税骚乱情况的比较，王国斌认为当欧洲近代民族国家开始渗透到地方社区进行征税的时候，中国的地方社会却因为中央政府权威的下降而出现了不同的权力集团，并开始挑战国家征税的权力。当中央政府力图增加税收以应对国内外危机的时候，这一政策因为不能获得地方官员及名流的支持而引发了抗税骚乱。[①] 王国斌在他的分析中把国家作为一个相对独立的因素纳入对中国近代集体行动的考量之中，给我们检讨近代中国的国家失败提供了一个重要的理论视角。中国和西方的古代社会有着很大不同，在现代民族国家形成之前，中国的科层制农业帝国是世界上对社会渗透能力比较强、管得也比较宽的一种国家形态。而在罗马帝国垮台后，西方的国家势力长期处于微弱的地位。在这些国家中，地方事务一般由地方贵族和教会自行管理。在现代民族国家的建立过程中，西方国家的力量逐渐增强，原来属于地方贵族和教会的权力逐渐为国家所有。学者们指出，西方的社会运动

---

① 许进、赵鼎新：《政府能力和万历年间的民变发展》，《社会学研究》2007 年第 1 期。

和革命是现代民族国家形成的直接后果。① 所以对国家性质和国家能力的关注是我们思考中西方对比的重要理论框架。美国耶鲁大学的金融学教授陈志武从国家对资本市场的控制能力角度上，解释了晚清虽然经济总量远大于英国却打了败仗的原因在于国家融资能力不足而难以应对战争巨大的财富消耗。工业革命之后，英国的金融资本市场在国家的扶持下所取得的发展，使得英国具备了在短时期内为了国家战争的需要而提供大量军费支出的汲取能力，也就是说，虽然英国在经济总量上不如中国，但是它的国家能力远强于中国。② 想想慈禧太后晚年的一次祝寿活动因为国库亏空还要向民间的徽商进行借贷，就足可以想见晚清中国的国家能力之衰微。换句话说，不是其他，而是国家性质和国家能力之升降，导致了中西方文明这次相遇的迥异于前的结局。

另一方面，欧洲的国家扩张其实也就是文化主权的扩张。这是什么意思呢？和传统的把欧洲作为一种地理概念上的理解不同，欧洲实际上是一种智性建构，"欧洲"是在与东方对抗和在征服世界中形成的。当代英国历史学家霍布斯鲍姆依据欧洲人观念变化的线索作了如下分析。

"欧洲最初的概念基于双重的冲突之上：希腊人在波斯战争中抵御入侵的东方帝国，希腊'文明'与锡西尼（Scythians，现在通常译为斯基泰人）'野蛮人'在俄罗斯南部大草原的遭遇。在好几个世纪里，除受经典教育的神职人员外，没有人会按'欧洲'这样一个概念来考虑问题。西方最初对撒拉森人和蛮族的真正反攻不是以'欧罗巴王国'的名义进行的，而是以（罗马）基督教的名义：来自欧洲东南和西南的十字军征讨伊斯兰教，欧洲东北的十字军征讨波罗的海地区的异教徒。即使在 16 世纪欧洲人真正开始进行全球性征服的时候，西班牙人进行征服的圣战思想很容易被新世

---

① 许进、赵鼎新：《政府能力和万历年间的民变发展》，《社会学研究》2007 年第 1 期。

② 陈志武：《财富是怎样产生的》，中国政法大学出版社，2005。

界的征服者所认可。17 世纪以前,欧洲人从未把'欧洲'看做一个大洲,而仅视之为一种信仰。到 17 世纪末,他们已经能够与东方主要帝国的力量抗衡时,经济和军事方面的优势此时强化了这样一个信念:欧洲人不是作为现代文明的传播者,而是集体性地作为人类的一种类型而比其他所有人都要优越。"①

在伊斯兰教兴起和征服世界之间的这个时期,"欧洲人"这种基于基督教信仰的身份认同,需要借助与非基督教文化的对比甚至对抗来明确,16、17 世纪陆续"发现"的亚洲、美洲、非洲的古老文化与伊斯兰教一样充当了欧洲人明确身份的参照。欧洲人就是通过对其他民族的否定来确立自己的身份特征。可能惟一有一点不同的是欧洲文化和中国文化的相遇,欧洲早期采取的却是以正面肯定对方的方式来确认自己的基督教身份。中国文化是一面比较奇特的镜子,由于耶稣会教士的极力推崇,它无法被简单地看做低劣的异教徒文化而加以蔑视和否定,那么就只能反过来,从中国文化中寻找基督教远古时的踪影,以正面手法强调基督教的特征。

吴莉苇在对启蒙时代欧洲的一段关于中国上古史的论争进行研究时,探讨了为什么在启蒙时代,从耶稣会教士到欧洲学者,有那么多人乐此不疲地调和中国编年史与圣经编年史。

1658 年,为了给当时欧洲的"礼仪之争"辩护而从中国传教区被派回罗马的耶稣会教士卫匡国出版了一部《中国上古史》,向欧洲人详细介绍了从盘古直至西汉末年的中国历史,他把伏羲时代定为中国君主制创立的时代,这一时代是中国信史的开端,他还根据中国史书中记载的帝王世系和在位年限推算出伏羲立国之年为公元前 2952 年,即中国人的历史至少可以上溯到公元前 2952 年。当时的欧洲人普遍相信《旧约》是关于人类最初历史的惟一可靠叙述,据《创世纪》记载,现代人类都是诺亚和他的三个儿子在世

① 埃里克·霍布斯鲍姆:《史学家:历史神话的终结者》,马俊亚、郭英剑译,上海人民出版社,2002,第 254 页。

界性洪水之后繁衍而来的，诺亚洪水的时间就是新人类历史的起点。这个时间在《旧约》中没有明确记载，据《圣经》所允许的推测，1650 年之后的欧洲人比较普遍接受的观点是，世界创始于公元前 4004 年，大洪水发生的时间是公元前 2348 年。但是伏羲统治中国的时间早于大洪水 600 年。这样，中国人在大洪水之前就已经出现了，可是《圣经》明明说大洪水毁灭了当时世界上除诺亚一家之外的所有人，这意味着什么呢？这意味要么是中国的史书不可信，要么是《圣经》的记载不可靠，这对《圣经》的神圣和权威是一个严峻的考验。17、18 世纪启蒙时代的欧洲思想界的这场关于中国上古史的论争，其持续时间之久，卷入学者之广，是当时的一个独特的文化现象，虽然由于各种条件的限制，欧洲知识人对中国的认识非常不足，但这也促进了欧洲对中国文化的正面认知。吴莉苇的研究指出，这一论争的根本目的是出于欧洲启蒙思想的需要，即通过对《圣经》的批判来形成欧洲的新世界观，其发展的根本动力仍存在于欧洲思想史的内在逻辑中。[①] 这是非常清醒的学术认识。我们在这里并非要介入到这场欧洲的中国上古史之争中去，而是要指出其背后更深的背景是"中国礼仪之争"（Chinese Rites Controversy），即指从 17 世纪中叶到 18 世纪中叶的一场有关中国传统祭祀礼仪性质的讨论，争论在中国传教士之间及传教士与罗马教廷之间展开。礼仪之争事实上包括术语问题和礼仪问题两个部分，前者讨论了在中文里选用什么词汇来表达基督徒的"神"这一概念，后者辨析了中国的祭祖敬孔礼仪是否迷信以及中国的基督徒能否执行中国礼仪。罗马教廷最终于 1742 年以《自上主圣意》的谕令从法律上彻底禁止礼仪之争。[②]

学者们指出，这场"礼仪之争"是耶稣会教士推行文化适应

---

① 吴莉苇：《当诺亚方舟遭遇伏羲神农——启蒙时代欧洲的中国上古史论争》，中国人民大学出版社，2005，第 29～30 页、第 631～632 页。

② 吴莉苇：《当诺亚方舟遭遇伏羲神农——启蒙时代欧洲的中国上古史论争》，中国人民大学出版社，2005，第 29～30 页、第 631～632 页。

政策不可避免的结果。而这种文化政策最核心的概念是文化主权的界定，也就是说，这场礼仪之争从根本上是中国和欧洲两种文化主权的争夺。这也是礼仪之争最后发展到康熙皇帝和教廷使节之间直接对峙的必然逻辑。[①] 作为一种社会规范的礼仪，其背后就是文化权力秩序，或者说是统治者的权力秩序，它是文化主权秩序的一种表达。从这个角度看近代欧洲国家的主权扩张，其实质是借助国家这种新型的力量来实现欧洲文化主权的扩张。据海外学者的研究，中国清朝末年的义和团起义与其说是维护政治利益和经济利益的政治斗争，毋宁是维护文化主权、保存本族文化免于灭亡的人民反抗。[②]

对西方的这种历史过程，马克思早就有精辟的分析："英国在印度要完成双重使命，一个是破坏性的使命，即消灭旧的亚洲式的社会；另一个是建设性的使命，即在亚洲为西方式的社会奠定物质基础。"[③] 可以说，近代以来欧洲的文化扩张就是通过主权国家的扩张，通过主权使特殊性的欧洲文化成为全球普遍性文化，这就是西方普遍主义话语建构的历史真相。

二 文明的冲突与后工业社会的动力机制

全球化改变了文明的历史演变的动力模式，这就是丹尼尔·贝尔所说的"后工业社会"的来临。后工业社会的文明演变模式和工业社会及前工业社会的文明演变模式之间最大的不同，在于文明演进的社会动力结构发生了根本性的变化，工业社会及前工业社会的文明演进的社会动力结构基本上是由军事力量决定的，而后工业社会文明演进模式则是由信息、文化等软力量决定的。

虽然马克思主义的国家理论强调国家作为暴力的工具，最终是

① 吴莉苇：《当诺亚方舟遭遇伏羲神农——启蒙时代欧洲的中国上古史论争》，中国人民大学出版社，2005，第29～30页、第631～632页。
② 周锡瑞：《义和团运动的起源·序言》，刘俊义等译，江苏人民出版社，1992。转引自郭树勇《文化对国家利益的多重意义》，载王逸舟主编《中国学者看世界：国家利益卷》，新世界出版社，2007，第129页。
③ 《马克思恩格斯选集》第2卷，人民出版社，1972，第70页。

要消亡的，但是后工业社会的基本单位仍然是民族国家，只不过在国家主权的价值序列上，军事主权逐步让位于文化主权。

在这个意义上，我们要重新审视亨廷顿的"文明的冲突"理论，亨氏的理论是目前对文明演变模式最具刺激性的理论之一。在介绍亨氏的"文明的冲突"理论之前，我们先来介绍他的一些著述，可能这会让我们更理解他的"文明的冲突"理论的逻辑结果。哈佛大学历史系的徐国琦博士曾专文对亨氏及其"文明的冲突"理论进行了评介。① 学术上，亨廷顿自诩为当代的马基雅维里（Niccolo Machiavelli），② 一向以提出极具争议的观点或理论闻名于学术界。他的十来种学术著作大多探讨当代政治、国际关系等领域的重大理论问题，在学术上颇多建树。

亨廷顿的第一本重要著作《士兵与国家》（*The Soldier and the State：The Theory and Politics of Civil-military Relations*），便是探讨军民关系方面的一流理论专著，甚至在其出版三十多年后的今天，仍被权威军事史家爱德华·科夫曼（Edward M. Coffman）誉为"挑战性著作"，值得任何军事史学者参考。1968 年出版的《变动社会中的政治秩序》（*Political Order in Changing Society*），则集中研究各种政府类型（专制型、独裁型、民主型、准民主型等）如何维持政治稳定的问题。他在书中提出一个著名观点："国家之间的最重要的分别不在于其政府形式，而在于统治的程度。"该书出版后，风行一时，不少学者及政界人士对之大加推崇。20 世纪 80年代后期，亨廷顿又把目光集中于当代各国的民主化问题，并于1991 年出版《第三次民主浪潮》（*The Third Wave：Democratization in the Late Twentieth Century*）。该书认为，迄今为止，世界上共出现了三次民主浪潮。第一次民主浪潮发生在 1826～1926 年，包括美

---

① 徐国琦：《塞缪尔·P. 亨廷顿及其"文明冲突"论》，《美国研究》1994 年第 1期。

② 马基雅维里是意大利著名政治学家，被认为是现代政治学之父，其代表著作是《君主论》。亨廷顿对自己欲充当现代马基雅维里的野心，一直坦承不讳。

国在内的近 30 个国家踏入了民主进程，全民普选为其主要标志。发生在 1943～1962 年的第二次民主浪潮，促成二十多个国家跻身民主社会之列。1974 年的葡萄牙革命揭开了第三次民主浪潮的序幕。该浪潮至今仍方兴未艾。亨廷顿的结论是，这三次浪潮的一个显著特点是其曲折性，即高潮之后总伴随退潮。但世界民主化的总体趋势是以"进两步，退一步"模式前进。导致第三次民主浪潮的主要原因是：（1）威权政府失去其统治基础；（2）经济发展；（3）宗教的作用；（4）国际政治的变化；（5）民主化的"滚雪球"效应。在亨廷顿看来，第三次民主浪潮的出现主要是内部因素而不是外界影响促成的。他还强调文化因素在民主化进程中的影响，认为某些文化，如儒家文化、伊斯兰教义等具有反民主倾向。

但最让亨廷顿暴得大名的，是他发表在《外交季刊》1993 年夏季号的《文明的冲突？》及该刊同年 12 月号的《后冷战世界的范式》这两篇著名论文。在这两篇文章中，亨廷顿精心思考后冷战时期国际关系的重大理论问题，即未来国际冲突的主要根源到底是什么？亨氏继承了汤因比等历史学家以"文化形态学"为基础的文明分析框架，他得出的未来战争将在几大文明之间发生的结论，反映的仍然是国家和军事的暴力原则。

关于这点，也有学者专门讨论了战争与资本主义文化的内在关联，指出尽管西方启蒙思想家认为启蒙之后可望实现永久和平，但事实不然。现代战争并非植根于不变的人性，而是植根于资本主义文化。资本主义文化将富强凸显为最高价值，从而激励了人与人之间扩张性的竞争。资本主义永无休止地追求经济增长，战争也是刺激经济增长的手段，所以资本主义不可能消除战争，为消除战争，必须彻底改造资本主义文化。[①] 当然，亨氏的问题意识并不在此。如果我们把他的《文明的冲突》和《我们是谁？》对照来读，就会

---

① 卢风：《战争与资本主义文化》，《北京联合大学学报》（人文社会科学版）
2004 年第 2 期。

发现，尽管"文明冲突论"是他对国际政治的观察，用他本人的话说，他在试图为冷战后的国际政治研究提供一种范式，但他内心深处思考的其实是美国国内的文化冲突问题。李慎之精辟地指出："我的第一感觉就是他们的文明冲突论的起源还不在于他对国际问题的观察而在于他对国内问题的感受，正如世界上一切大理论都起源于其创立者实际生活中的某一点深切感受一样。"① 亨氏的"文明的冲突"理论要处理的是欧洲社会文明演进模式问题，是西欧工业社会内部的问题意识，关涉的是欧洲文明的历史与未来，以及美国在其中的地位和要承担的历史责任。在《文明的冲突》中，亨廷顿忧虑的是，由于其他文明的复兴而导致的西方文明的相对衰落。他认为，为挽救日益相对衰落的西方文明，应对来自非西方文明的挑战，应该加强对西方文化的认同。他说："西方文明的价值不在于它是普遍的，而在于它是独特的。因此，西方领导人的主要责任，不是试图按照西方的形象重塑其他文明，这是西方正在衰弱的力量所不能及的，而是保存、维护和复兴西方文明独一无二的特性。"他紧接着说："由于美国是最强大的西方国家，这个责任就不可推卸地落在了美利坚合众国的肩上。"如果美国摒弃了"美国信条和西方文明，就意味着我们所认识的美利坚合众国的终结。实际上也就意味着西方文明的终结"。② 这样，亨廷顿就把美国及其世界地位和整个西方文明的命运联系在一起了。

文化是当前世界政治的支配力量。亨廷顿指出："由于现代化的激励，全球政治正沿着文化的界线重构。文化相似的民族和国家走到一起，文化不同的民族和国家则分道扬镳。以意识形态和超级大国关系确定的结盟让位于以文化和文明确定的结盟，重新划定的政治界线越来越与种族、宗教、文明等文化界线趋于一致，文化共同体正在取代冷战阵营，文明间的断层线正在成为全球政治冲突的

---

① 李慎之：《数量优势下的恐惧》，《太平洋学报》2002 年第 3 期。
② 转引自仇朝兵《一个被撕裂的美国社会？——评亨廷顿的〈我们是谁?〉》，《美国研究》2006 年第 3 期。

中心界线", ① "在新的世界中, 文化认同是影响一个国家结盟或对抗的主要因素", ② "在处理认同危机时, 对人们来说, 重要的是血缘、信仰、忠诚和家庭。人们与那些拥有相似祖先、宗教、语言、价值观、体制的人聚集在一起, 而疏远在这些方面的不同者。"③

而"在正在形成的全球政治中, 主要文明的核心国家正在取代冷战期间的两个超级大国, 成为吸引和排斥其他国家的几个基本的极。这些变化在西方文明、东正教文明和中华文明方面表现得最为清晰可见。在这些情况下, 文明的集团正在形成, 它包括核心国家、成员国、毗邻国家中文化上相似的少数民族人口, 以及较有争议的核心国因安全考虑而希望控制的邻国中其他文化的民族。这些文明集团中的国家往往围绕着一个核心国家或几个核心国家分散在同心圆中, 反映了与那种文明的认同程度以及融入那种文明集团的程度", ④ "国家都倾向于追随文化相似的国家, 抵制与它们没有文化共性的国家。就核心国家而言, 尤其是如此。它们的力量吸引了文化上相似的国家, 并排斥文化上与它们不同的国家", ⑤ "文化的共性使核心国家对成员国及外部国家和机构的领导和强加秩序的作用合法化"。⑥

亨廷顿的研究使我们对国家的认知从权力体和经济体向文化体的理论范式转变, 认识到文化是界定国家利益和国际政治新秩序的重要力量。

---

① 亨廷顿:《文明的冲突与世界秩序的重建》, 周琪等译, 新华出版社, 1999, 第129页。
② 亨廷顿:《文明的冲突与世界秩序的重建》, 周琪等译, 新华出版社, 1999, 第129页。
③ 亨廷顿:《文明的冲突与世界秩序的重建》, 周琪等译, 新华出版社, 1999, 第130页。
④ 亨廷顿:《文明的冲突与世界秩序的重建》, 周琪等译, 新华出版社, 1999, 第167页。
⑤ 亨廷顿:《文明的冲突与世界秩序的重建》, 周琪等译, 新华出版社, 1999, 第167页。
⑥ 亨廷顿:《文明的冲突与世界秩序的重建》, 周琪等译, 新华出版社, 1999, 第168页。

三 从"权力体"、"经济体"到"文化体"

亨廷顿从文化角度来理解国际关系是他的理论最具思想刺激性的地方之一，但是从文明角度分析国际关系并不是亨廷顿的首创。自人类文明产生以来，即有"文明冲突"一说。到19世纪，有关文明冲突的著作已汗牛充栋，不胜枚举。在现代，尝试用文明因素解释国际关系的，更是大有人在。例如，著名政论家白修德（Theodore White）在1967年发表的一篇文章中这样写道："我们正陷于文明冲突。这种冲突也许会摧毁世界。其中干系最大的是两种文明，即大西洋—地中海文明与太平洋—亚洲文明，它们分别以美国和中国为首。"① 入江昭（Akira Iriye）自20世纪80年代初即尝试从文化角度来透视国际关系，认为国际关系实际上是文化关系。他在1981年出版的《权力与文化》（*Power and Culture：The Japanese-American War，1941 - 1945*），以及1992年问世的《全球模式中的中国与日本》（*China and Japan in the Global Setting*）等论著都是在这方面探索的结晶。《权力与文化》一书着重研究第二次世界大战期间的日美关系，作者的结论是，日美两国兵戎相见的结果是双方发现彼此目标相近，对战争与和平的构想方面也趋于一致。国际关系是国家之间的关系，对国家是什么的界定也就决定了对这一问题的取向和回答。

在入江昭看来，传统的现实主义国际关系理论把国家看做是权力体或者经济体来理解国际关系是不全面的。国家和个人一样，既有追求权力和财富的欲望，同时也具有自己的情感、追求、成见和价值偏好，并试图实现某种理想，这些也会影响国与国之间的关系。换言之，国家不仅仅是一个权力和经济体，同时也是一个文化体。把国际关系看做是不同文化实体之间的关系，而不仅仅是权

---

① 转引自王立新《一个文化国际主义者的学术追求与现实关怀》，见入江昭《20世纪的战争与和平·译序》，世界知识出版社，2005，第10页。

力关系和经济关系，这就是入江昭提出的国际关系研究和美国对外关系史研究中的文化取向（cultural approach to American foreign relation），① 即国际关系是两种或两种以上的文化之间直接和间接的互动。可以说，把国际关系看做是文化体之间的关系，是入江昭和亨廷顿的共同认知，但是强调不同文明之间的合作而不是冲突，却是入江昭与亨廷顿的明显不同之处。

他们之间的不同在于对文化体的不同界定和理解，在亨廷顿那里，文明的主体仍然是西方文明，他仍然是西方中心论的鼓吹者。他看到和忧虑的是西方文明的衰落，提出的是通过增强西方文明的自我认同来复兴西方文明的方案。所以，有学者指出，亨廷顿"文明冲突论"的一个缺陷是其未能跳出冷战思维模式的窠臼，冷战语境中"我们"与"他们"的对立与亨廷顿所谓的"西方文明"与其他文明的冲突实乃如出一辙。这导致了他的"文明冲突"理论仍然是"西方中心论"的自我限制，是"后冷战之冷战"的理论，从而大大降低了他的理论贡献。②

而入江昭，费正清称他"没有文化成见，具有超越文化界限的世界眼光并使用社会科学的方法，在他们审视历史记录的时候，不担心把人类整体的利益置于任何特定的国家利益之上"。③ 入江昭提出的国际关系史研究中的文化取向包括三个层面的分析：国家层面（national level of analysis）、跨国家层面（cross-national approach）和全球层面（global approach）。国家层面的分析是要探究一个国家对外行为的意识形态和思想文化基础。跨国家层面的分析包括四个领域：（1）跨越国界的商业、宗教、教育和其他方面的活动；（2）一国的产品、思想和生活方式在国外的传播与影

---

① 王立新：《一个文化国际主义者的学术追求和现实关怀》，见入江昭《20 世纪的战争与和平·译序》，世界知识出版社，2005，第 10~12 页。

② 田德文：《摆脱"冷战思维模式"——由"文明的冲突"谈起》，《西亚非洲》2005 年 7 月号。

③ 王立新：《一个文化国际主义者的学术追求和现实关怀》，见入江昭《20 世纪的战争与和平·译序》，世界知识出版社，2005，第 7~8 页。

响；（3）一般意义上的文化交流活动，例如互派留学生、学术交流、旅游等；（4）官方的文化政策和文化推广活动。全球层面的分析则试图把不同文化体之间的互动与更大的全球文化体联系起来。①

王立新指出，现实主义者主张通过均势来维护世界和平，经济国际主义者相信世界经济一体化和经济上的相互往来有助于抑制战争，形成世界和平格局。对入江昭这样的文化国际主义者来说，他们认为应通过跨国界的思想和文化交流来促进国家间的相互理解，培育共同的文化体验和认同，形成全球公民社会，这才是世界和平的基础。入江昭在1997年出版的《文化国际主义与世界秩序》一书中提出了自己关于世界和平的思考：必须超越权力政治之外寻求和平的道路。他说："在20世纪行将结束的时候，权力（power）局限性是非常明显的，无论这种权力是核武器还是地方警察力量。如果权力独立不能维护秩序的话，文化必须承担其越来越大的责任。"入江昭认为，一个持久和稳定的世界秩序不能建立在不断变化的权力政治基础上，而必须依赖不同国家人民之间开放的文化交流。是在不同国家和民族之间的文化交流中形成的普世价值观，而不是仅仅基于西方特殊文化论意义上的"普世价值观"，构成了世界和平的前提。入江昭指出，正是这种长期依赖被称为文化国际主义的传统，构成未来国际理解与世界和平的希望以及稳定的国际秩序的基础。②入江昭认为："我始终深信，超越国界的思想上的交流是稳固的国际关系的基石。没有跨越国界的思想上的交流则不会有稳定的国际秩序。当我们想到国际关系的时候，总是习惯于把注意力放在安全、军事策略、贸易、威望以及其他组成'国家利益'的因素上。然而，我们也不应忘记也有一些'国家利益'是建立

① 王立新：《一个文化国际主义者的学术追求和现实关怀》，见入江昭《20世纪的战争与和平·译序》，世界知识出版社，2005，第9～13页。
② 王立新：《一个文化国际主义者的学术追求和现实关怀》，见入江昭《20世纪的战争与和平·译序》，世界知识出版社，2005，第30～31页。

在对某些理想与目标的共同责任上的",① "面对迎面而来的 21 世纪,我们不仅要关注国家的安全和利益,而且要关注超越国界的全球、跨国性动态以及民间团体、个人等追求的目标,努力思考什么才是国际社会的稳定和安宁。"②

无疑,入江昭的这种文化国际主义秉承了德国著名哲学家康德的"永久和平"思想。亨廷顿的"文明的冲突"理论虽然是对现实主义理论的批判,但是其思想却仍然根植于现实主义国际政治理论的传统。他认为国家与国家、民族与民族之间的冲突归因于不可通约的宗教和文化冲突。和亨廷顿强调文化差异性导致文明之间的冲突不同,康德认为恰恰是这种国家和文化间无法融合、不可通约的差异性,构成了各民族和平共处的前提。这就是康德在他的《论永久和平》一书中思考的主题。康德认为国家和文化的差异性是"大自然"的一种善意安排,"他利用两种手段来阻止各民族之混合,而将它们分开,此即语言与宗教之不同",而这种不同导致了"统治全世界的帝国政治企图成为不可能",它固然容易成为仇恨和战争的借口,但是"大自然正好悄然利用人类政治的过度欲望,使得各国政治相互之间随着文化进步,'而人类在原则方面逐渐接近较大的一致时,使导致在一种和平中的协同,'……'自然目的'使得国际法——建立国际秩序——的理念必将成为现实,最终将导致世界和平的出现"。③ 人类不需要放弃和抹杀他们各自的文化特色和民族个性,而是需要充分发挥每个民族的个性和理性,只要这样做,我们就有希望在对话和相互宽容中实现永久和平。目前各种"文化相对主义"或者"文化多元主义"的思想方案,事实上仍然是以民族或者种族主义为基础,并不能解决我们面

---

① 入江昭:《20 世纪的战争与和平·中文版序言》,世界知识出版社,2005,第 39~40 页。

② 入江昭:《20 世纪的战争与和平·增补版前言》,世界知识出版社,2005,第 44~45 页。

③ 赵明:《康德〈论永久和平〉的法哲学基础·序言》,华东师范大学出版社、上海三联书店,2005。

临的全球化时代的文化问题。从思想史的角度，已经有很多思想家诊断出"文化相对主义"和"文化多元主义"恰恰是文化虚无主义的思想根源。我们强调文化体之间的竞争，就是强调"文化间性"概念，即强调文化之间的对话和共容的可能性和现实性条件。

在入江昭看来，国际关系是在一个从地缘政治和经济角度界定的世界里展开的，但同时也是在由共享的观念、梦想和问题构成的世界中进行的。不仅存在一个全球政治与经济秩序，也存在一个全球文化秩序。从文化取向来研究国际关系的一个重要任务就是探究形成国际文化秩序的力量。入江昭提出，当代世界正在出现一种"全球文化意识"（global cultural awareness），这种全球文化意识构成国际文化秩序的基础。文化之间的交流有助于在不同国家之间培育共同的文化价值观，促进文化的一致性，并最终导致全球文化秩序的建立。

这样，全球政治的竞争就是文化体之间的竞争，就是哪个国家的文化体可以构成全球化时代全球文化秩序的基础，也就是韦伯提出的争夺世界文明领导权的斗争。当然这个表述还会产生一些误解，会容易落入某种西方或者东方文化中心论的错觉之中。我们强调的是每个文化体都是普遍性的表述，同时也是特殊性的表述，一个文化体的发展过程就是一个从特殊性表述成为普遍性表述的过程。这在人类社会学以及历史哲学层面上已经被证明了。从这个角度上看，文化体这个从特殊性到普遍性的过程是文化体之间的竞争过程，所以，我们在这里谈的全球文化体的竞争，不是冷战思维中的你死我活的竞争，而是每个文化体都为全球文化秩序的建构作出贡献的竞争。

麦克尔·哈特和安东尼奥·奈格里在《帝国》一书中写道："帝国在我们的眼前出现。在过去的几十年中，当殖民制度已被舍弃，苏联对资本主义世界的市场的障碍最终坍塌，我们已经见证了经济和文化方面交流的不可抗拒、不可扭转的全球化。伴随全球市场和生产的全球流水线的形成，全球化的秩序、一种新的规则的逻辑和结构，简单地说，一种新的主权形式正在出现。帝国是一个政治对象，它有效地控制着这些全球交流，它是统治世界的最高权力。"① 帝国作为当代资本主义的统治方式，和我们所熟悉的民族国家的形态存在重大区别。它包含了一种新的主权理论，它要把以往历史形成的权力形态和国家形态统统纳入一种新的普遍性的秩序之中，并把它们作为特殊性来对待。帝国的主权是要把民族国家的文化世界、传统、地域收归到一个全球性的理念中去，以此来规定人类的本质和未来。② 纽约大学东亚系的张旭东教授指出，哈特和奈格里的这个帝国并非指美国，而 Empire 被翻译成帝国也不很恰当，或许应该用通俗的语言翻译成"巨无霸"，例如微软、好莱坞、麦当劳都是巨无霸。当然，美国在隐喻意义上也是一个巨无霸。③ 哈特和奈格里在这里要探讨的是全球性 Sovereignty 这种新的主权形式，在法理学上区别于美国这个民族国家的国家主权形式。Empire 的根本问题，是全球统治形式的文化基础问题。帝国从根本上是一种文化秩序。

我们强调文化竞争在全球文化秩序形成中的作用，关于这点，康德早在 200 年前就已经做出了充分的阐述。他指出，从自然演进的过程来看，社会是个"过程"，人类在这一过程的早期曾经像野兽那样疲于奔命过，曾经像野蛮人那样自相残杀过，人类的心智并没有今天这样的高尚、悠闲和舒展。但是恰恰是"竞争"，这个在人类发展的早期迫使人类自相残杀的对稀缺资源的竞争，在康德的赞美中变成了推动社会进步的惟一可靠的动力，并且最终将人类社会带入今天的文明境地。康德晚年关于竞争造就文明的论述，或许是欧陆思想传统中少见的几处接近了英美思想传统的论述之一。换句话说，物竞天择，不仅在达尔文那里，而且在康德那里，是被当

---

① 麦克尔·哈特、安东尼奥·奈格里：《帝国——全球化的政治秩序·序言》，杨建国、范一亭译，江苏人民出版社，2003，第 1 页。
② 张旭东：《全球化时代的文化认同》，北京大学出版社，2005，第 100~101 页。
③ 张旭东：《全球化时代的文化认同》，北京大学出版社，2005，第 100~101 页。

成演进的即便不是惟一的也是最重要的动力来讨论的。[①] 康德以树木和森林为例，指出正是每棵树木充分地运用自己的能力和其他树木竞争，以获取自己的营养和资源，才长成森林。在这里，我们要把冲突和竞争区分开来，冲突讲的是一种结果，而竞争讲的是一种过程。竞争不一定是冲突，形成良性竞争机制是我们所探求的全球文化政治秩序。

值得强调的是，虽然跨国组织正在型构一种新型的超越民族国家的文化，但是文化体之间的竞争在一定程度上还是以民族国家为基本单位，因为文化体在现实世界的载体还是以民族国家为基础，因此文化体之间的竞争说到底是以民族国家为基本单位的文化主权之间的竞争。在这个意义上，也许就可以明白我们提出文化主权的国家战略意义了。

我们提出文化主权，就是要通过主权来思考中国文化的现代化问题，是对中国文化的政治意识和政治责任的强调。在这个层面上，我们是接续费孝通先生的"文化自觉"思想。所谓文化主权，强调的是从主权的角度来思考文化，以区别于一般意义上的文化谈论，文化主权就是一个国家和民族的文化自觉意识，是一个国家和民族对世界文明作出贡献的大国表述。

费孝通先生提出的"文化自觉"，以及基于"文化自觉"之上的"各美其美、美美与共"是人类和平共处的思想起点，是中国文化应对文化转型的自主能力问题的解决方案，从根本上是由我们的中国文化现代化的历史任务所提出的，其关键在于我们在思考中国文化时，如何实现新时期的文化冲突中从一般意义上的文化多样性的权利向文化主权的过渡。这一思考转向，不仅是中国文化现代化的道路选择，也是世界后发国家文化现代化的道路选择。

---

① 康德：《历史理性批判文集》，转引自汪丁丁《启蒙死了，启蒙活着！——评汪晖关于"中国问题"的叙说》，《通向林中空地——汪丁丁自选集》，山东教育出版社，1999。

第二节　全球化时代政治文化秩序的合法性

一　第二次全球化和世界政治秩序变化

160 年前，马克思和恩格斯在《共产党宣言》里就准确地预言了全球化时代的到来。他们写作《共产党宣言》的历史背景，正是由 16、17 世纪英国工业革命所带来的在欧洲范围之内的第一次现代化浪潮。15、16 世纪地理大发现之后，土地的产权性质深刻地打上了国家的印迹，"无主之地"已经成为一个世外桃源或者冒险家的梦想。哥伦布发现新大陆所勾勒的"世界历史"图景在欧洲的工业革命的脚步声中步步进逼，而马克思和恩格斯在欧洲范围内的工业革命的引擎声中听到的是"全球化现象"这一新生儿清脆的啼哭声。

马克思曾经预言，全球化资本，而不是各个国家的政策，将打破民族的政治常规，开始世界大政治的游戏。"资产阶级，由于开拓了世界市场，使一切国家的生产和消费都成为世界性的了。……资产阶级挖掉了工业脚下的民族基础。古老的民族工业被消灭了，并且每天都还在被消灭。它们被新的工业排挤掉了。新的工业的建立已经成为一切文明民族的生命攸关的问题……过去那种地方的和民族的自给自足和闭关自守状态，被各民族的各方面的相互往来和各方面的相互依赖所代替了。物质的生产是如此，精神的生产也是如此。各民族的精神产品成了共同的财产。民族的片面性和局限性将日益成为不可能，于是由许多民族的和地方的文学形成了世界的文学。"① 此前不久，尼采也对欧洲政治提出了要求："欧洲作出决定……以便结束其策划已久的小邦林立的闹剧及其专制的或民主的无谓争吵。小政治的时代已经一去不复返：下一个世界将开始争夺

---

① 《马克思恩格斯选集》第 1 卷，人民出版社，1995，第 276 页。

世界统治的斗争——不得不实行大政治。"① "民族国家是未完成的国家……谁在世界性的超级游戏中只打民族国家的牌，谁就输。"德国著名社会理论家乌尔里希·贝克深刻地指出，这是一个民族国家正在过去而世界政治正在到来的时代，其背后的动力机制就是由于全球化所引发的世界范围内的尚不明显的第二次现代化。乌尔里希·贝克是这样界定第一次现代化和第二次现代化的：第一次现代化是指在民族国家意义上设计的经济、社会和政治的整个观念世界；第二次现代化由全球性的生态和经济危机、日益突出的跨国的不平等，个体化、脆弱的职业劳动和文化、政治和军事全球化的挑战来界定。② 那么，认识由全球化所引发的世界范围内尚不明显的第二次现代化，就是我们目前正在进行的新时期中国现代化历史任务的理论前提。

这涉及什么是全球化时代的合法统治基础的问题。在经济社会形态方面，主要表现在资本全球化和跨国公司的兴起对主权国家的挑战。国内学者王建的研究指出，二战后直到20世纪90年代，虽然主要资本主义国家间的跨国并购始终没有间断过，但从未成为国际直接投资的主体。20世纪90年代前半期，国际直接投资年均在2000多亿美元，1996年跃升到3470亿美元，当年跨国并购投资比重为45.4%，但在1998~2000年，跨国并购比重已在80%以上，而且投资金额急剧增加，2000年全球直接投资金额为1.3万亿美元，其中跨国并购规模达到1.1万亿美元，是1996年的7倍，占当年国际直接投资总额的83%。跨国并购的主体是跨国公司，因此跨国并购浪潮也极大地推动了跨国公司的发展。从跨国公司的数量看，20世纪70年代还只有1万个左右，80年代末也才有2万多个，但到1996年已经增加到4.4万个，到2002年增加到6.4万

---

① 转引自乌尔里希·贝克《全球化时代的权力与反权力》，蒋仁祥、胡颐译，广西师范大学出版社，2006，第1页。

② 乌尔里希·贝克：《全球化时代的权力与反权力·序言》，蒋仁祥、胡颐译，广西师范大学出版社，2006，第4页。

个，是 80 年代初期的 3 倍多。80 年代中期由跨国公司掌握的世界生产份额还不到 1/4，90 年代中期已上升到 1/3，到 21 世纪初却已超过 50%。这种由跨国公司所领导的世界性生产体系的发展，就是 20 世纪 90 年代以来人们所经常提到的"经济全球化"浪潮。[①] 王建敏锐地看到目前此起彼伏的经济区域化和经济全球化运动，都是起源于一个变化，即"后冷战"时代资本主义体系内经济竞争压力的释放。列宁在《帝国主义论》中早就指出，是竞争导致了资本主义的生产集中与垄断，[②] 因此每一次世界垄断组织的发展高潮，都是资本主义经济竞争加剧的结果，而区域化垄断组织和全球化垄断组织都不过是资本主义垄断组织的发展形式。

也有学者认为全球化远远没有发生，它还只是一个神话。英国牛津大学坦普利顿学院的国际商务和战略管理专家阿兰·鲁格曼在《全球化的终结》（*The End of Globalization*）中研究了世界 500 家最大的跨国公司的经济行为、金融操作与商业战略这些驱动"全球化"的制度，指出"全球化的悖论在于它并没有真正发生，只是一个神话"。

鲁格曼把"全球化"界定为一种"跨国公司跨越国界从事外国直接投资和建立商业网络来创造价值的活动"，或者"跨国公司进行世界范围的产品和服务的生产和营销"。在这一定义的基础上，鲁格曼指出了全球化的事实是：

——人们对全球化存有误解，它从未在一个单一的世界的自由贸易市场中存在过；

——以北美、欧盟、日本三极为基础的生产和分配过去是

---

① 王建：《虚拟资本主义时代与帝国主义战争》，载高全喜主编《大国》第 1 辑，北京大学出版社，2004，第 47 页。

② 列宁：《帝国主义是资本主义的最高阶段》，《列宁选集》第 2 卷，人民出版社，1995。转引自王建《虚拟资本主义时代与帝国主义战争》，载高全喜主编《大国》第 1 辑，北京大学出版社，2004，第 47 页。

如此，现在与将来仍是如此；

——跨国公司事实上是在三极市场关系中运行，它们的战略是地区性的，而不是全球性的；

——各国政府严格管理了绝大多数的服务部门，因此限制了自由市场的力量，而且管理力度并没有减弱的迹象；

——非政府组织在当前具有影响力，但它们缺乏责任感和合法性，它们的影响力将被削弱和受到限制。[①]

鲁格曼的研究指出，全球贸易的 80% 的份额发生在跨国公司之间或者公司的内部，通过全球贸易让所有人获利的自由贸易理想远远没有实现，因此，他提出，"全球化"已经终结了。

和国内一些评论和引用这本书的反全球化声音恰恰相反的是，鲁格曼并没有反对全球化，他这本书实际是针对反全球化的一些声音而写。他对全球化左翼批评家苏珊·斯特兰奇的"赌场资本主义"（Casino Capitalism）观点进行了严厉的批评。鲁格曼研究了阻碍全球化的各种政府和非政府组织的力量，以及由此而来的对经济全球一体化的认识误区。鲁格曼指出，其实全球化实际上还从未真正出现过，反全球化者们反对的只是镜子中的全球化。

这两个看似针锋相对的观点，实际上并不矛盾，它们只是分别指出了全球化不同方面的特征。而在全球化这些不同面相之中，我们看到的世界远不是平的。的确，以电子计算机为主要特征的第三次技术革命和全球资本流动改变了我们以民族国家为记忆的时间和空间的等级结构形态，世界从而向人们展现了扁平化的趋势，但是真实的世界是一个新的全球性不平等政治秩序结构的形成，这个全球性等级秩序结构比以往民族国家内部的等级秩序结构更为复杂，这是因为它把国内不平等和国际不平等纠缠在一起，一不小心，我们就会陷入它构造的美丽陷阱。换句话来说，如果不在国际不平等

———————————

① 阿兰·鲁格曼：《全球化的终结》，常志霄、沈群红等译，三联书店，2001。

这个大的前提下来认知，我们对国内不平等就很难得到正确的认识，但是，如果把国内不平等等同于国际不平等，我们就混淆了这两种不平等背后的不同政治性质。

二　人口全球流动和文化认同问题

与经济全球化相伴随的是全球的人口流动，其中之一是跨国旅游人数的剧增，其次是跨国婚姻和全球性移民和难民。全球人口流动导致身份和文化认同危机成为民族国家的重大政治问题。

据统计，全世界现有 12 亿 ~ 16 亿的国内旅游者。国际旅游则以每年 4% ~ 5% 的速度增长，2000 年已经增加到全部出游人数的 50%。按雇用人数和营业额来说，到 2000 年，旅游业就已经成为世界上最大的行业。1989 年有 4 亿国际旅游者，而 1960 年时仅有 6000 万；此外，现在国际旅游每年花费 2090 亿美元，这至少带来了 6000 万个工作岗位，占用 1050 万张旅馆床位。在今后 10 年中世界人口将有显著增长，每年约增加 9300 万人，而旅游业的发展远比人口增长要快。[①] 和旅游人口流动一起，跨国婚姻以及全球性移民，构成了复杂的全球性社会网络，对于全球文化的交流、认同，以及全球文化制度化形式的确立有着重要的意义。在跨国婚姻方面，以中国为例，自 20 世纪 80 年代以来，中国跨国婚姻的登记人数几乎是逐年攀升。1982 年，中国跨国婚姻登记数为 1.4 万对，1990 年上升到 2.37 万对，而到了 1997 年达到 5.07 万对，涉及 53 个国家和地区。一直自诩为单一民族的日本，家庭和社会日趋多元化，近 30 年来国际婚姻以每年 21.6% 的比例增长，而"国际婴儿"在近 6 年来每年以 1.83% 的比例增长。在所有国际婚姻家庭中，了解和掌握对方国家的语言和文化已成为家庭和睦、生活安定的重要基础，而连接着父母血缘的"国际婴儿"

---

① 孙嘉明、王勋编《全球社会学——跨国界现象的分析》，清华大学出版社，2006，第 83 页。

的大量出生，更成为日本社会文化多元化和改造日本社会结构的原动力。① 人类人口迁徙的历史已经有若干世纪，和之前人类迁徙以整个民族迁徙为特征不同，现代的国际性移民是个人或团体离开自己的社会到另一个能提供更多机会的社会里去寻求更美好的生活。统计数字显示：大约有 1.5 亿的移民（取得定居身份或者有外国长期居留权的人口）目前生活在其拥有公民权的国家以外。这些人中有 1/10 是难民和寻求避难者。在人类历史上从没有过如此大规模的人口迁徙。孙嘉明等的研究表明，从 1990 年起，高速度、全球化和地区性成为全球移民趋势的三大特点。跨国界人口的流动，使得民族国家的身份认同这一政治问题摆在了现实前沿。福山指出："移民与身份认同的困境最终与更大的问题后现代性的价值缺失结合起来。相对主义的兴起让后现代社会的人在确立积极的价值观、一个共同的价值观念方面更加困难。而这本来是移民要想成为公民必须满足的一个条件的。尤其是欧洲的后现代的精英觉得他们已经超越了宗教和国家确定的身份认同，已经达到了更高的境界。但是，除了他们对无休止的多样化和宽容的称赞外，后现代人发现很难就普遍追求的美好生活的本质达成一致意见。"② 这使得我们必须思考亨廷顿在《我们是谁?》一书中提出的问题。亨廷顿指出由于墨西哥和西班牙人口大量进入美国，已经造成了以清教徒文化为基础的美国文化的精神分裂，美国文化的面貌已经模糊，"我们是谁"的身份认同问题成为美国政治的重要现实问题。亨廷顿敏锐地认识到民族国家的身份认同政治在全球性移民中不但没有消解，反而显得更加突出，文化认同所导致的身份认同危机从根本意义上就是国家政治危机。当然，他忽视了全球性移民背后的动力，恰恰是对人类进入文明社会之后人口流动受到国家控制的反动。

---

① 《国际婚姻年增 21.6%，日本不再是单一民族》，2002 年 3 月 22 日《青年参考》。转引自孙嘉明、王勋编《全球社会学——跨国界现象的分析》，清华大学出版社，2006，第 87 页。

② 福山：《移民与身份认同》，吴万伟译，http：//www.prospect-magazine.co.uk。

这样，思考政治经济，最终要落实到文化上来。也就是说，在最终意义上，不是政治经济规定文化，而是文化规定政治经济。或者按照詹姆逊的说法是"经济变成了文化，文化变成了经济"。那么，全球化时代的文化形态呈现哪些特征呢？这表现为两个方向的角力，一个是由全球化带来的文化的同质化、均质化和标准化趋势，这尤其表现在消费文化方面，或者说文化的消费化。文化作为一种消费产品，它的生产规律遵循的不是文化的逻辑，而是商业的逻辑。这一全球文化的同质化表现出了对少数族裔文化多样性的压制。美国左翼思想家詹姆逊对后现代社会的消费文化有非常精辟的分析和批判，在他看来，如果把这种全球化导致的均质文化看做是普遍性文化，则是一种欺骗。①

在另一个方面，就是马克思所谈到的，由于全球化使得"各民族的精神产品成了共同的财产。民族的片面性和局限性将日益成为不可能，于是由许多民族的和地方的文学形成了世界的文学"。马克思关于"世界文学"的这一判断，很容易令人产生误解，以为"世界文学"就是指在各民族文学之上有一个更高级的文学形态。这一认识是对马克思的误解。在此之前，歌德就对"世界文学"（weltliteratur）进行了清晰的论断，他指出世界文学并不是指因为现代世界越来越发达了，理解程度提高了，所以应该期待一种超越民族文化和社会形态的一般文学，并不是因为现在你可以超越民族文化的具体性，而去直接写普遍人性。歌德认为所谓普遍性都是在具体性的规定之中，这点和马克思关于普遍性和特殊性的认识是一致的。歌德用"世界文学"这个词，是指看报纸、文学杂志，读翻译文学，可以了解到跟自己不同的别人都在做什么、想什么、怎么生活。他说的是，如果坐在原地不动就可以做文学的世界旅行，今天进入法国人的心灵状态，明天进入苏格兰人的生活世界，人或许可以极大地摆脱自身生长环境带来的村俗气和狭隘性，而变

---

① 詹姆逊：《晚期资本主义的文化逻辑》，三联书店，1997。

成一个视野开阔、富有想象力的"世界公民"。所谓世界文学指的是这种文化的参与状态和互动状态，而不是民族文学和国别文学之上的一个大屋顶。① 全球化使各民族文化的交流和理解成为一种文化常态，使各民族文化的特性得到充分展示，或者说，由于全球化，各民族的文化多样性反而成为可能。这使我们认识到，每一种文化，在其原初的自我认识上，都是普遍性文化，是就人与自然、人与人、人与世界、人与神、人与时间等基本生存维度所作的思考和安排。所以，在全球化时代，世界历史不再只是西方政治和文化主体意识的自我演绎过程，而是各个民族各个国家的政治和文化主体意识之间的交互展开。在这个意义上，我们才会理解中华文化复兴之于世界文明的贡献，才会理解这一命题在我们身上的责任。这也是全球化所引发的世界范围内尚不明显的第二次现代化，对我们目前正在进行的新时期中国现代化所提出的历史任务。

第三节　文化战略在中国崛起
国家战略中的位移

一　中国经济的再崛起和文化短缺约束

丁学良博士把目前国外学术界讨论的"中国的崛起"界定为"中国经济的再崛起"，他认为简单地界定为"中国的崛起"很难呈现中国这次历史性事件的重大理论意义和所面临的现实问题。他在 2004 年清华大学的一次学术演讲中提出："对于中国经济的快速发展，国际上和国内的学术界和传媒界已有多种评价，最多使用的说法就是'中国的崛起'。但是我认为，把中国经济在过去的二十五年中所取得的巨大成就，定义为中国经济的'再崛起'要更加

---

① 另可参看张旭东《全球化时代的文化认同》，北京大学出版社，2005，第 20 ~ 21 页。

准确。"① 因为直到 1870 年代为止，中国的经济总量都大于美国，是世界上第一号经济大国。如果仅仅以工业产出在全世界工业产出中所占的分量来比较，1860 年代的中国工业产出占全世界的19.7%，而当时的美国只占 7.2%。这当然主要是由于 19 世纪下半叶的中国，其人口总数大大高于美国，是后者的 10 倍左右（将近 5 亿对应于将近 5000 万）。因此如果以人均的工业化水平来比较，1870 年代的中国、美国、英国的指数之比是 4∶21∶64；英国大大领先世界。一位英国资深记者这样写道：

　　"中国曾作为一个经济和文化大国在全球经济中扮演了重要的角色。两千年前，中国的经济总产值占世界经济的四分之一。一千年前，中国的经济总产值仍然接近世界经济总产值的四分之一。到了 1820 年的时候，中国的 GDP 已经上升到全球三分之一的水平。不过，过去的两百年间，中国经济的发展失常，落在了欧洲的后面，这期间，欧洲通过工业化革命，后来居上，经济迅速发展，超越了中国。1950 年，中国的总产值只占世界经济的百分之五。1973 年，"文化大革命"的后期，中国的经济总产值仍然只占世界经济的不到百分之五。公元 1年，中国的年人均收入已经为四百五十美元（按 1990 年的物价标准）；1950 年，中国的年人均收入水平与两千年以前相近，为四百三十九美元（按 1990 年物价标准）。不过，中国从 1980 年代初开始，突然醒悟，决定采取'既然我的办法不灵验，就改变自己，学习对方的办法'的灵活多变的策略。果然中国迅速赶上来了，据统计，中国目前的 GDP 占世界总数的将近百分之十五。"②

　　① 丁学良：《中国经济的再崛起——国际比较的视野》，北京大学出版社，2007，第 3～4 页。
　　② 转引自丁学良《中国经济的再崛起——国际比较的视野》，北京大学出版社，2007。

丁学良博士使我们清醒地看到，目前中国的再崛起只是经济上的再崛起，而不是全面的再崛起。因为中国在历史上最强盛的时代不仅仅是给世界提供最多的产品，而是同时为人类提供多种多样的软力量要素，这些软力量要素包括政治制度、法律制度、行政体系乃至科学、文化、艺术和语言。譬如说唐代，它是中华民族历史上达到顶峰时期的两三个时代之一。在西方比较历史学大师们看来，唐代中国"建成了政治、经济和军事等等的制度；它们不仅成了唐代的标记，在许多方面继续深深地影响了直至20世纪的中国的文明，并且还为受中国深刻影响的东亚新兴诸国——日本、朝鲜和越南——提供了基本制度的样板"。"在中国的东北、西南和南部，是一些仿效唐代中国的稳定的独立国；它们具有深受中国影响的相当发达的文化，以中国占支配地位的东亚文化在那时已经形成。"①保罗·肯尼迪在《大国的兴衰》中写道："近代以前时期的各种文明中，没有哪一种比中国的文明更先进，更优越。15世纪时，中国人口已经相当可观，达到1亿至1.3亿，欧洲则只有5000～5500万，中国文化昌盛，平原土地十分肥沃，且有灌溉设备，中国还有统一的政府和官僚，中国文明的最突出的特点自然是它在技术上的早熟性，大型图书馆早就存在，活字印刷在11世纪的中国已经出现，不久就出版了大量的书籍，工商业也同样达到了先进的程度，中国城市比中世纪欧洲的城市大得多，中国的商业道路和欧洲的一样四通八达，纸币的出现便利了商业流通和市场的发展。11世纪后期，华北已经拥有巨大的炼铁工业，每年生产约12.5万吨（比18世纪英国工业革命早期的铁产量多得多）。拥有100万军队，真正供枪炮使用的火药大概是中国人首先发明的，1420年时，明朝海军据记载拥有1350艘战船，包括400艘大战船和250艘远航舰。郑和船队的规模、实力和适航性完全有能力绕过非洲'发现'葡

---

① 崔瑞德编《剑桥中国隋唐史》，中国社会科学出版社，1990，第167～168页。转引自丁学良《中国经济的再崛起——国际比较的视野》，北京大学出版社，2007。

萄牙。"① 所以，中国崛起只是一个伟大的文明重返历史的努力，而离这一目标，我们还有很远的路要走。

陈志武教授指出，如果把中国过去的 30 年跟 20 世纪 50 年代以后的日本、1958 年以后的台湾，还有 60 年代初以后的韩国做一个比较的话，这些增长的经历非常类似，也就是从这个意义上来说，中国 1978 年以后改革开放实现的成果从相当的程度上，只不过是晚了一步，但是基本上重复了东亚国家甚至于全球的平均水平，因为 1950~1998 年的全球人均 GDP 也是翻了差不多两倍。中国的数量巨大的廉价劳动力使中国成为世界主要的制造基地，由此产生了经济增长的奇迹。陈志武教授认为，这个奇迹与其说是中国人自己创造的东西，还不如说是中国赶上了全球市场分工扩展带来的经济增长这一波趋势。中国有这样的经历，但东亚其他一些国家早就有过这样的经历，世界平均水平从 20 世纪 50 年代开始也有过同样的经历，这就说明中国过去 30 年的增长，是某种更大趋势的体现，我们只不过就是赶上了，也就是搭上了这个便车。② 我们并不否认这是中国人的智慧创造的奇迹，但是我们更要保持清醒的头脑，认识到我们奇迹背后的全球市场机制。另一方面，从世界经济发展史的角度看，没有哪个国家可以一直保持经济高速增长，花无百日红，单纯的经济增长并不能支持一个国家的兴盛，它必然有衰落的周期。

一个强国能否塑造并维持一个以自身实力和意图为主导的时代，关键并不仅仅在于它是否拥有超强实力，更在于它是否能够形成一个准确而清晰的理念地图，并在此基础上提出能够平衡手段与目标的大战略。库普乾明确指出："罗马帝国、英国治下的和平，美国治下的和平，这些时代并不仅仅是罗马、大不列颠和美国的力量造就的，而且也是他们为管理和维持各自优越地位而设计的、极

---

① 保罗·肯尼迪：《大国的兴衰》，世界知识出版社，1990，第 17 页。
② 陈志武：《中国经济改革 160 年》，第 10 届北大光华管理学院新年论坛主题发言，2008。

富创造性的、远见卓识的大战略成就的。"①

中国崛起并不是命定的必然，而只是一种可能性。时殷弘教授认为，从根本上说中国和平崛起重在历史性创新。现代历史上那些真正兴起的主要强国，其兴起的根本原因都是在发展过程中实现了具有世界历史意义的创新。为了中国的和平崛起，首先要考虑中国怎么在经济、社会和政治发展中实现非常重大的创新。具体来说，在中国这样一个国家实现可持续发展和有着基本社会公正的全面小康社会，建立起具有中国特色的民主和法治制度，就是中国在成为伟大强国过程中必需的基本创新。在非常基本的意义上，重大的历史性创新关系到在价值观念的层次上对世界史的贡献、在价值观念的层次上对世界的吸引力和对本国人民的鼓舞力。

马克思主义经典作家指出，经济基础决定上层建筑。经济基础变化了，作为上层建筑的政治、教育、意识形态、精神面貌等也会跟着变。到 2030 年，中国的经济规模可能超过美国，成为全世界经济最强的国家。林毅夫认为，一个文化是兴盛还是衰败取决于它的经济是否强大。在 19 世纪，经济最强大的国家是英国，现在美国的经济最强大，文化也就最有活力。再早一些，18 世纪前一千多年，中国的经济规模大于世界经济规模的四分之一，人均收入也是最高的，在一千多年的时间里中国的文化是世界的顶峰，成为四大文明古国之一。到了 21 世纪 30 年代，中国可能再次变成世界上最大最强的国家，我们有可能迎来中华文化的全面复兴，中国可能再度成为世界文化中心。"随着我们的经济基础的提高，一方面，我们的社会组织、价值体系、生活方式等等，都会发生变化，另一方面，经济基础强的文化就是世界的强势文化，所以，我们的社会组织、价值体系、生活方式都会成为其他弱势文化学习、模仿的对象。世界上大部分的国家都还是发展中国家，如何实现现代化，提

---

① 查尔斯·库普乾：《美国时代的终结：美国外交政策与 21 世纪的地缘政治》，潘忠岐译，上海人民出版社，2004。

高人民的生活水平，是这些发展中国家的共同愿望，因此，我国经济快速发展的经验对发展中国家来说，有许多借鉴的意义。而且，中华民族很有可能在 21 世纪成为人类历史上第一个拥有由盛而衰、再由衰而盛的文明的民族。"① 林毅夫提出，这是一个全新的文化现象，把这个全新的文化现象研究清楚，理解透彻，是 21 世纪的中国学人比五四一代学人所处时代更为幸运的地方，也是 21 世纪的中国学人对中国、对人类文化发展的责任。② 所以，20 世纪 90 年代以来的中国和平崛起给中国文化战略提出了深刻而现实的课题，就是中国文化在中国和平崛起过程中应当承担起怎样的任务和责任。对这一问题的回答，需要我们从战略的视角来审视当前中国文化建设中存在的问题，激发中国文化中固有的积极性能力，以构建一个适应中国和平崛起这一国家大战略发展要求的文化战略。

文化主权的提出，是中国和平崛起的文化战略要求，是中国作为大国复兴的文化理论要求。主权是国家理论的核心概念，文化主权，顾名思义，就是要从主权的角度来审视一个国家和民族的文化意识，以恢复百年来中华民族文化已然缺失的政治意识维度，从而真正树立中国文化的主体性和文化自觉。因为，没有中国文化的主体性和文化自觉的建设，中国和平崛起的国家大战略就有可能会落空。

二　文化战略在国家大战略中的位置

一个大国的崛起，需要三个基础，一个是政治基础，这个政治基础就是国家的独立和主权；一个是经济社会基础，国家的经济实力是其政治和军事实力的基础，以提供国家的安全保障；一个是文化基础，作为国家实力的软实力的核心部分，它是国家竞争的最后

---

① 林毅夫：《学问之道》，《北京大学中国经济研究中心政策性研究简报》2003 年
第 12 期。

② 林毅夫：《学问之道》，《北京大学中国经济研究中心政策性研究简报》2003 年
第 12 期。

战役。如果一个国家的文化不能成为其周边国家的典范，那么，一个国家即便是在强国之间的战争中获得胜利，它也只可能是暂时的强国，还不能成为真正意义上的大国。

1949 年以来，在中国共产党的领导下，中国已经创建了一个民族国家，中国从传统帝制国家形态转向现代国家形态，从而为中华民族的国家富强奠定了一个现代政治基础。1978 年实行改革开放政策以来，中国又成为仅次于美国日本的世界第三大经济体。作为经济大国的出现，使中国崛起从梦想变成了可能的现实。

中国的崛起在根本上说是中国三千年来的传统文化复兴，也就是说，中国的崛起和近代民族国家的崛起具有完全不同的经验，它与其说是崛起，还不如说是古老中国这一传统大国的复兴。这要求我们具有超越民族国家的思想能力，以文明国家的世界历史视野来审视中国和平崛起的文明政治责任。当然，崛起仅仅意味着我们尚处于这样一个国家上升过程，在这个过程之中，我们还可能有波折，有困难，甚至可能会失败，所以，它要求我们必须具有长远而现实的战略眼光，并且拥有钢铁般坚定的执行力和贯彻意志。

要回答文化主权问题的提出是中国和平崛起这一国家战略的要求这一问题，我们首先简要地来谈一下大国这个概念，这不仅是因为历史上的国家崛起基本上都是大国崛起，更重要的是，中国本身就是一个人口比欧洲人口总和还要多的大国，它的崛起在份量上就是世界级的。其次是中国这一大国的性质使得欧洲的弱小国家崛起为大国的历史经验需要重新考量，在西方看来是奇迹的或许对于我们来说只是常态，而在我们看来是特殊性的大国历史经验，在西方的视界中或许就是普遍性的。产生这种认知模式上的差异的根本原因在于彼此完全迥异的历史文化条件。

所谓大国，有很多种不同的说法，国内学者郭树勇教授在其专著《大国成长的逻辑》一书中有比较细致的考察。[①] 在早期的国际

---

① 郭树勇：《大国成长的逻辑·导论》，北京大学出版社，2006，第 1～28 页。

政治学者那里，大都采取比较现实主义的立场，强调军事力量对于大国的意义。例如，泰勒认为，"大国的标志就是战争能力"。莫德尔斯基认为，大国"必须能够发动一场霸权战争"。辛格和托马斯·库萨克则提出，一个大国最显著的特征就是拥有"频繁发动战争并且赢得大部分战争的能力"。历史学家兰克强调从国家安全保障能力角度来界定大国，他认为，一个大国"有能力对付其他任何国家甚至其他国家联盟"。①

20 世纪 50 年代，由于国际组织的大量涌现，国际政治学者们逐步从单纯的战争能力转向联盟、安全以及战略自主性角度来界定大国。在霍夫曼看来，大国就是能够提供自身安全同时又不显著损害本国独立地位的国家；小国则不然，要么是以不安全为代价换来独立，要么是以不独立为代价换来安全。美国著名战略学者利维批判了这种过于强调国家安全能力的观点，指出他们重视国家消极性能力有余，但是对国家的积极性能力重视不足。他认为，国家安全能力只是一个大国的必要条件，还不是充分条件。大国之所以成为大国，是因为它不仅有能力将外来的威胁或者损失降到最低点，而且还可能实现国家利益的最大化，并且敢于通过冒险来获取利益。利维提出了大国的四个基本特征：第一，大国具有强大的军事能力，从而具有战略自主性以及将权力向国界以外投放的能力；第二，大国的利益和安全边界不只是国界，还要向其他地区甚至全球扩张；第三，大国比弱国更能够坚决果敢地保卫国家利益，并能够与其他大国频繁互动；第四，大国还应符合若干显示大国身份的正式国际指标，例如，大国要成为国际会议、国际组织和国际条约的主角，要具备永久性席位或者否决权等国际特权。② 利维的大国研究提出了大国对其目标的积极界定这一特点，强调了强国的观念是大国认知的基础之一，这是利维对大国研究的重要贡献。利维对大

———————————————

① 转引自郭树勇《大国成长的逻辑》，北京大学出版社，2006。
② 转引自郭树勇《大国成长的逻辑》，北京大学出版社，2006。

国积极性能力的强调对于中国传统国家战略的防御性特点无疑具有互补性作用，我们提出中国和平崛起的国家战略，就是要从传统国家战略过于强调防御性能力的视角转向积极性能力的建设，这也是中国崛起成长过程这一性质决定的，因为崛起就是大国成长过程，就是国家积极性能力的苏醒和拓展。

从利维"对目标的积极界定"这一大国性质角度看，军事力量和经济力量只是一个大国的基础性条件，一个国家能否成为世界大国，根本上在于它能否具备在国际事务决策过程中设置议程的能力，即成为国际会议、国际组织和国际条约的主角，具备永久性席位或者否决权等国际特权。这种设置议程的能力自然不能完全靠军事力量来支撑，而是在于一个大国能否提供观念性和原则性的力量资源，这些资源就是国家软实力的外在表现。在国家主权层次上，如果我们用一个同心圆来表示国家主权的内涵，政治主权是核心区，其次是经济主权，再次是军事主权，最后是文化主权等边缘性主权。这是一般意义上的国家主权理论结构，对于大国来说，政治主权、军事主权和经济主权等核心层次主权，实际上是由文化主权这样的边缘性主权所构建的，也就是说，对于大国来说，有什么样的文化主权，就有什么样的政治主权、军事主权和经济主权。因为大国不只是完成一般领土主权意义上的国家目标，而且要成为无政府状态下的世界政治议程的设置者和领导者，这要求一个大国必须从积极目标，尤其是大国文化理念层面对国家主权进行界定。

另一方面，全球性因素的出现和世界体系的形成，就文化领域而言，伴随全球化的进程，以美国文化为代表的强势文化逐渐确立起其世界主导性的地位，尽管其本身也受到全球化的反向作用，但它对其他国家与地区的民族文化的渗透与影响，却是全面性的。在这样的背景下，提出文化主权问题，也是对这一历史语境的一种战略性回应。

就中国而言，特别值得强调的是，文化主权问题是中国现代化过程中必然会遇到的问题，它在今天的中国是个现实的存在。为什么更早一点例如在 20 世纪 80 年代不可能提出这个问题呢？因为那个时候的中国还处于一个经济改革开放的起步阶段，百废待兴。邓小平同志提出发展是硬道理，发展是国家战略的目标，那是着眼于中国长期的贫困，很多老百姓的根本问题还是温饱问题。或许没有人能够想象得到，中国通过二十余年的改革开放，就基本上解决了中国人民的温饱问题。统计资料显示，中国的贫困人口从 1981 年的 2 亿人减少到 2002 年的 2800 万人。根据世界银行的《贫困评估》报告，最近几年中国继续以令人瞩目的速度实现减贫。按照世行每天消费 1 美元（按国际可比价格计算）的标准衡量，中国的贫困率从 2001 年占总人口的 16% 降至 2004 年的 10%，三年之内减少 1/3。换言之，仅仅三年之间中国就有 6000 多万人摆脱贫困。世界银行的报告指出，中国的扶贫工作是全球扶贫事业的一个重要组成部分。根据 1990～2002 年的全球最新贫困数据，按照每天消费 1 美元的标准，中国的贫困人口减少了 1.95 亿人，而全球贫困人口减少总数为 2.07 亿人，中国所占比例超过 90%。当然，中国减贫所占比例如此之高的部分原因是撒哈拉以南非洲等地区的贫困人口增加。中国在全球减贫中所占比例远远高于其在全球经济增长中所占比例，用国际可比价格衡量，1990～2005 年后者比例为 28%。①

　　20 世纪 90 年代以来，中国在全球分工体系中成为世界工厂，中国的经济总量在世界经济格局中的地位也逐步提升，中国的经济总量已经位居日本之后，成为世界第三大经济体。进入 21 世纪，中国不仅是全球力量的被塑造对象，而且也是全球秩序的参与者和建构者，这要求中国文明在全球秩序的价值理念上有所贡献，而这也是百年中国所努力探索和追求的。在这样一个历史维度的思考框架内，我们提出文化主权才显示出其深刻的现实意义。

---

①　世界银行《贫困评估》报告初步结论，http://www.worldbank.org.cn/chinese/content/78926374598.shtml。

百年中国的问题是什么？简单地说，就是中国的现代化，就是通过现代化建设使得中国从传统社会进入现代社会，从而立足于世界民族之林。在这一百年问题之中，最深刻也是最难处理的是中国文化的现代化问题。文化主权的提出不是脱离中国现代化这一历史进程所发的抽象议论，而恰恰是中国现代化事业本身所提出来的一个重大历史课题和任务。着眼于文化主权和中国现代化之间的现实关系，是我们提出文化主权的基本出发点。这样，我们先辈们百年来所追求的中国现代化及中华文明的伟大复兴，才可以称得上具有现实的可能。正如马克思在论德国革命时指出的："革命需要被动因素，需要物质基础。理论在一个国家的实现程度，取决于理论满足这个国家的需要的程度。但是德国思想界和德国现实对这些要求的答案之间的惊人分歧，是否会同市民社会与国家之间以及与市民社会本身之间的同样的分歧一致呢？理论要求是否能够直接成为实践要求？光是思想竭力体现为现实是不够的，现实本身应当力求趋向思想。"[1] 我们提出文化主权战略，首先，是基于中国新的历史时期的现代化的现实需要。其次，革命的理论要求理论不只是对现实的一个解释和反映，而应当成为现实运动的方向和目标。

中国的和平崛起是一个大国的崛起，不管我们是否具备这样的主动性意愿，当前的大国就是这么认知的。所以，如何理解文化战略在中国和平崛起大战略中的战略位置，也就是说是否把文化战略提到中国和平崛起的战略高度，是中国能否实现和平崛起的关键之一。时殷弘教授认为，这方面可能的方向是应当予以思考的一个重大问题。

随着中国改革开放 30 年来的发展，社会转型和经济成长促成"大众民族主义"及其政治影响的迅速增长。我们有的媒体在商业

---

[1] 马克思：《〈黑格尔法哲学批判〉导言》，《马克思恩格斯选集》第 1 卷，人民出版社，1972，第 10 页。

动机和"大众民族主义"的驱动下，已经成为新一代强有力的对外事务"舆论塑造者"。① 时殷弘教授指出，中国对外政策事务的处理由此拥有了某种重要的新力量或新资源，然而政策决定和政策贯彻的复杂性甚至困难也同时相应地增长。中国人应有何种国际眼界和对外政策舆论的问题，是中国——变化着的世界中的变化着的中国——在构建和发展现当代国家和现当代社会的长期过程中已经、并将继续不断提出和不断解答的问题。它是中国在对外关系中的"世纪性"问题之一。中国公众和中国"精英"的国际眼界和对外心理，仍然处于一个长期的构建过程中。这个过程大致由两类因素决定：一类是外在力量，首先是美国和中国的主要邻国（特别是日本）对中国的态度和行为，连同它们对东亚国际政治乃至世界政治采取的基本立场；另一类是中国自己的因素，因为这个过程也是由中国自己决定和构建的。如果中国在改革的道路上既足够稳妥，又前进得足够迅速，以至社会和文化发展及公民教育真正进入一种持久的优良状态，那么中国优良的国际问题和对外政策公众舆论的构建就有了决定性的保障。②

　　文化战略是中国和平崛起这一国家战略的重要组成部分，它包括两个方面的内容：一个是文化权利，另一个就是文化主权。文化权利是公民权的重要内容，是国家民主政治的重要基础。文化权利是文化主权的价值构成，文化主权是文化权利的重要保障。在这里，我们主要谈谈文化主权问题。为什么要提出文化主权？它对于我们这个时代和国家来说，能够注入一种什么样的知识理念，指引我们穿越历史的迷雾？所谓文化主权战略，是基于一个正在崛起中的大国的文化表述。一个大国，如果没有文化主权的诉求的话，是不能真正对世界文明产生影响的，因此这也是中国崛起的一个紧迫

---

① 时殷弘：《中国崛起的条件：从对外关系角度的讨论》，《世界经济与政治论坛》2006 年第 1 期。

② 时殷弘：《中国崛起的条件：从对外关系角度的讨论》，《世界经济与政治论坛》2006 年第 1 期。

命题。这种诉求既是对一种集体无意识的诊断，也基于中国崛起对全球文化地位的需要。所谓大国不只是指一个国家的经济或者军事力量的强大，更是指它在全球文明秩序中所占据的地位以及成为其他国家效仿的文明样式。传统中国的文化战略是防御性的，这造成西方世界对中国文化缺乏了解甚至有更多误解。中国要和平崛起，必须要采取主动的文化战略，要积极走出去，和世界各地的文化进行交流，寻求其他国家对我们的文化的理解和认同。修昔底德指出伯罗奔尼撒战争的起源就在于雅典和斯巴达双方对彼此国家战略的误解。相蓝欣通过对有关九个国家的档案的研究提出了对义和团战争的新解。他强调，战争发生的主要原因是中外双方在交流方面的误解和一系列由此引起的非常事件。而造成这一误解的原因在于双方沟通上的两大问题：一是在华外交官与清廷的沟通存在困难，二是外交官与本国政府的沟通不够及时。他不同意"义和团战争不可避免"说，因为通过研究作者相信，义和团战争的起源不在义和团运动本身，而在于中外关系。为此作者得出一个非常具有现实意义的结论，即"19世纪末，西方列强对一个衰弱的中国做出了错误的判断，在21世纪，我们也有可能看到西方对崛起的中国再次判断失误。在目前的条件下，如果西方领导人对中国领导人的思维方式缺乏理解，后果将不堪设想。我们只是希望义和团战争的惨痛历史不会再次以另一种方式重演"。[①] 这一结论无疑引人深思。所以，如何向国际社会解释中国和平崛起的国家战略就是我们目前最重要的理论课题，这无疑应当是文化主权战略的自觉承担。

我们提出文化主权，不是一时心血来潮，也不是为了追求理论的时髦，而是因为文化主权对于中国当前的国家发展大战略来说，首先是一个现实问题，其次才是一个理论问题。中国改革开放30年来巨大的成绩，不仅是在经济上让中国挤入世界强国的行列，更重要的是，中国在经历百年屈辱沉浮的历史沧桑之后，重新找到了

---

① 相蓝欣：《义和团战争的起源——跨国研究》，华东师范大学出版社，2003。

国家和文化上的自信力。文化主权的提出就是为了回应这一文化自信力带给我们的理论刺激。在这里，文化主权不是我们一般意义上国家主权的内容，即政治主权、经济主权、军事主权和文化主权这种分类法的一部分，它是我们面对全球化政治秩序的一种新型的国家理论，它强调的是作为一个大国发展的文化意识和文化逻辑。主权的最高表现形式不是国家实力的支配，而是韦伯所说的"文化领导权"，或者"文明领导权"。正如强世功所强调的，国家主权之所以是国家与宪政理论的重要内容，并不是因为它如社会契约论想象的那样是社会契约的执行者，而是因为它是施展文明力量的最重要的载体。① 文化主权不只是国家理论的一部分，它本身就是一种国家理论，它是一个国家之所以是这个国家的原因，同时也是一个国家之所以伟大的原因。这一文化主权理论的思考，从根本上是中国和平崛起的国家大战略的理论需要，是国家文化战略的要求。

中国的和平崛起，不是一般意义上的大国崛起，在欧洲大国崛起的历史经验中，都存在从小国逐步到大国的过程，而中国本身就是一个大国，它现在的历史任务是作为曾经衰落的大国实现重新崛起，所以，中国和平崛起的国家大战略任务，不仅是中国作为一个经济大国的崛起，它本身也是中华文明伟大复兴的一个重要组成部分。也就是说，在经过百年的中国现代化运动，尤其是改革开放30 年之后，中国的经济崛起使中华文明的伟大复兴不再只是晚清以来国家和知识分子的一个梦想，而是成了一个坚实的事实。一个国家的经济力量决定了其政治军事力量和文化力量在世界格局中的位势，这也是马克思主义经典作家关于经济基础决定上层建筑的重要论断。所以，中国的经济问题变成世界的经济问题，在世界中思考中国，以及从中国思考世界的思想和理论问题就凸显了出来，它们冲破我们以往思维的水平线，构成了我们思考中国和世界的思想基准。也只有在这个意义上，我们对中国的思考才成为世界思想的

---

① 　强世功：《国家主权与公民伦理》，《读书》2007 年第 1 期。

知识体系的一部分，中国不仅已是一个经济产品的制造大国，而且将是世界思想知识产品的生产大国。

以历史眼光观之，文明的历史一定程度上就是大国的历史。我们现在说世界上有四大古老文明样式，其实，经考古发现有更多的文明样式，只不过，有些文明样式在部族之间，以及后来在国家之间的征战过程中随着部落和国家的消亡而消亡了，被文字记载下来的就是强大部族和大国的历史。这是文明的历史强力决定的，也是文明的知识生产方式决定的。主权和文明之间的互动是近代以来世界文明秩序的内在逻辑。在这个意义上，我们才能够理解文化主权的提出对于中国文明复兴的理论价值，它应当是中国崛起大战略理论的核心概念。

第三章

文化主权在欧洲的形成与发展

——以西欧民族国家为中心

如前所述，"主权"是个来自欧洲的现代性概念，或确切地说，它是在西欧民族国家出现前后形成的国家理论范畴。而作为主权国家的某种形态，"文化主权"的浮现，实际上与在民族国家出现过程中的民族文化意识有着紧密而特殊的联系，它一方面是统一的欧洲文化走向分裂的历史产物，另一方面也反过来进一步促进了近代民族国家的形成，为民族国家的最终出现奠定了文化政治的基础，同时也为现代主权国家体系的建构设定了文化分界线。

作为一个文明概念，"欧洲"的同一性是建立在希腊文化、拉丁文化、犹太教和基督教文化的基础之上，它们构成了欧洲文明的四个源头，也历史性地构成了后来欧洲统一的基础。但自罗马帝国崩溃以后，欧洲不仅为各种政治力量所分裂，也为基督教内部的力量所分裂，而世俗政权与神权的分野与争夺，为后来民族国家的出现提供了现实的条件与历史的背景。可以说，现代民族国家是在克服国内割据势力、战胜教会和应付国家竞争等语境下出现的，在此过程中，以民族语言为代表的民族国家文化逐渐挣脱了统一的欧洲文明，它的出现与建构，为民族国家奠定了文化政治的基础，也使"文化主权"成为民族国家最为重要的内在支柱之一。一方面，文化主权意识对民族国家的形成有着极为深刻的促进作用，另一方面，民族国家反过来也对它产生巨大的型塑作用和影响，这两者的互动与结合，在加强内部的凝聚力的同时，也使英国、法国和德国等传统欧洲大国不断进行对外的竞争与扩张，对世界历史产生了极为深远的影响。此后，伴随着西欧主要民族国家近代以来的扩张，欧洲确立了其不可比拟的国家文化软实力优势，并通过主权形式实现了西方文化势力的扩张，使"特殊性"的欧洲文化成为全球"普遍性"文化。就此而言，"文化主权"在某种意义上是个先于"政治主权"而存在的历史事实，它对二战后的欧洲一体化进程也产生了异常深刻的影响。

欧洲尽管在历史上长期居于主导地位，但一战和二战却严重削弱了欧洲的力量，导致了欧洲的衰落，战后相当长的时间里只能在美、苏两强的对峙中求生存。然而，耐人寻味的是，欧洲却在冷战中走出了一条欧洲一体化的道路，更具实质性地逐步实现着欧洲重新统一的千年梦想。在欧洲的一体化进程中，将"文化的统一性"看做是其得以统一的前提或基础，既有合理性，也存在着悖论，它最终很难完全超越民族国家的形态，特别是其中的文化多样性和文化主权意识，这或许构成了欧洲实现完全统一的某种内在障碍。

第一节　作为文明概念的欧洲

一　欧洲文明的同一性

在世界历史上，欧洲（西方）这一概念的出现，是相对于亚洲（东方）而言的。从地理上看，在广袤的亚欧大陆上，欧洲（尤其是西欧）只是占据了西边的一个半岛位置。在久远年代，这一"亚洲的小岬角"长期处于一种文明的边缘状态，尽管伊比利亚半岛上很早就有人类活动（阿尔塔米拉石洞里的岩画是现存人类旧石器时代的代表作之一），但总体而言，与亚欧大陆的两河流域、古中国以及古印度等发达的文明中心相比，西欧的早期文明史及其成就似乎并不引人注目。

就概念而言，早期"欧罗巴"一词的出现，一次是在希腊神话里，两次是在史籍中。在公元前 7 世纪，希腊人把他们北部的未知区域称作"欧罗巴"，这一名称来自希腊神话中被宙斯绑架到克里特岛的腓尼基国王女儿的名字。被西方称为"史学之父"的古希腊史学家希罗多德，在《历史》一书中介绍波斯帝国时，说到波斯国王居鲁士有一天晚上做梦，梦见手下一位大将的儿子闯进他的宫殿，他肩膀上长着两个大翅膀，一个覆盖亚细亚，一个覆盖欧罗巴。这个年轻人就是后来非常有名的波斯国王大流士。此外，在柏拉图的对话录里也出现过"欧罗巴"，在谈到古希腊与亚细亚（西亚）的关系时，说从大西洋来了一群不知底细的人，攻占了"欧罗巴"。

显然，"欧罗巴"一词在相当长的时间里，其所指是不清晰的，它只是一个很模糊的地理概念。而作为一个相对明晰的历史概念的出现，"欧洲"其实与罗马帝国的兴衰有着密切的关联。从公元前 753 年罗慕路斯建立罗马城开始，到公元 476 年罗马城被日耳曼人攻陷而灭亡为止，古罗马文明延续一千二百多年。在鼎盛时期，罗马人建立了一个地跨欧、亚、非三大洲的大帝国，其疆域的范围，是由帝国的创立者奥古斯都大帝（公元前 27 年～公元 14 年在位）划定的。在他去世以后，罗马元老院公开宣读了他的遗嘱。遗嘱建议他的继承人永远只求守住似乎是大自然为罗马划定的疆界之内的一片土地：西至大西洋边，北至莱茵河和多瑙河，东至幼发拉底河，南边则直到阿拉伯和非洲的沙漠地带。尽管帝国的边界在接下来的一百年中有所变动，但这一划定在后来几位继位者手中得到了延续。①

---

① 参看爱德华·吉本《罗马帝国衰亡史》（上册），商务印书馆，2005，第 20～24 页。

值得指出的是，即便是从地理空间来说，欧洲也是一个没有精确边界的概念，或者说是边界不断变动的历史概念。在罗马帝国时期确立的三条传统边界涵盖了后来欧洲的大部分版图，但欧洲的边界依然是模糊的：现今欧洲的心脏地区（中欧）以东的地区，在罗马帝国时期是蛮族人的居住地，东边以乌拉尔山脉为界与亚洲隔开，只是后来的事情；欧洲三面临海，海岸对欧洲的沿海国家而言并不是边界，而是一个无限开放的空间——15世纪葡萄牙、西班牙等国从大西洋东岸出发所进行的海上探险和"地理大发现"，也从一个层面说明了欧洲地理概念的开放性。

与作为一个变动不居的地理概念相比，将欧洲看做是一个文明的概念，也许是更恰当的。

在此，对"文明"与"文化"的不同含义做出相当程度的区分，无疑是非常重要的。法国著名思想家埃德加·莫兰指出："文化与文明两个词在法语中经常混用，但在德语概念中，它们的指谓是有清楚界限的。德语里文化一词是指一个社会特有的东西，而文明是指一切可以从一个社会传播到另一个社会的东西。根据这个定义，文化是基因式的，而文明是可传播的。文化是对特殊原则的同化和依附，文明是在发展中成果的不断积累。"他认为，从词源学说，这两个词语又是欧洲发展的典型产物，它们在18世纪开始流行，开始是单数用法：文明同野蛮相对，文化同自然相对。文化和文明形成两极：文化一词代表独特性、主观性、个体性；与之相对的文明一词代表可传播性、客观性、普遍性。在19世纪下半叶，由于欧洲人认识到在欧洲文明以外还有其他的文化和文明，这两个概念开始有了复数用法。从19世纪到20世纪初，德国思想界强调"文化"一词，以表达一个民族的特有素质，而法国思想界则强调"文明"一词，因为文明源于理性和普遍性，可以造福于所有民族。① 有必要提及的是，在本章中，在指涉欧洲的整体时，我们使

---

① 埃德加·莫兰：《反思欧洲》，三联书店，2005，第31~32页。

用"文明"的概念，在涉及某一具体的民族国家时，我们使用"文化"的概念。

当然，试图确切地描绘"欧洲"概念的本源及其文明理念的原则，是困难的。因为"欧洲"及其认同的出现，除了内部的因素之外，主要是西方基督教世界在面临强大的他者（如东方的穆斯林世界）时，一种自我认识和自我确证的历史产物。

由于历史上面临着欧洲传统的三条边界的长久压力，尤其是东方的长期支配地位，西方普遍存在着一种巨大的焦虑，而由此所做出的反应（反抗），促成了欧洲概念的形成。事实上，西方与东方的长期对峙及由此而进行的战争，是西方制造外在敌人（主要是伊斯兰势力，西欧后来也常常把拜占庭东罗马帝国视为自己的敌人）、促进内部团结并使"欧洲"得以形成的最主要的历史力量。在这些东、西方对抗性的战争（如主要针对伊斯兰教的历次十字军东征）中，欧洲人不仅培养了某种程度的一体感，还认识到他们自己的基督教文化身份与伊斯兰世界的根本性差异，这对于欧洲萌发一种日渐明晰的自我意识是最具决定意义的：在布罗代尔看来，十字军东征的最大意义就在于这是西方"第一次由集体力量进行的、有着自我意识的、光彩夺目的战争"，它是正在形成的欧洲的一个激动人心的体验，它不稳定地、临时地占领了圣墓，在完成了这一过程之后，西方的南部边界借此固定了下来。[①]

具体就欧洲文明来看，在"欧洲"理念出现之前，欧洲其实更多的是希腊理念和拉丁理念的，它们构成了欧洲文明的两个源头。除此之外，欧洲文明还有另外两个源头，就是犹太教、基督教文化。这四个源头对欧洲文明和社会演进产生了根本性的影响，尽管从地理上看，希腊和拉丁文明处于欧洲的边缘，欧洲的犹太—基督教传统则要追溯到东方（亚洲的巴勒斯坦地区），它们都在"欧

---

① 费尔南·布罗代尔：《文明史纲》，广西师范大学出版社，2003，第289~294页。

文化主权与国家文化软实力

洲"概念形成之前就已出现。

如前所述,"欧罗巴"的概念在相当长的时间里,只是零星地出现在希腊神话和古希腊的史籍里,其面貌是模糊不清的,这点即使是到了罗马帝国时期也同样如此。这一情况说明"欧洲"地区在相当长的时期内都没有进入人类历史。在埃德加·莫兰看来,欧洲其实是在蛮族入侵的大混乱中大步冲进人类历史的:"这场大混乱以排山倒海之势从东涌到西,从南流到北。它驱赶、打翻、攻击、侵袭、干涉,直到公元 476 年把西罗马帝国搞得支离破碎。除东罗马帝国以外,从 5 世纪到 8 世纪,这场蛮族小王国间的混战制造缝缀了一块不同种族的杂色布片。有的民族扎根于史前时代,有的民族拉丁化,其他的民族日耳曼化,或者亚洲化。"①

在这场蛮族入侵的大混乱中,原来居住在丹麦等北欧地区的盎格鲁—撒克逊人进了不列颠,法兰克人也从莱茵河一带进入了现在法国北部,西哥特人从黑海北岸进入伊比利亚半岛,东哥特人则进入意大利半岛,他们在成为统治者的同时,也实现了与原住民的融合。由此可见,从文明源头与民族来源上说,欧洲其实是非常多样化的,但随着时间的推移,欧洲却成为一个历史整体,形成了欧洲文明的同一性,或者说是一种同质性的文明。这是个非常耐人寻味的历史进程。

大致而言,作为文明概念的"欧洲"的形成,是各种内部与外部力量综合作用的历史结果。追溯欧洲的同一性文明的历史起源,基督教的型塑作用显然是最大的,尽管它与欧洲并无天然的历史关系——基督教最早在亚洲的犹太地区起源,脱胎于犹太教,先在小亚细亚传播,然后传到地中海的部分地区,很晚才传到欧洲。但在欧洲历史上,基督教一直是其文明的中心,它构成了欧洲思想的主要组成部分,也是欧洲统一性的根源。

由于罗马人原先是信仰多神教的,所以基督教在创始之初受到

---

① 埃德加·莫兰:《反思欧洲》,三联书店,2005,第 3 页。

罗马帝国的排斥——耶稣被罗马人钉死在十字架上，暴君尼禄还曾对基督徒进行了血腥的迫害。在罗马帝国后期，帝国内部陷入日益严重的危机，而随之而来的，是人们对政府逐渐失去信心，并转而信仰宣传平等、仁爱思想的基督教。在信仰基督教的人越来越多、政府已无法禁止的情况下，君士坦丁皇帝最终接受了基督教。公元392年，狄奥多西大帝把基督教定为国教。

但非常奇怪的是，在接下来的近一百年里，作为国教的基督教在帝国的疆域内只是获得了缓慢的发展。真正的转折点是在西罗马帝国陷入崩溃、欧洲由于蛮族入侵而进入大混乱时，欧洲才进入一个完全的基督化时代。其标志之一，就是在西罗马帝国灭亡20年后的496年，法兰克国王克洛维（481～511年在位）皈依了基督教——这是基督教对蛮族人的第一次大胜利，此后基督教胜利扩张的消息便接二连三地从欧洲大陆传到罗马，并在7世纪时扩展到全欧洲。

就在基督教在欧洲取得全面胜利之时，伊斯兰教也很快达到势力的鼎盛期，它在东方和北非地区的渗透，对当时处于弱势的基督教世界形成了包围之势，并在7世纪迫使基督教只能"龟缩"在欧洲。可以说，伊斯兰主义的强势存在以及对它的反抗（如732年欧洲夺回穆斯林占领的布瓦捷），是欧洲观念得以形成、塑造和传播的一个历史关节点。对于基督教的欧洲来说，伊斯兰教始终是个巨大的威胁，后者通过战争把基督教从小亚细亚和北非、西班牙驱赶了出去，并在地中海南部扎根，使地中海成为一个"穆斯林湖"，这都在有形无形中加速了欧洲的孤立，迫使它不断走向自我封闭。

欧洲走向世界的传统通道——地中海此时成了欧洲的"水上防线"，通往东方贸易的生命线因此被伊斯兰教势力切断，而1095～1270年十字军东征的失败，则彻底打破了基督徒打回其东方发源地、恢复基督教世界的梦想。

到了1453年，东罗马（拜占庭）帝国首都君士坦丁堡被奥斯曼帝国的军队攻陷，标志着接受了伊斯兰教的突厥人已经深入到希腊文化的心腹地区，这引起基督教世界的极大震动。为此，罗马教皇庇护二世号召再次发动十字军东征。只不过此时基于欧洲各国林立、神圣罗马帝国成为一个空壳、教皇权威下降的现实，庇护二世在他的号召书里，用了不少篇幅叙述欧洲各民族历史文化的不同背景，他所打出的旗号，也不再是在教皇的领导下的基督教国，而是提出"欧洲"这个内容模糊的政治文化概念，来凝聚基督教各国的内部力量，一致对外。在这里，欧洲被称为"我们的家乡"，而做一个欧洲人就意味着是一个基督徒。[①] 由此可见，在伊斯兰教兴起和征服世界时，"欧洲人"是基于基督教信仰的一种身份认同，而这种身份恰恰是借助它与非基督教文化的差异性对比甚至对抗来予以明确的。

欧洲此时真的变成了基督教的欧洲，尤其是当西班牙曾经出现过的基督教、伊斯兰教和犹太教共存的现实，也被后来统治西班牙的历代天主教国王所粉碎时（穆斯林和犹太人都受到了无情的驱赶）。此后，起源于亚洲，却在欧洲大获全胜的基督教便因此形成了自己独特的文化环境：如在中世纪，传播、流行在全欧洲的文化艺术潮流（如11世纪的罗曼艺术、13世纪的哥特艺术），使欧洲成为一个活跃的共同的思想市场。

除了犹太—基督教的因素，希腊文明与拉丁文明对欧洲的同一性的形成也至关重要。

古希腊曾经创造了光辉灿烂的文明，在政治、经济、文化等方面都取得了辉煌的成就。但自被罗马帝国征服，成为帝国的一个行省后，希腊文明被罗马帝国部分继承，并融入罗马文化当中。[②] 当它重新发挥对欧洲的影响，则已在穆斯林势力扩张到西地中海、以西班牙为中介将古希腊文化传播到欧洲大陆之后。在文艺复兴时

① 彼得·李伯庚：《欧洲文化史》（上），上海社会科学院出版社，2004，第235页。
② 彼得·李伯庚：《欧洲文化史》（上），上海社会科学院出版社，2004，第64页。

期，来自古希腊的文化遗产成为欧洲文明主要的思想文化来源之一。另外值得提及的是，罗马帝国分裂后，希腊文明对东罗马（拜占庭）帝国产生了异常深刻的影响，希腊语成为东罗马帝国的官方语，《圣经》用希腊文印刷和传播，这使得东欧及斯拉夫民族地区成为希腊文化的覆盖地，拜占庭帝国因此出现了毫不逊色于西罗马帝国的文明繁荣局面。

对于西欧来说，罗马帝国除了给欧洲带来了延续了两千年的光荣与梦想之外，其本身在行政、法律、文化等方面所留下来的巨大遗产，也构成了欧洲统一的历史力量。如日耳曼人查理曼大帝在征服意大利时，为发达的罗马文明所吸引，并接受了罗马教皇的加冕，这是欧洲拉丁化的一个典型事例。此外，在语言文字方面，现在西欧各国使用的字母，都是古罗马的拉丁字母；西方主要国家的语言，如法语、意大利语、西班牙语等，也都是直接发源于古罗马的拉丁语。事实上，拉丁语直到 17 世纪依然是欧洲通行的文化哲学（官方）语言。可以说，官方语言的统一，构成了欧洲同一性得以形成的关键性因素，欧洲人以此进行广泛的文化交往。随着 13 世纪大学（起源于修道院）的兴起以及思想家们游学活动的频繁开展，欧洲出现了多个思想文化的中心地带，这种活跃的思想动向在文艺复兴时期更是达到了新的高潮，对古希腊、古罗马经典（如亚里士多德的著作和罗马法）的重新发现，更进一步推动了各类哲学、科学、政治思想、绘画、文学和音乐的发展，使欧洲越来越成为一个多样而丰富的共同空间。

另外，在讨论欧洲文明的同一性问题时，假如不涉及印刷术在欧洲的发明或传播，肯定是不完整的。正如培根在他的《新工具》一书中所说的那样："我们应当注意发明的力量、作用和产生的后果。特别要注意古代人闻所未闻的那些发明……具体就是印刷术、火药和罗盘。这几样发明……改变了全世界的面貌和发展。"实际上，文明之所以能存在，主要靠流传。流传除了口头上的，就是形诸文字，代代相传。基于长期以来文盲占欧洲人口绝大比例的事实，印刷术无论是从中国传入，还是由德意志人古腾堡所发明，它对形成统一的欧洲文明的影响都是根本性的——文化经由书籍的广泛流传而使思想交往的进行和文化共识的出现成为可能。

在此基础上，欧洲不仅形成了文明的某些共同形式和独特的文化形态，而且最终在文明、文化上达到了某种历史的同一性。这种同一性即便是在西罗马帝国灭亡后、封建主义最为盛行时也是显而易见的，用布罗代尔的形象说法，就是"尽管存在这一政治分隔状态，在欧洲文明和文化中出现了一种聚合。一位到圣地朝圣的香客或为了贸易业务四处走动的人，在吕贝克像在巴黎那样，在伦敦像在布鲁日那样，在科隆像在布尔戈斯、米兰或威尼斯那样，都有一种在家的感觉。道德、宗教和文化的价值，以及战争、爱情、生活和死亡的准则，在各地都是一模一样的，从一个采邑到另一个采邑，不管那里出现了什么样的争执、反叛和冲突，都没有什么区别"，"我们完全有理由把欧洲共享的某些特征用'辉煌'来形容。正是它们从文化、品位和精神的最高层次上，赋予欧洲文明一种近乎兄弟般的、几乎一模一样的气息，就像它沐浴在单一的、恒定的光芒中那样"。[①]

二　欧洲的分裂

在走向同一的同时，欧洲内部的否定、对立、冲突、分裂力量也一刻都没有停息。

自公元476年西罗马帝国灭亡之后，西欧在政治上便再也没有真正统一过。一方面，尽管在君士坦丁堡的东罗马帝国一直存在到15世纪，并创造了光辉灿烂的文明，但其疆域（主要局限于小亚细亚和巴尔干半岛）和实际所能发挥的政治影响，与西罗马帝国自是不可同日而语；另一方面，在西罗马帝国灭亡之后，欧洲进入

---

① 费尔南·布罗代尔：《文明史纲》，广西师范大学出版社，2003，第296页、371页。

了一个日耳曼民族统治的时期。其中的法兰克人查理曼大帝统一了日耳曼民族所占领的地区，建立了拥有广袤领土的政治实体——查理曼帝国，号称第一个"欧洲"（查理曼大帝因此还被宫廷诗人称为"欧洲之父"）。然而，当814年查理曼这一"伟大的皇帝"去世后不久，在其统治下西欧取得的政治统一便不复存在：他的三个孙子把帝国分成了三部分，分别统治东部的德意志、西部的法兰西和中间的意大利。而随后出现的、存在了近千年的德意志神圣罗马帝国（962年，罗马教廷承认了神圣罗马帝国是西罗马帝国的合法继承者，后来君士坦丁堡的拜占庭帝国也承认了它的这一地位，直到它于1806年被拿破仑一世推翻），也没能建立起强有力的帝国统治，没能实现欧洲的有效统一，欧洲最终分裂为无数的大大小小的公国。

与此同时，在中世纪，欧洲开始了它的封建时期，对欧洲后来的发展具有深远影响的采邑制度（封建主义）最终形成和建立起来了：领主从国王那里，或者从一个地位比他本人要高的领主那里得到采邑或领地，同时也取得领地的政权；作为封臣，他反过来要向其领主提供一系列的服务，如支付赎金、交纳钱财等。当然，领主也要为他们提供保护。可以说，这种封建主义的形成，既是欧洲分裂所产生的最为重大的结果，也反过来造成欧洲更大的分裂，其最为直接的效应之一就是欧洲的地方（尤其是城市和城镇）自治传统的确立：欧洲此时已经变成了一个彼此分割而又各具独立性的世界，每一个地区都发展为一个具有自我意识的政治—经济实体，并随时准备保护其疆土完整与权力的独立。同时，封建主义在欧洲也重建了人与人之间的关系，形成了彼此分离又相互依附的市民社会，确立了欧洲新的政治、经济、社会和文化秩序，在维护罗马遗产和基督教遗产的同时也创造着新的文明。

在这一由新的政治、经济、社会和文化秩序所发展起来的新文明中，关于"自由城市"的观念也随之兴起。可以说，自由城市观念既是封建主义的自然结果，它同时也加速了欧洲的内在分裂。

但值得注意的是，在欧洲最早出现的自由概念，并不是个人意义上的自由，而是一种团体的自由。也就是说，此时的"自由"导向的不是单数的自由，而是复数的各种各样的自由，而且它在很大程度上与"特权"或"权利"等含义重合。考虑到当时采邑制度所形成的社会基础，对于特权或权利的强烈诉求显然是易于理解的。

尽管对"权利"的要求在欧洲的农村、农场或庄园中也同样存在，但"自由"首先在欧洲的城市中间出现并发展起来。自然，从城市规模以及人口数量来看，中世纪的欧洲城市普遍而言都是非常小的，但在意大利等地也出现了较大的自由城市，如威尼斯、热那亚、佛罗伦萨、米兰等，甚至形成了所谓的城市国家，它们通过享有特权等有利条件保持着经济的相对繁荣，并培养起防御外部力量入侵的能力。在这些自由城市之后，在 11 ~ 13 世纪，在大公、总督等统治管辖之下的城镇也通过长期的各种斗争，以取得特许状的形式获得了自己进行治理，独立运营各自的金融、法律制度及拥有的土地的权利。

对于欧洲来说，与政治上的分裂同等重要的是宗教的分裂，以及神权与世俗权力的分离。

基督教曾经使欧洲获得了同一性，但也正是基督教使欧洲出现了两次大的分裂：第一次是东西罗马帝国分裂后，在 1054 年，罗马教皇利奥九世拿着教皇革除瑟如拉留教籍的诏谕，放在君士坦丁堡圣苏菲亚教堂的圣坛上。主教瑟如拉留在盛怒之下，一报还一报，也革除了教皇利奥九世的教籍，基督教世界由此出现大分裂，并扩展到了欧洲各地：拜占庭使俄罗斯人、塞尔维亚人、保加利亚人皈依了希腊教会——东正教，罗马在巩固西欧的传统地盘之外，也让波兰人、波希米亚人、匈牙利人皈依了拉丁教会——天主教。这次东、西欧的宗教分裂由于如下历史事实进一步得到了加强：斯拉夫拜占庭文化的东欧大陆在 13 世纪受到了蒙古人的入侵，俄罗斯此后几百年更是处于蒙古人的统治之下。

正如我们所看到的那样，基督教世界的第二次分裂是开始于

16 世纪的宗教改革。这次宗教改革的最终结果是：在西北欧的天主教内部，再次分裂为旧教（天主教）与新教两部分，前一部分信奉罗马公教，保持拉丁语作为宗教和文化语言，后一部分则形成各种新教派，并把《圣经》翻译成各君主国语言，各个君主国由此也推进了它们的民族文化运动。

在宗教内部分裂的同时，欧洲由于神权与世俗权力争夺统一欧洲的领导权而引起了更大的分裂。在漫长的中世纪，基督教神权笼罩了欧洲，使欧洲在相当长的时间里处于罗马教会政教合一的统治之下。但在神权之外，政治分裂后的各个世俗权力也在加强，最终导致了两者的矛盾与冲突。这种冲突在 11 世纪和 12 世纪变得异常尖锐，尤其是当罗马教皇和神圣罗马帝国皇帝都想统一欧洲时，便产生了因此而出现的种种争斗。作为一种妥协的产物，1122 年，罗马教会与各王国签订了沃姆斯协定，确立了神权和世俗权力分离的原则。

对于以上的几次大分裂对欧洲未来的深刻影响，埃德加·莫兰曾这样予以概括："与此同时，北欧和南欧经济文化的差异也更突出……在极其各异但定居下来的拉丁化民族、日耳曼民族和斯拉夫民族之间，涌现出最早的政体和国家雏形。正是这些雏形国家，在一系列分裂和战争中创建了日后的现代欧洲，11 世纪天主教和拜占庭的分裂综合决定了成为天主教的日耳曼民族和成为东正教的斯拉夫民族之间的敌对状态，11 世纪到 13 世纪教皇国与皇权帝国的分裂，在很大程度上造成神权与世俗权力的分庭抗礼"，而"在小块土地上分封而治的欧洲各小民族、地方封建领主、王公贵族和公共势力之间的利益冲突，又被上述大的、欧洲整体性的分裂冲突重新洗牌。本身存在的不同宗教信仰，神权和世俗权力的冲突，种族的极端多样性，状态各异的初期国家，这些都使欧洲从 11 世纪起形成了一个历史地理的子宫，现代欧洲就由此破腹诞生。"[1]

---

[1] 埃德加·莫兰：《反思欧洲》，三联书店，2005，第 8 页。

第二节　文化主权意识与民族国家的出现

一　西欧民族国家的出现

国家自古以来就存在，但民族国家（主权国家）的出现，却是近代以来欧洲特有的现象。[①]　确切地说，它脱胎于西欧中世纪的封建时期，成型于 15 世纪以后西欧资本主义的兴起时期。

事实上，欧洲在西罗马帝国灭亡之后陷入了一种政治上四分五裂的状况，加上中世纪时封建采邑制度的推行，就已经基本确定了民族国家的观念和发展方向，为现代民族国家的出现准备了历史的条件。而它在欧洲的最终产生，是通过君主国不断征服外省，以共同的民族文化身份同化、世俗化其臣民而逐步实现的，同时出现的"国家主权"，则是在教皇权力下降、帝国瓦解和封建领主被驯服后才得以实现的。

概言之，现代民族国家是在面对和克服如下三方面力量的过程中兴起的。

一是国内力量，即如何处理君主与各地方自治力量（封建领主）的关系。由于当时欧洲已经出现了大大小小的公国，这些公国也大致划分了各自的领土与势力范围，但由于封建采邑制度的存在，城市、城镇以及各种各样的存在于广大农村的农场与庄园，都历史性地成为欧洲多重的分割力量。在 11 ~ 13 世纪，与城市、城镇的迅速发展相比，"国家"的发展是相对缓慢的，但到了 15 世纪，国家及君主的力量已日益变得强大起来，并改变了它与城市之

[①]　在陈乐民先生看来，民族国家是欧洲文明史的特点，在其他地方没有；民族国家大体上有统一的语言，一种基本的文化，一种大体上的领土，然后是一个国家主权；民族国家的概念产生自欧洲，说得简单点就是一种语言，一种民族，一个国家。参看陈乐民《欧洲文明十五讲》，北京大学出版社，2006，第 86 ~ 87 页。

间的力量对比。尤其是资本主义这一新的生产方式出现以后，国家与地方贵族、资产阶级、自由民的历史关系变得更为复杂。一方面，资本主义的兴起是驱使形成民族国家（新君主国）最根本的力量，国家必须确立起中央集权的权威，"荡平"封建割据势力，实现权力的集中，才能形成一个统一的国内市场，促进资本主义的进一步发展；另一方面，地方的贸易商人、资产阶级、贵族也必须依靠民族国家这一组织及力量，来为自己的利益提供必要的保护。有意思的是，现代民族国家的政治形式（现代君主制）最初并不是出现在像意大利、尼德兰这样的城市经济发达的地区，而是在西班牙、法兰西和不列颠这些相对落后的地区率先发展起来，并出现了一些新型的统治者，如西班牙的约翰二世、法兰西的路易十一都确立了新的专制王权制度，英格兰都铎王朝的亨利七世则实行了君主立宪制度，他们以不断得到加强的王权，发展了国家主权的理念，改变了国内分裂的封建状态，实现了领土的一统。对外则通过战争等方式，一方面确定了民族国家的边界，另一方面则有效地动员了国民，使他们在对惟一的国王（相对于以前两王共治一国或一王兼治几国的情况）忠诚的基础上，培育出一种民族主义情感和爱国主义精神。

二是教会的力量。尽管在民族国家出现的相当长的时间里，神圣罗马帝国一直存在到19世纪初，但它已经不是阻碍民族国家发展的主要力量。事实上，基督教会对于世俗政权的影响更大：在罗马帝国灭亡后，基督教会在许多方面成为罗马帝国的继承人，它所形成的一套类似帝国的组织机构，使其拥有庞大而严密的组织力量。种种历史事实都可以表明，在世俗政权与教权的冲突与交锋中，往往都是教会取得最后的胜利。1075年，曾向教会权威挑战的神圣罗马帝国皇帝亨利四世最后不得不赤脚在风雪中向罗马教皇格雷戈利七世忏悔赎罪，便是欧洲历史上的著名例子。

然而，随着现代民族国家观念的初步萌芽，罗马天主教会的权威开始遭到质疑和挑战。在 13 世纪末，法国的菲利浦四世下令向一直享有各种免税特权的法国教士征收世俗什一税，受到罗马教皇的抨击和抵制。这一矛盾最后以世俗王权的胜利而告终：菲利浦四世不仅捕获和凌辱了教皇，而且在他的压力下，来自法国波尔多的主教成为新的教皇，教廷甚至一度从罗马迁到了法国南部的阿维农。这成为世俗权力开始压倒神权的标志性事件。

在民族国家出现之后，它们逐渐认识到，国家的权威高于一切，包括教会也没有权力超越国家的权威。1555 年，在宗教改革中签订的《奥格斯堡宗教和约》承认基督教新教路德派在德国的合法地位，确立了它和天主教共存于德意志的永久法律根据。这是国家主权第一次以法律的形式使教会屈服于自己。不仅如此，"国家主权"还得到了来自思想界的理论支持。1577 年，法国政治哲学家让·博丹在《共和六书》中提出了国家主权不可分割的理论，在他看来，主权国家是高于除自然和神圣法律之外的任何法律的，在人类舞台上没有比它更高的东西："正如教会法学家所说教皇从不束缚他的双手，那么主权君王也不能束缚他自己的双手，即使他这么希望。因而我们在敕令和法令的最后看到下面这些话：这是我们乐意做的。它们在那里清楚地表明，至高无上的君王的法律，一方面建立在良好和充足的理由之上，但另一方面也完全仰赖他个人纯粹而单纯的意愿。"① 对于欧洲民族国家的演变过程，有论者指出："以王权为中心的领土归并运动使法国乃至欧洲的政治地理在中世纪临近结束时逐渐显现出近代格局，这种近代格局主要表现在欧洲一统性的瓦解以及近代民族国家的诞生。从整个'基督教国度'的层面上来说，中世纪秩序的崩溃是一个从政治'一统性'向'多元性'演化的历程，也即教会帝国的主权分裂成诸多民族或国家的主权的过程；而从民族或国家层面上来说，中世纪秩序的

---

① 让·博丹：《共和六书》，转引自费尔南·布罗代尔《文明史纲》，广西师范大学出版社，2003，第 303 页。

崩溃又是一个从'多元性'向'一统性'转变的过程，即封建领主的政治独立性逐渐衰落，权力向主要是以王权为代表的国家权威集中。"①

三是在其他国家的竞争压力下为了应对新的战争的需要。正如谚语"战争是万物之母"所昭示的那样，在相当意义上，正是战争铸造了现代民族国家体系。进入近代以来，在欧洲发生的战争，其频繁程度是其他大陆很少见到的。其原因也多种多样：或因为王位继承，或因为打破欧洲均势，或因为海外扩张等国家利益的争夺。正如黑格尔所说，国家的出现本身就是"排他性"的存在，作为国家内在规定的"现代主权"是一种反抗自己以外一切政治力量的政治力量，它本身就具有凝集内部意志反抗其他国家的天然属性，因此为了应对其他国家的激烈竞争，在民族国家内部会逐渐形成一种统一的物质与精神力量。如英国和法国之间的"百年战争"，因领土纠纷、王位继承、商业经济等问题而爆发，其深远的影响使两国在欧洲较早地成为民族国家。战争以法国的胜利而告终，并使法国在战争中实现了统一，而英国在战争后期失去了在欧洲大陆的领地，彻底"退出了欧洲"，从而成为退守英伦三岛的民族国家。自此以后，任何两国联合共同拥有一个国王或在他国版图上占有领地的企图和行为都注定要失败，这为单一王权在国家内部的加强与集中创造了条件。就此而言，与通过战争实现大一统的中国不同，欧洲的战争的结果恰恰是进一步造成了欧洲的分裂，最终形成了以民族国家为单位的现代国家体系。②

在欧洲近代史上，对于民族国家产生最大影响的历史事件，无疑是 16 世纪的宗教改革及由此而来的"三十年战争"。

1517 年 10 月 31 日莱比锡大学神学教授马丁·路德在维腾贝格的教堂上张贴了著名的"九十五条论纲"，标志着宗教改革的开

---

① 参看唐晋主编《大国崛起》，人民出版社，2006，第 194～195 页。
② 标志着现代国家体系初步形成的是 17 世纪末"国际法"的出现，它对民族国家的权力作出了界定，为后来的国际公法奠定了基础。

始。此后一百年间，路德宗、加尔文宗、安立甘宗（英国国教）等新教宗派层出不穷，使基督教欧洲又出现了一次分裂——沿着罗马帝国时代的古"防线"呈南北分际为新教与天主教世界。宗教战争的硝烟也随之在欧洲大地上蔓延。到1618年，天主教徒和新教徒形成南北对立之势，德意志（包括奥地利、捷克、摩拉维亚等）则成为双方争夺的主战场。双方都不满足于现状，于是便导致了规模空前的欧洲宗教战争——"三十年战争"。

值得注意的是，这场宗教斗争是与大国争霸的斗争混合在一起的。英国、瑞典、丹麦、荷兰、瑞士和大部分德意志诸侯先后投入新教阵营，天主教阵营则以哈布斯堡王室为主，哈布斯堡王室在当时兼有神圣罗马帝国皇帝（奥地利皇帝）、西班牙国王、西西里国王等多个王位，还统治着西属尼德兰（比利时）、摩拉维亚、威尼斯、伦巴第等附属国。哈布斯堡王室不仅对新教徒步步进逼，还对天主教的法国形成包围之势；它不仅想消灭新教改革势力，还想削弱欧洲其他大国的势力，成为欧洲唯一的霸主。同样野心勃勃的法国当然容不下哈布斯堡王室，它不顾宗教隔阂，毅然投向新教徒这边。于是以宗教冲突开始的三十年战争，最终演变成西欧两个天主教大国的争霸。"三十年战争"的结果是确立了新教与天主教的平等地位，并通过法律承认了荷兰、瑞士两个新教国家的独立。法国变得更加强大，哈布斯堡王室的奥地利、西班牙和德意志则遭到严重的破坏，瑞典、丹麦争夺欧洲霸权的努力失败。

"三十年战争"最为重大的成果是《威斯特伐利亚和约》在1648年10月的签订。这一条约以法律的形式确立了"教随国定"和主权国家的原则，标志着现代民族国家最终凌驾于教会之上，并拥有无上的权威。除了意大利和德国之外，现代欧洲以民族国家为单位的政治格局由此成型。三十年战争所导致的分裂使犹太教、基督教、希腊文明、拉丁文明的四合一文化从此失去了同一性，使欧洲从此形成了民族国家各自为政而又相互竞争的局面。

二 作为文化主体的民族国家

现代民族国家的出现，与政治上确立至高无上的主权、经济上形成统一的国内市场，以及领土的固定和完整等，都有着历史的内在关联。也就是说，从民族国家诞生的那一刻起，"主权"问题就"天然地"与它联系在一起，并成为欧洲现代性最为强大的铸造力量之一。而且，主权理念的出现，也集中体现了民族国家的核心特征，正如《帝国》的作者迈克尔·哈特和安东尼奥·奈格里指出的那样，无论现代的主权在哪里生根，它都要建立一个利维坦式的怪物，控制它的社会领域，强加等级制的边界以保护其自身特点的纯粹性，排除所有他者。① 也就是说，从民族国家建立之日起，它就与"暴力"联系在一起，安东尼·吉登斯就此指出："民族国家存在于由其他民族国家所组成的联合体之中，它是统一的一系列制度模式，它对业已划定边界（国界）的领土实施行政垄断，它的统治靠法律以及对内外部暴力工具的直接控制而得以维持。"② 其中，值得强调的是，作为"暴力工具"中较"软"的部分，民族历史、民族语言、国家认同等构成的民族文化主体性，在某种意义上对民族国家的主权建构来说也许是更重要的。

安德森在其《想象的共同体》一书中曾对"民族"作出这样的界定："它是一种想象的政治共同体——并且，它是被想象为本质上有限的，同时也享有主权的共同体。"③ 需要指出的是，这里的"想象"并非指完全的虚构或捏造，而是一种文化的认知方式。因此，作为想象的共同体也包含着寻找精神归属和自我认同的指向。而盖尔纳的《民族与民族主义》则指出："民族和国家一样，同是偶然的产物，不是普遍存在的必要。民族和国家并不存在于所

---

① 迈克尔·哈特、安东尼奥·奈格里：《帝国》序言，江苏人民出版社，2005。
② 安东尼·吉登斯：《民族国家与暴力》，三联书店，1998，第147页。
③ 本尼迪克特·安德森：《想象的共同体——民族主义的起源与散布》，上海世纪出版集团，2005，第6页。

有时期和所有条件下。……民族主义认为，民族和国家注定是连在一起的；哪一个没有对方都是不完整的，都是一场悲剧。但是，在两者结合在一起之前，各自得先出现才行，而且它们的出现是独立的偶然的。"① 由此可见，民族国家和民族主义一样，并小如我们想象的那样自然与永恒，相反，它们都是历史与人为建构的产物。从时间上来看，这些想象的产物"是从种种各自独立的历史力量复杂的'交汇'过程中自发地萃取提炼出来的一个结果；然而，一旦被创造出来，它们就会变得'模式化'，在深浅不一的自觉状态下，它们可以被移植到许多形形色色的社会领域，可以吸纳同样多形形色色的各种政治和意识形态组合，也可以被这些力量吸收"。② 可以说，学者们的研究揭示了民族国家话语的意识形态性质。因此，作为一个历史的人为建构过程和一种意识形态的话语，民族国家观念的形成与出现，与各个民族国家所建构的文化主体意识及其所提供的历史合法性与合理性支撑是分不开的。

追溯欧洲民族国家的历史，我们发现，在民族国家兴起的前后，欧洲不仅面临着政治上的进一步分裂，而且其文明同一性也出现了巨大的变化：欧洲文明日益分际为一种相对清晰的民族国家文化。

换句话说，在民族国家出现并有效地挣脱了基督教会的控制之后，伴随着宗教改革的迅猛开展，教会对欧洲整体性的控制已不复存在，宗教让位于民族意识与国家利益，这使得欧洲文明的同一性出现了松动，并被一种日益强大的民族文化意识所悄然取代。这种变化当然是与民族国家的出现同时进行的，并与民族国家本身的需求直接相关。就需求来说，民族国家不仅有着领土等方面的主权要求，在民族文化与民族意识方面，也必须形成一种能够有效凝聚广大国民的精神力量，形成一种主体性的文化自觉意识与民族国家认

---

① 盖尔纳：《民族与民族主义》，中央编译出版社，2002。
② 参看张旭东《民族国家理论与当代中国》，当代文化研究网 http：//www.culstudies.com。

同，只有这样才能将自己与其他民族区别开来，从而有力地参与跟其他民族国家的竞争。

在此意义上，民族国家是一个特定经济、社会、文化群体政治上的自我理解和自我规定。这种自我理解和自我规定的实现不以单纯的个人和集体意志为转移，而是有着复杂而深刻的历史、社会、文化、心理和政治根源。而且，直观的经验也告诉我们，共同的语言、习俗、伦理规范、历史记忆往往是特定人群致力于建立民族国家，为自己"文化"提供"政治保护伞"的充分条件。这同时也预设了民族主义深刻的、难于充分理性化的历史、文化、心理和感情纠葛，以及潜在的排他性。①

可以说，在民族文化意识与民族国家之间，存在着一个非常内在而密切的历史互动过程：一方面，由共同的语言、习俗、伦理规范、历史记忆等所构成的"民族文化"，为民族国家"自我理解"和"自我规定"的实现，提供了基础的条件与环境，另一方面，民族国家的形成反过来在对民族文化产生极为深刻而全面的型塑作用的同时，也起到了为民族文化本身提供"政治保护伞"的作用。这一"文化政治学"的曲折展开，使民族国家的主权因为民族文化的形成而得到巩固，同时也使民族文化因为"国家"的强力介入和结合而发展成为一种"文化主权意识"——一种区分民族国家的"自我"与"他人"的文化边界感觉，一种回归自我认识与自我确证的文化政治，因此也是一种更为内在、强烈的民族文化自觉意识。

以语言为例，在4、5世纪的罗马帝国版图上，可以发现军事边界与文化、语言边界大体重合的现象：在帝国的西南部，罗曼语系（即拉丁语的地方化和通俗化，包括意大利语、撒丁语、法语、西班牙语、葡萄牙语和罗马尼亚语等）占统治地位，帝国的西北

---

① 张旭东：《民族国家理论与当代中国》，当代文化研究网 http://www.culstudies.com。

角则是日耳曼语系（包括英语、荷兰语和德语）的天下，后来，日耳曼语和拉丁语及其后的法语相互影响，而北部和东部边界的日耳曼语言还保留原来的形态。再往东，在6、7世纪，波罗的海和斯拉夫支派的印欧语民族抵达中欧和巴尔干，形成波兰语、捷克语、斯洛伐克语、塞尔维亚语、克罗地亚语、保加利亚语和俄罗斯语。① 而当基督教统治西欧，各国都皈依了基督教后，法定的官方语言是拉丁语，直到16、17世纪，通行欧洲的著作都是用拉丁文书写的。但尽管如此，与拉丁文同时存在的，是各个民族的"方言"，它们也日益成为统一的民族文化意识萌芽的触媒：在文艺复兴时期，但丁用意大利文写《神曲》，莎士比亚用早期英语创作剧本；在宗教改革时期，路德以德语翻译《圣经》。这从一个层面说明了民族文化意识（具体为对民族语言的自觉运用）的萌芽与民族国家的形成及其主权形式的确立，不说是更早，至少也是一个同步进行的历史进程。

在英国，英语作为官方用语的确立，正是英国民族形成的重要标志之一。1066年，诺曼底公爵威廉征服了英国之后，来自欧洲大陆的诺曼人所讲的法语在相当长的时间里一直充当了英国的官方语言。但与此同时，盎格鲁—撒克逊人所使用的"英语"并没有消失，由于它在普通民众中间有着悠久的使用历史，因此在后来慢慢地由下而上对作为统治阶层的诺曼人产生了语言文化上的影响，后者不仅在听说英语方面不再存在障碍，而且包括教士在内也往往用英语传教。在13世纪的中叶，英语取得了辅助性官方语言的地位，13世纪末英语在官方场合的使用已经相当普遍，并开始成为英格兰民族的象征：为了与法国对抗，1295年，英王爱德华一世在第一次英国议会上专门以语言作为议题，指责法国国王"正试图要将英语从地球上清除掉"，以此来掀起他的臣民反对法国的民

———————————
① 彼得·李伯庚：《欧洲文化史》（上），上海社会科学院出版社，2004，第96～97页。

族感情。由此可见，包括语言在内的民族文化已被有意识地纳入到国家文化政策的整体框架中，并成为民族国家的政治意识形态的重要组成部分。在此过程中，"民族文化"的建构与国家政治之间隐秘的历史关系，也显露无遗。此后英语便在事实上由民族"方言"发展成为英国的官方语言，到了1362年，英国还以法律的手段，明确规定英国所有法庭的辩护和判决都必须使用英语，这或许可看做是英格兰作为一个统一的民族走向成熟的文化标志。另外，根据研究，大约在1300年前后，在英国的文学作品当中，开始出现"英格兰民族"的词语，不久后的1336年，英国官方文件中也首次使用了"英格兰民族"一词，大体说来，到13～14世纪之交，英格兰作为一个统一的民族已经形成。①

类似的情形也在法国发生。1539年，法国国王弗朗西斯一世颁发了维莱尔—苟特海法令，将巴黎使用的法语定为一切行政文书用语，通过教会和学校的教育体系传授法语的语法，从而标志着法语成为法兰西民族统一的官方语言。这一方面使得法国从此政令畅通（17世纪初，路易十三还发行了一份官方报纸，把政府的意见传播到大众中去），国王的权力深入全国；另一方面，语言文字的统一，使全国各地的人形成一种"我们是一家人"的亲和力，从而逐渐发展出"法兰西民族"的自我意识。当然，这种情况并非英法两国所特有，在整个西欧可以说都是如此，如荷兰在1637年规定了荷兰语的"国定本"《圣经》，由于印刷术的迅速推广，也促进了荷兰的语言标准化运动及荷兰语的普遍使用。

在民族语言之外，独特的民族历史、文化记忆、民族习俗等文化传统也在民族国家及其主权形态的建构中处于重要地位。在法国，自从"法兰西的空间"从西欧独立出去以后，入侵与统治法国达五百年之久的法兰克人，与原来居住在这一空间的高卢人实现了历史性的融合，慢慢形成了一个新的法兰西民族，而古希腊罗马

---

① 唐晋主编《大国崛起》，人民出版社，2006，第135～136页。

文明、基督教文明和日耳曼文明的融会贯通，也历史性地形成了法国独特的民族历史记忆、文化传统与价值认同，它们同样对国家主权的建构有着深刻的影响。因为一个语言的共同体、共同的历史起源，以及共同的领土和人民，既是建构"民族"的必需，同时也是建构国家主权的内在要求。正如《帝国》的作者在评价让·博丹对主权理论的贡献时所作出的评价那样："博丹为人们展示出一个新的主权形象，或者说一个新的国家形象，这个国家现实地、历史地创设自己的起源，构建自己的结构。现代国家正是从这种转变中崛起，也只有在这种转变中它才能继续发展。这是一个理论耦合点，正是在这一点上，现代主权理论同地域主权经验结为了一体，并完善了后者。"博丹在书中还探讨了当时欧洲各地进行着的宗教战争，他的著作不仅为现代主权概念的出现作出了贡献，同时也天才地预见了主权日后以民族形式的发展趋势。①

对于欧洲各民族国家的历史文化记忆而言，战争无疑构成了其中极为重要的方面。如英国和法国在 1337 ~ 1453 年进行的"百年战争"，其本身的长期性既历史性地使两国完成了向现代民族国家的转变，也哺育了两国强烈的民族差异意识，这种民族差异意识既是文化主权意识中"自我认识"和"自我确证"的起因，也是其结果。对于英国来说，英格兰和苏格兰在联合后之所以能够形成"大不列颠人"的民族意识，与他们将法国塑造成为一个外在的"他者"以凝聚和强化"我族意识"紧密相关，这种意识因与法国的长期战争与对抗而得以强化。对于法国来说，由于法国西部曾长期处于英格兰的统治之下，法国国王利用民众反对英格兰统治者的情绪，培植民族意识，鼓动法兰西各地的领主和民众在爱国的号召和国王的领导下团结起来，驱逐英格兰"入侵者"。而在战争中出现的女英雄贞德，则是法国民族主义形成的一个象征：因为贞德的

① 迈克尔·哈特、安东尼奥·奈格里：《帝国》，江苏人民出版社，2005，第119 ~ 120 页。

出现，法国在战争中的不利局势得到了扭转，而她最后却因为法国内奸的出卖而被英国烧死，更是激起了法国人强烈的民族情绪，贞德也因此成为法国民族意识和民族精神的象征性符号。可以说，这一段独特的民族历史文化记忆，成为法国凝聚广大国民的历史力量和法国民族认同在更深层次的表征。

因此，假如说一个民族国家的文化主体或文化主权意识的建构从根本上说源于它的自我认识与自我确证，那么这种自我认识与自我确证过程，也是建立在"自我"与"他者"之间的对比与差异性理解之上的。在欧洲的民族国家兴起之后，民族文化上的区别意识（文化自觉），既体现为各不相同的民族语言，也体现为各个民族国家独特的形成历史，以及各具特色的民族性格、习俗等文化内容。

就欧洲的基督教来说，自从罗马帝国分裂之后，天主教与东正教便分别在西欧与东欧划分了各自的势力范围，这从一个方面形成了欧洲两大地区在宗教上的"民族化"特征。而开始于16世纪的宗教改革，则又导致了天主教与新教的分裂，这一时期宗教的民族化特征更为明显。如教义的民族化倾向，在马丁·路德改革初期就已得到充分的体现，他在改革时所使用的《圣经》，并不是拉丁文的版本，而是已被他翻译成德文。宗教改革自德国扩展到其他地区后，教义的民族化色彩更是突出：在德国，新教以路德宗为代表；在法国，新教以胡格诺宗为代表；在瑞士，是以加尔文宗为代表；在英国，伊丽莎白一世为了在宗教改革中避免卷入欧洲的宗教意识形态冲突，选择了一条中间路线，确立安立甘宗为国教，恢复了介于天主教和新教之间的英国国教体系，这一国教信仰也因此成为英国人区别于其他欧洲人的特有标志。而自从1648年《威斯特伐利亚和约》确立了每个欧洲国家可以自由选择官方宗教的权利原则（教随国定）之后，它也为民族国家内部的宗教统一奠定了基础。

当然，民族国家意识的培养，肯定是离不开教育体系的，正如我们在世界教育史上看到的那样。法国的费里法开辟了义务及免费教育的先河，它有效地以民族语言进行了扫盲运动，加上印刷术的发明和传播，使用民族语言写下的有价值的文学、历史和哲学著作也流传开来，由此确立了国民对民族历史、语言的崇拜，使之成为承载民族国家意识和文化上的自我意识的摇篮。

可以说，从欧洲文明的同一性到民族文化的转化过程，既是民族国家在欧洲得以形成的过程，同时也是欧洲民族国家的文化自觉意识或国家文化主权确立的过程。这一过程预示着作为文化主体的民族国家观念的出现，它在现代国家体系形成之后便成为国家主权的集中体现形式。从此以后，在"欧洲人"之外，"英国人"、"法国人"、"西班牙人"等身份意识和文化认同便进一步得以浮现，它们一并汇入欧洲未来更为丰富也更为复杂的历史洪流中。

三　文化主权与大国竞争

15 世纪以来，欧洲民族国家（主权国家）开始了彼此竞争和向外扩张的历史。在此过程中，在世界范围内崛起了九个大国，除了北美洲的美国、亚洲的日本，其余七个大国均分布在欧洲，它们分别是葡萄牙、西班牙、荷兰、英国、法国、德国和俄罗斯。[①]

近年来，大国崛起现象正引起人们越来越多的重视，对其中奥秘的探究也日益成为人们的关注焦点之一。大体说来，大国崛起是与世界的现代化进程同步展开的，其中隐含了人类文明在此过程中异常复杂的现代经验。这些经验包括资本主义的发展、工业革命、海外殖民扩张、世界贸易体系的变动、现代政治经济与社会制度的建立、现代科学技术革命的进展等。另一方面，大国崛起从根本上来说，是以民族国家为单位并在世界现代国家体系中形成的。因此，考察这一现象的根本在于探究民族国家的现代进程的内在轨迹。其中，有必要指出的一点是，文化主权在大国兴衰中的地位，似乎并没有得到应有的注意。

假如说，主权不仅仅是一个外交词汇，它不只是国家领土完

①　参看唐晋主编《大国崛起》，人民出版社，2006。

整、领事裁判权等国际法意义上的主权，而是政治哲学和文化认同意义上的主权，即主体性的最高的自我认识和自我确证，[①] 那么这种对主权的新的理解与认识，便超越了传统的国家主权理论，进入到文化政治学的历史与理论范畴。而身处这一范畴之中的文化主权，它所代表的最高意义的文化自觉意识或主体意识，在民族国家的现代发展和大国崛起的过程中所处的地位和发挥的作用，将会以新的面目进入我们的视野。

正如我们所看到的那样，欧洲民族国家的发展过程，也是欧洲文明的同一性被民族文化主体意识"挣脱"的过程。当然，在此过程中，我们往往也会见到民族国家的"非文化主义"的展开路线：民族国家的政治边界经常无视传统的民族文化边界，在其内部除了主要的民族还包含了不少的少数民族（如英国），单一的民族国家并不"纯净"；而一种民族文化（如德意志民族文化）也可能被不同的独立国家（如德国、奥地利和瑞士）所分割。这也许意味着，对于民族国家来说，它的基本理念其实更多地起源于其具体的历史展开过程和现代经验，如关乎领土、经济、政治权力等"非文化"国家利益的争夺，往往成为民族国家更为现实也更为基本的发展动力。但这并不意味着，由民族历史、文化记忆、民俗习惯、价值观念、身份认同等内容构成的文化主权意识，在民族国家的形成中所发挥的作用不重要。恰恰相反，文化主权意识不仅成为民族国家、民族主义建构的内在力量，同时也在国家竞争、大国兴衰中发挥重要影响。

一方面，文化主权意识对民族国家的形成有极大的促进作用；另一方面，民族国家反过来也对它产生巨大的型塑作用和深刻影响，这两者的互动与结合，在加强内部的凝聚力的同时，也使西欧的民族国家不断实现对外的竞争与扩张。这种对外扩张及政治实体之间的互动过程，同时也是"主权"之所以成为国际政治核心的

---

① 张旭东：《全球化时代的文化认同》，北京大学出版社，2005，第 92 页。

最为重要的历史条件，《帝国》的作者就此指出："说现代主权是个欧洲概念，是因为这一概念主要是在欧洲同现代性一道协同发展起来的。在构造欧洲中心论的过程中，这个概念起到了基石的作用。然而，尽管现代主权概念诞生于欧洲，它在很大程度上是在欧洲与欧洲以外世界的交往中发展起来的，尤其是在欧洲的殖民过程和殖民地人民的反抗中。因此，现代主权概念实际上是作为欧洲以内和欧洲以外的欧洲反动和欧洲支配的概念出现的，它们是同一发展阶段的两个相互交叉、相互补充的侧面。这一发展阶段就是：统治欧洲，主宰世界。"①

就此而言，主权绝不仅仅是个可进行理论分析的静止概念，而是一个在交往和对抗中产生的、充满动能的现代世界历史范畴，这点对于文化主权来说也同样如此。从18世纪开始，欧洲各国统治集团为了加强内部团结，进行对外竞争，乃至实现霸权式的殖民扩张，开始鼓吹民族国家和民族文化意识，强调国家主权的文化根源，并把它当作一种国家文化政策来予以整体推行。根据安德森的分析，这种国家文化政策可以归入"官方民族主义"的范畴之中，它不仅在一些王朝统治的帝国中出现，而且同样也是英国、法国、德国、西班牙等民族国家极力推行的文化政策。各国都从"国家"的角度和观点来重新整理、书写自己的历史，民族国家被当作一个独特的统一的并有自身传统的共同体，它们着力宣传、凸显一种民族英雄主义的历史观，用各种随处可见的纪念碑来歌颂民族的伟大，用文学来宣扬民族的理想，用音乐来激起民族的骄傲……文化民族主义在相当长的时间里成为国家主权的坚实基石和组成部分，成为国家竞争和建立霸权的有效工具。②

在西欧近代的政治版图中，由于英国和法国较早地建立了现代

① 迈克尔·哈特、安东尼奥·奈格里：《帝国》，江苏人民出版社，2005，第88～89页。

② 本尼迪克特·安德森：《想象的共同体——民族主义的起源与散布》，上海世纪出版集团，2005，第83页。

民族国家，拥有强大的中央专制王权，其资本主义经济也因此得到快速的发展，成为西欧在政治、经济上最具影响力的大国。与此同时，两国也逐渐形成统一的民族文化意识和极大的文化自信，它们在两国成为欧洲强国的过程中所起的作用，可以说是与其经济和政治实力同等重要的。

英国在发展成为民族国家后，也逐渐建立了崭新的民主制度（君主立宪的议会政治），它既是资本主义发展的政治结果，也反过来进一步加快了英国现代化的进程。而在经历工业革命、科学革命以及海外殖民扩张之后，大英帝国在18、19世纪实现了全球霸权，到达了它发展的顶峰。随着英国政治、经济的发展与扩张，包括其政治制度在内的英国文化也越来越成为英国的国家软实力，它不仅对欧洲大陆产生了巨大的影响，而且也实现了在全世界（尤其是在其广袤的殖民地）的扩散，这一过程也可看做是英国文化主权的向外拓展过程：来自英国的语言、价值观念、生活方式、文学艺术，甚至科学技术，都随着英国在国际舞台上日益扩大的影响，渗透到每一个大英帝国的势力所能抵达的空间。而在欧洲大陆，英国人亚当·斯密的自由主义经济理论，尤其是其自由贸易的观点深入人心，而英国的经验主义哲学传统，既形成了英国哲学思想的内在特色，也在欧洲思想传统中独树一帜；在文学领域，莎士比亚的戏剧代表了欧洲近代文学的高峰。在北美，英语文化成为最初的十三个殖民地和新成立的美国的主流文化；在亚洲的印度等殖民地，英国通过发展殖民教育，培养了本土的英语精英阶层，英语成为当地的官方语言，文化殖民在此意义上成了英国文化主权自觉不自觉的海外扩张的"工具性成果"。这一切都从各个方面铸造了英国人的民族自豪感和文化自信力，极大地提升了英国国家软实力在世界的地位，在使"维多利亚文化"具有全球性影响力的同时，也历史性地促成了英国扩张性的民族主义的形成。众所周知，文化民族主义不仅是协调国家内部关系的意识形态工具，而且也是英国实现政治扩张的重要支柱。

与英国致力于海外扩张有些不同的是，法国人似乎对在欧洲大陆称霸更感兴趣（这也许部分地解释了法国在海外殖民地争夺中总是落后于英国的原因）。这种称霸表现在两个方面，一个是经济、军事上的，一个是文化上的。路易十四以来的法国之所以能够在欧洲实现霸权，不仅在于其强大的人口、农业和军事力量，而且在于法国文化及其中的价值道德观念在欧洲树立了一种"文明的标准"，这一标准也是"国家软实力"的象征。按照法国19世纪著名作家龚古尔兄弟的说法，"（那个法兰西）是如此之以其声誉为荣，如此之充满了优雅和一种稀世的美妙——那个18世纪文质彬彬的法兰西——以至于它变成了一个社交的世界，影响了全欧洲，成为一切民族的一所礼仪学校，成为社会风尚的准则，直到1789年"。为了发展其"民族"文化，法国把散文作家、剧作家、历史学家、建筑师、音乐家、画家纳入到一种有组织的文化官僚体制中。1635年，法国路易十三时期的首相黎塞留创立了法兰西学院，旨在吸纳法国文学和思想界泰斗加入，以保卫和弘扬法兰西语言和文化。法兰西学院的主要职责，一是编纂标准化的权威的法语辞典，对作为国家语言的法语的词汇和语法进行官方的规范；二是通过颁发一些道德及文学奖（如"法兰西小说大奖"），来表彰和弘扬法兰西民族的道德和文化典范；三是网罗、凝聚法国民族最杰出的人才，实行终身制的40名院士，其称号不仅是个人的极大荣誉，同时也成为法兰西文化的最高象征——拉辛、孟德斯鸠、夏多布里昂、雨果、拉马丁、梅里美、小仲马等先后获此殊荣，成为其中的"不朽者"。除了"法兰西学院"这样的国家机构，各种图书馆、博物馆等文化机构的大量设立，也使法国加强了对文化的控制，使文化实现了"国家化"和"民族主义化"。而自启蒙运动和法国大革命以来，来自法国的数目繁多的思想家、艺术家，来自法国的理性主义思想及大革命所传达的自由、平等、博爱等现代理念，使法国文化思想具有了一种普世主义的文明品格，成为一种人们共同追求的价值准则。因此可以说，法国之所以能在欧洲大陆维持长期霸权，除了其政治、经济、军事实力，文化主权的维护及其所代表的强大的文化软实力也是主要的原因。而法语在 18 世纪成为欧洲的"国际化"语言，欧洲上层社会以法语作为社交语言，则既是法国作为"文明标准"的体现，也是法国文化主权与文化软实力强大的象征。

以此来反观葡萄牙、西班牙、荷兰这样的曾经迅速崛起也很快衰落的国家，它们的衰落也许有很多原因，如葡萄牙的人口太少，西班牙通过海外殖民扩张所积累的巨大财富大多用在享乐和消费上，而不注重财富的积累并用于工业生产，荷兰过于依赖海外经济贸易等，但综观这些国家的衰落过程，它们不能形成强大的国家文化主权显然也是一个重要因素。

作为另外一个范例，对于文化主权与大国兴衰的关系，演绎得最为曲折的无疑是德国。作为欧洲最古老的民族日耳曼人的子孙，德意志人一直有一种"大日耳曼"情结，这种情结开始于西罗马帝国崩溃后日耳曼人对西欧长期的全面统治。然而，作为一个"游荡"民族，日耳曼人在欧洲不断的迁徙过程中，又分裂为一个个散布在不同地区的新的民族。在查理曼帝国崩溃之后，德意志民族继承了日耳曼的"纯正"传统，建立了神圣罗马帝国。尽管神圣罗马帝国在欧洲历史上只是虚浮地存在了近一千年的时间，但它在维系德意志民族的历史传统与文化记忆方面，无疑起了极大的作用。但同时，由于缺乏强大的中央集权，德意志民族长期处于分裂状态。在三十年战争后，尤其是在拿破仑在 1806 年摧毁神圣罗马帝国后，德意志分裂为 314 个邦和 1475 个骑士庄园领，即 1789 个拥有独立权力的政权同时存在。这也是德国没有像英国、法国那样在近代开始就建立民族国家的根本原因。然而，改变"只有民族、没有国家"状况，成立一个统一的民族国家一直是德意志民族的历史夙愿。当歌德说"德意志啊，你的祖国在哪里"时，他的设想是，各个地区的日耳曼人既可保留自己的文化、艺术、音乐、哲学，但又处于同一个民族国家之内。可以说，与英国、法国不同的是，德国的特殊性恰恰就在于，在民族国家形成之前，就已经存在强大的文化主权意识了，而且正是这种贯穿了日耳曼民族精神史的文化主权意识，进一步强化了德国统一的民族愿望，并促使德国在19世纪70年代最终实现了统一。

长期以来，在西欧的内部，相对于先进发达的英国、法国，德国无疑是个落后的后发展国家，从而在无形中成了英、法两国在东方的"他者"。德国的落后不仅在于政治制度和经济发展水平，也在于国家文化。在尼采看来，尽管德意志在历史上曾出现了马丁·路德、康德、黑格尔、歌德、贝多芬、开普勒等享誉世界的哲学泰斗、文学大师、艺术奇才和科学巨匠，但德国文化的总体依然是落后的。这种落后在普法战争时得到了集中的体现：普法战争摧毁了拿破仑三世的第二帝国，德意志最终实现统一，但就在德国大军打败了宿敌法国，作为胜利者走在巴黎的大街时，才发现这是他们第一次看到精致的、有文化风格的世界，而自己以前原来是生活在简朴、粗鲁、落后的文化环境中。尼采批评说，即便是德国那些有知识的阶层，也是一群"有教养的市侩"，因为他们只是模仿者和抄袭者，而没有自己真正的价值立场和文化品格。与法国的那种充满政治热情和想象力的文化相比，德国文化非但没有具备其发达的文化形式、风格与世界主义情怀，更毋宁说只是在一种狭隘的民族主义心态下的模糊的所谓"德国精神"。因此，尼采认为，德国在普法战争中战胜了法国，实现了统一，经济和政治地位在欧洲迅速提高，但在文化上依然是个学生，而法国则是榜样。作为西方内部的"他者"，德国要让法国人和英国人接受真正的德国文化，就必须摆脱英法的阴影，形成一种自立和自足的文化形态，在文化和价值上形成对以英法为代表的现代性普遍形式的超越，完成一种"永恒的回归"——任何一种伟大的文化，任何一个完整的价值体系，任何一个真正的主体，其真正的追求都不是要变成他人，不是模仿他人，而必定是不断地朝自身回归。①

———————

① 张旭东：《全球化时代的文化认同》，北京大学出版社，2005，第34~37页。

这种回归无疑是在文化主权意义上的回归。事实上，在德国兴起的浪漫主义狂飙运动，以民族性和民族特性的"文化"名义去抗衡以法国"文明"为代表的启蒙思想和世界主义，与法国启蒙思想家的普世情怀（普遍性）相比，德国的浪漫主义则在天马行空中发现了个别（特殊性），这一"对个别的发现"，其实也标志着德意志民族文化主权意识在"不断地朝自身回归"中的重新觉醒和最终形成。实现统一后的德国，很快在经济上"赶超英法"，成为欧洲乃至世界的一个大国，在其强大的政治、经济和军事之外，德国文化也迅速成为欧洲继英国、法国之后的第三股文化势力。统一的文化政治意识不仅从内部铸就了德意志的崛起，而且正是依靠这种蓬勃向上、极具活力的文化，德国以其独特而完整的价值体系和文化主体性力量，参与了世界新的"对普遍文化的界定"。当然，在此过程中，对民族文化特性的过分强调，也使德国的民族沙文主义（种族主义）获得了丰富的土壤，加上德意志在政治上的不成熟（韦伯语）、社会达尔文主义"适者生存、优胜劣汰"的强者逻辑，德国成为霸权主义和纳粹主义发展的温床，它所发起的两次世界大战不仅对德国，也对世界造成了极大的破坏与伤害。尽管如此，就德国作为大国的兴衰而言，民族文化主权意识不仅从内部支撑了德国作为一个大国的崛起，而且在一战和二战两次毁灭性的打击之后，依然能像不死鸟一样，奇迹般在灰烬中获得重生。

第三节　文化主权与欧洲一体化

一　一体化：欧洲的千年梦想及其实现

15 世纪以来，欧洲逐渐建立起其在世界中的主导地位。尽管美国在 19 世纪的崛起使欧洲受到了强有力的挑战，但欧洲至少在第一次世界大战之前的相当长时间里，依然保留着它在国际事务中的传统主导权。

毫无疑问，从第一次世界大战的爆发开始，这一切都发生了改变。战争结束后，刚刚崛起不久的德国受到了极大的削弱，传统强国法国尽管战后在形式上实现了对德国的战略包围和遏制，但称霸欧洲大陆早已力不从心。更重要的是，以法国为首的战后政治势力对德国的压制让德国人又一次感到了巨大的民族耻辱，他们很自然地想起一百年前拿破仑给德意志民族带来的伤害，这种耻辱感加速了德国民族主义的强力反弹，成为德国发动二战的一个主要历史根源。英国自19世纪后半期以来，实力便先后被美国和德国超越，一战后只能盼望传统的欧洲均衡局面能够延续下去。除了德意志帝国，奥匈帝国也瓦解了，东欧成为新的民族国家出现和混乱的舞台。至于意大利，它在统一以后，似乎没有什么惊天动地的作为。俄国自从成为欧洲的一分子之后，一战对它的影响是颠覆式的：它在战后变成了社会主义苏联。

这仅是欧洲衰落的开始。见证欧洲的最终崩溃的，是第二次世界大战的爆发和结束。与一战一样，二战更深刻地消耗了欧洲各国的威望与能量。这种衰落不仅表现为自身实力的急剧下降，也不仅表现为西欧列强海外殖民体系的彻底崩溃，更核心的体现在于：欧洲不再能主宰自己的命运。在战后，美国与苏联这两个超级大国完全主宰了欧洲：西欧处于美国的控制之下，东欧则完全听命于苏联。作为其中的一个标志，德国被肢解为东、西两部分，连首都柏林也因此分裂为两个颜色不同的城市。

但不无奇怪的是，处于美国控制之下的西欧，却在冷战的环境中，开始走出一条走向一体化的道路。

一体化或欧洲统一的想法，当然不是从这时开始。了解欧洲历史的人都知道，这其实是欧洲的千年梦想。这一梦想的思想文化基础来自基督教。直到15世纪，基督教是欧洲唯一的宗教，罗马教会作为超越国家的组织，通过宗教建立起共同的价值体系、文化意识，通过主流知识界影响普通民众。从10世纪到15世纪，由于十字军观念的反复宣传，人们形成了基督教世界和穆斯林世界对抗的观念，把欧洲和基督教看做一体，从而也把欧洲看做一个统一的文明。

然而正如我们已经看到的那样，欧洲统一的千年梦想最初起源于罗马帝国，但也梦断于罗马帝国的消亡，自此以后，欧洲变成了一个不断分裂的世界。但欧洲统一的观念却一直埋藏在欧洲人的心底，且一有机会就流露出来，在不同历史阶段表现出或不同或相似的面貌。

西罗马帝国灭亡之后，在公元 9 世纪初，"伟大"的查理曼大帝统一了日耳曼民族所占领的地方：东到易北河和多瑙河，南至比利牛斯山和意大利，西起大西洋，北至北海，包括今日法国、比利时、瑞士与荷兰南部，德国中西部、意大利北部和西班牙北部，建立了庞大的政治实体——查理曼帝国，这可以说是欧洲统一梦想的第一次复兴。但查理曼帝国很快就因查理曼大帝的去世而分崩离析了，他的三个孙子瓜分了帝国，并分别掌管了今天的德意志、法兰西与意大利地区。

欧洲统一梦想的第二次复兴是德意志神圣罗马帝国的成立，它取代了查理曼帝国，并延续了统一欧洲的理想。公元 962 年，如同公元 800 年对待查理曼大帝一样，教皇在罗马圣彼得大教堂为德意志萨克森王朝的第二任国王奥托一世加冕，并授予他"罗马皇帝"称号，这就是德意志神圣罗马帝国的开始。奥托一世不仅使德意志王国罩上了罗马帝国的神圣光环，而且由于加强了帝国与教皇的关系，在欧洲显赫一时。神圣罗马帝国统一欧洲的梦想在查理五世（1500～1558）的身上得到了集中的体现：征服基督教世界，用他的威势保护基督教国家，反对伊斯兰教徒和新教教徒。但神圣罗马帝国对欧洲的影响只是局部的，它最终被拿破仑席卷欧洲的战争所摧毁。

从 17 世纪开始，欧洲统一的梦想轮到法国人来实践了。先是路易十四和路易十六实现了在欧洲的霸权，但欧洲均衡的传统逻辑依然制约着法国的进一步扩张。而到了拿破仑的第一帝国崛起之后，拿破仑不仅运用军事力量，还通过颁布《拿破仑法典》等改革措施来实现欧洲的统一。尽管其军事行动成为散布欧洲民族主义的温床，激起了欧洲各国的普遍反抗，但他以武力统一欧洲大陆的梦想，差一点就得到了实现——假如不是入侵俄国失败的话。

众所周知，以武力来征服欧洲，最后一位尝试者是希特勒。希特勒建立"德意志第三帝国"并发动第二次世界大战，自然有当时各种具体的原因（如法国与德国的宿怨），但统一欧洲的历史愿望，以及长期存于德国的"大日耳曼主义"也许是更为深刻也更为内在的原因。但希特勒也失败了，而且败得更惨——其失败的转折点同样来自那个击败拿破仑的国家，只不过这时它已不叫俄国，而叫做苏联。

以暴力来实现欧洲的统一都无一例外地失败了。这一历史经验对二战后的欧洲一体化运动产生了深远的影响。一方面，基于文化的同源感，"欧洲"一直都是欧洲人认同的一个主要实体——他们在认同自己的民族国家的同时，也同样强调自己的"欧洲人"身份。另一方面，既然武力或政治的争斗都无益于欧洲的统一，那么政治的和解与经济上的合作也许是个不错的突破口。尤其是当欧洲成为冷战的工具，而使欧洲人有了一种"命运的共同体"意识时，情况就更是如此。

对于长期都是世界霸主的欧洲来说，之所以产生一种"命运共同体"的悲剧意识，是因为历史的主动权似乎第一次没有掌握在欧洲人自己的手里。或者说，自成功抵御东方的入侵和消除伊斯兰的威胁之后，一直习惯于成为历史主体的欧洲，在二战后，却日益感觉到自己被边缘化为一种历史客体。而且，欧洲当时所面临的危险以及由此而带来的恐惧也是前所未有的：苏联的存在以及冷战所带来的核威慑，使欧洲受到了灭绝主义和极权主义的威胁。面对这种威胁，衰落的欧洲各国已经无力来进行有效的抵御，只有依靠超级大国美国来充当西欧的保护国，或者欧洲只有联合起来统一行动,才能避免可怕后果的发生。

首先采取的做法是彻底根除纳粹德国的影响,消除希特勒主义、大日耳曼主义和帝国主义的遗毒。为此,将德国整合进欧洲,显然是个有效的办法。其次,消除导致分裂、纷争甚至世界大战的欧洲内部的"大国争端",尤其是法国与德国的争端,是达到欧洲联合的重要步骤。于是,当法国和德国达成历史性的和解之后,经过多方的努力,第一个欧洲联合体的雏形便诞生了。1948 年,海牙欧洲大会召开,发起了一个"欧洲运动";1949 年,欧洲议会成立;1951 年欧洲煤钢联盟(CECA)成立;1957 年法国、联邦德国、意大利、荷兰、比利时和卢森堡六国在罗马签订了《建立欧洲经济共同体条约》和《欧洲原子能共同体条约》,1958 年 1 月 1日条约生效……

全面描述欧洲在战后的一体化进程显然不是我们的目的和任务,但从如上所列可以看到,刚开始时,欧洲的联合显然是非常有限的,其中的原因自然很复杂,但如何处理欧洲统一组织和传统的民族国家(尤其是大国)的主权的关系,始终是欧洲能否真正走向一体化的核心难题,因为一体化是以国家主权的(部分)让渡为前提的。1954 年,法国拒绝成立欧洲统一部队的建议,拒绝放弃一切国家主权而使欧洲联合防务体系失败就是其中的典型范例。于是,一切都退缩到经济层面来重新开始。尤其是随着两德统一、东欧剧变、苏联解体和冷战结束,欧洲的一体化进程明显得到加快,并不断取得新的实质性的进展。

1991 年 12 月 11 日,欧共体马斯特里赫特首脑会议通过了以建立欧洲经济货币联盟和欧洲政治联盟为目标的《欧洲联盟条约》;1995 年 3 月 26 日,对各类人员取消边界检查的《申根协定》在法国、德国、荷兰、比利时、卢森堡、西班牙、葡萄牙 7 国间正式生效,目前,《申根协定》的范围已扩大至 15 个欧洲国家;2000 年 12 月 7 ~ 11 日,欧盟在法国尼斯举行首脑会议,通过了旨在改革欧盟机构、为欧盟东扩铺平道路的《尼斯条约》草案;

2002 年 1 月 1 日，欧元正式流通，3 月 1 日，欧元成为欧元区国家唯一法定货币。

2004 年 10 月 29 日，欧盟 25 国首脑在意大利签署了《欧盟宪法条约》。其主要内容是：在成员国领导人中选举产生欧洲理事会常任主席，并与现有的欧盟委员会主席共同领导欧盟的各项工作；取消目前实行的欧盟轮值主席国制度；设立欧盟外交部长一职，在欧洲理事会的授权下，负责制定并实施欧盟外交政策；欧盟委员会委员按照轮流制度由各成员国派代表担任；保留"欧洲联盟"的名称，确定欧盟为具有法人资格的政治、经济和社会实体；起草具有法律效力的公民基本权利宪章等。尽管这部"欧洲宪法"至今还没有获得欧盟各国人民的一致通过，甚至最后为新的条约所取代，但其基本精神和框架，却对欧洲走向更深层次的统一有着深刻的影响。

目前，经过六次扩大，欧盟成员国已增至 27 个，分别为：法国、德国、意大利、荷兰、比利时、卢森堡、英国、丹麦、爱尔兰、希腊、葡萄牙、西班牙、奥地利、芬兰、瑞典、塞浦路斯、捷克、爱沙尼亚、匈牙利、拉脱维亚、立陶宛、马耳他、波兰、斯洛伐克、斯洛文尼亚、保加利亚、罗马尼亚。2005 年 10 月，欧盟启动与土耳其和克罗地亚的入盟谈判。可以说，从 1957 年成立欧洲共同体到 2007 年欧盟的 50 年纪念，经过多年的发展，欧洲一体化已经从当初的经济层面，深入到政治、军事、社会等广阔领域，它既影响了欧洲内部的方方面面，同时也对世界产生了极为深刻而广泛的影响，欧洲因此成为今天这个全球化时代最为成功的一体化区域。

二 文化主权与欧洲一体化

在涉及欧洲一体化的历史背景和基础这样的问题时，"文化的统一性"往往被当作欧洲一体化的基础，而不是其中的一个问题，这显然是可以理解的。正如布罗代尔在写于 20 世纪 60 年代的《文明史纲》中所说的那样："在建立欧洲统一问题上，文化会立即答应，经济差不多答应，相反，政治却有所保留。"在他看来，政治的统一至少在当时是临时性的，因为那时还看不出"欧洲平衡"这个古老的手法是否能被欧洲所放弃，欧洲国家的政府能否做出牺牲其部分神圣主权的让步，所以说它"有所保留"；在经济上，由于欧洲很早就形成了相互依赖的紧密关系，出现了几乎相同的经济循环节奏，所以经济上的统一是坚实的，但又由于发达的西欧和落后的东欧在经济发展上的水平差异，决定了经济只能是"差不多答应"；为什么说文化会"立即答应"，这是因为他认为无论是艺术、哲学，还是自然科学和社会科学，欧洲文化都达到了一种"光辉的统一"的地步。[①]

但我们的问题是，布罗代尔这里所说的欧洲"文化"（此处的"文化"与"文明"的意蕴重叠）的统一性真的是个不证自明的历史存在吗？它在多大程度上可以作为欧洲一体化的一种前提或基础？

在中世纪民族国家还未出现时，基督教作为一种普世力量在欧洲盛行，它通过基督教会把一个政治分裂的欧洲连接成为一个统一的基督教世界。正如恩格斯所指出的那样："它把整个封建的西欧联合为一个大的政治体系。"在基督教普世主义的支配下，每个人只是作为基督教徒而存在，人民看待一切事物不是从他们的民族或国家出发，而是从基督教出发区分为基督教徒和异教徒，而不是区分为德意志人、法兰西人或意大利人。"人们首先认为自己是基督教徒，其次是某一地区如勃艮第或康沃尔的居民，只是最后——如果实在要说的话——才是法兰西人或英吉利人。"[②] 而在历史上，由于基督教与伊斯兰教长期的对峙，强大的穆斯林势力将基督教世界局限于欧洲，这都使西方人对基督教的忠诚和认同，会自然地转

---

① 参看费尔南·布罗代尔《文明史纲》之第十九章"欧洲的统一"，广西师范大学出版社，2003。

② 姜鹏：《民族主义与民族、民族国家》，《欧洲》2000年第3期。转引自贾英健《全球化背景下的民族国家研究》，中国社会科学出版社，2005，第51~52页。

化为对欧洲的认同。

其中，由于教会在当时的欧洲除了具有宗教本身的功能之外，它也肩负起诸如教育、医疗、赈灾、收养孤儿和赡养老人等社会事务。尤其是教育方面，宫廷、修道院以及教堂的学校成为欧洲的一个个文化中心，由此形成了整体性的基督教文化。教育的课程除了浓重的神学色彩，也加入了有关艺术、哲学和科学的内容，由此而逐渐出现了"欧洲文化"的萌芽。在欧洲的教会知识分子的著述当中，我们可以看到他们往往按照罗马教会希望的宗教世界和政治世界合一的视角来看欧洲，指望形成统一的基督教文化，作为教会掌握权力的基础。

但这样的愿望显然没有得到完全的实现。因为事实上，所谓的"同一的欧洲文化"只是一种上层的主流文化（文明），其"普遍性"并不能掩盖欧洲各个国家、地区民间文化的差异。尤其是在民族国家出现以后，各国的民族文化价值观念也间离、分际了欧洲文化（文明）的整体感，基督教世界因为不同的政治实体和各自的文化存在而分裂。这一历史后果表现在文化政治认同上，便是对欧洲的认同开始转换为对欧洲和民族国家的双重认同。一方面，长期以来，由于共享一个同一性的主流文明，欧洲人都有"我们都是欧洲人"的自我意识和普遍观念，以之区别欧洲人和非欧洲人；另一方面，由于"同源异流"，欧洲人同时也具有一种浓烈的民族意识，这个同样不含糊。因此，欧洲的统一体现了"一"和"多"的辩证关系：它有着共同的文化起源，但这个文化起源发展下来又是分流的，有着各个民族的特点。这点在欧洲统一货币"欧元"上也得到了体现：正面是统一的图案，背面是具有民族特点的图案，因此欧洲的统一是"在一致当中的多元，在多元当中的一致"。[①]

但悖论依然存在。一体化的前提是完成对民族国家的超越，但问题恰恰是：欧洲的统一进程能最终超越民族国家形态吗？尤其是

---

① 陈乐民：《欧洲文明十五讲》，北京大学出版社，2004，第 223～225 页。

能否超越作为民族国家的根基之一的文化主权意识？

　　民族作为共同语言、共同文化和共同历史的集体，它在自身长期的充满痛苦、欢乐、失败、胜利、光荣与梦想的历史中，形成了共同的集体记忆、文化心理、价值取向，有着自己的英雄崇拜，这些所凝结的民族精神或民族灵魂，如何在欧洲统一的"规划"中安放？特别是当欧洲的历史共同记忆是分裂和战争时，面向未来的欧洲统一认同，居然是建立在如下这样一个难以解决的悖论之上的：正是造成文化多样性的分裂和冲突成了欧洲统一的建设性因素。换句话说，欧洲的认同和共同点是从分裂和冲突中来的，而民族国家正是制造这一分裂和冲突的恶咒，因此统一的程度表现在对以国家主权高于一切、拒绝一切凌驾在国家之上的机制的态度上。① 也就是说，能否让渡国家主权及让渡多少国家主权是可以接受的，决定了欧洲一体化的进程。事实上，1954 年法国国民议会投票否决《欧洲防卫共同体条约》，2005 年《欧洲宪法条约》分别在法国和荷兰被公投否决而使欧洲统一进程受挫，就说明了这一问题的核心地位。

　　这也许就是欧洲一体化进程最为矛盾的地方：一体化是在保留民族国家基础上的一体化。这意味着，既要完成对民族国家的相对超越，也要为民族国家的某些核心因素留下一定的空间，尽管"民族国家"的历史并不悠久，它甚至是一个"被造出来的传统"，其根基事实上并不牢固。

　　在我们看来，假如说文明的同源性构成了欧洲统一的基础，那么在某种意义上由同一性文明歧出的民族国家文化主权问题，最终可能成为欧洲实现最高形式统一的内在"障碍"。因为既然欧盟不能完全超越民族国家，而民族国家的背后所隐藏的是更古老的地区文化特性问题，那么，文化主权问题也如同经济主权、政治主权一样，是不可能完全让渡和被"一体化"的。甚至可以预测，就诸

---

① 埃德加·莫兰：《反思欧洲》，三联书店，2005，第 101～102 页。

如民族语言、价值观念、族群认同、文化多样性等关乎"自我认识与自我确证的最高决断"的文化主权问题而言，欧洲统一遇到的最大阻力可能恰好来自这些方面。事实上，2005年荷兰之所以否决《欧洲宪法条约》，就是因为有些荷兰人担心，宪法条约将催生一个凌驾在荷兰头上的"婆婆"，甚至影响荷兰在许多问题上（如支持安乐死）的"自由派做法"。①

为此，重申前面提到的法国著名思想家埃德加·莫兰对"文明"与"文化"不同含义的区分，也许是必要的。在他看来，作为欧洲发展的典型产物，文化一词代表独特性、主观性、个体性；与之相对的文明一词代表可传播性、客观性、普遍性。从19世纪到20世纪初，德国思想界强调文化一词，以表达一个民族的特有素质，而法国思想界则强调文明一词，因为文明源于理性和普遍性，可以造福于所有民族。②

而现在的情况恰恰是，欧洲统一的一个根本方向是：超越民族国家的"文化的特殊性"，将之转化、回归成一个统一的普遍性的"欧洲文明"概念。这可以说是欧洲统一这一千年梦想最为核心的内容。在这方面，研究民族主义的著名学者盖尔纳先生就曾经假设性地指出，如果语言分裂（15～16世纪）未发生于欧洲革命（18～19世纪）之前，那么或许出现一种晚期的后帝国民族主义、一种"泛罗马"民族主义，就完全是可能的，就如存在过的泛阿拉伯或泛斯拉夫民族主义一样！③

但有意思的是，由于欧洲的一体化是以建立欧洲统一的共识（如避免民族沙文主义和战争的再起）和行动为诉求的，作为其组织者的欧盟，从它的议会制度、经济制度包括统一货币上看，它难道不就是一个超国家的"国家"吗？或者说，它只是一个国家形态的放大而已——超国家的欧盟委员会执行了欧洲政府的功能，超

① 参看《荷兰全民公决否决〈欧盟宪法条约〉》，2005年6月2日《人民日报》。
② 埃德加·莫兰：《反思欧洲》，三联书店，2005，第31～32页。
③ 吉尔·德拉诺瓦：《民族与民族主义》，三联书店，2005，第17页。

国家的欧洲议会按照各国人口比例分配表决权，制定统一的欧洲宪法和统一的欧盟外交政策。那么，即便欧洲最后达到完全的一体化，统一的"欧洲文明"覆盖了各民族国家的"文化"，但其内部本身的文化多样性问题，并不会因此而消失。

事实也是如此。正如我们已经看到的那样，欧洲一体化从一开始就凸显了欧洲文化的多样性问题，强化了各国的地区主义与文化保护意识。

第二次世界大战后，殖民体系走向土崩瓦解，在美国和苏联这两个超级大国的面前，欧洲各国的版图，都收缩到自己原先的本土。正是美国和苏联这两个巨大的"他者"存在，使欧洲人在一体化的同时，重新发现了欧洲文化自身的多样性和丰富性。法国和德国和解了，但法国人和德国人还是跟以前那样有着明显的不同：所谓的"浪漫"与"严谨"假如不被本质化地理解，那么它更多地说明了法兰西人与德意志人在民族价值观念等方面的某种区别；而英国人的岛国心态在欧洲大陆人的面前似乎也没有什么改变，贵族的、绅士的保守传统让他们老觉得与欧洲大陆格格不入，他们迟迟不加入欧元区，也许仅仅是因为英镑作为一种文化象征，承载了太多的民族情感，并时时勾起对大英帝国辉煌历史的记忆。而在这些国家的内部，文化多样性的问题也没有被欧洲强大的一体化进程所掩盖，相反，它们甚至因此而得到了前所未有的凸显。在英国的苏格兰地区，苏格兰民族在历史上曾经抵抗了强大的罗马军团，有着与英格兰不同的民族历史和民族文化，这导致1997年苏格兰举行公民投票要求有独立的文化和独立的政府；意大利的西西里、德国的巴伐利亚和普鲁士，过去都曾是独立的国家，而像瑞士、荷兰的某些省份，都可看到它们各自辉煌的地区文化。

可以说，对于欧洲各国的知识分子来说，拥有自己的城市、纪念建筑、城堡、宫殿、文学、诗歌、雕塑、音乐等文化宝藏，曾经使他们为之骄傲不已。但当他们在二战后又明显地看到牛仔裤、西部片、电视连续剧、流行音乐、可口可乐等美国文化在欧洲大泛滥时，则恐惧地感到习俗统一化和文化模式化的潜在威胁，他们不安地提出，欧洲应该有一个明确的自我概念（就此而言，所谓的"欧洲特性"，首先是基于美国这一"他者"的强大存在而提出的）。在这方面，法国在反对美国文化影响上可以说是最积极的，法国人不仅为自己的民族文化感到骄傲，而且认为自己是在为捍卫欧洲的价值和传统而战，他们为此号召每个欧洲人都要起来维护欧洲的文明。

与此相应，20 世纪 70 年代以来，随着生态保护主义和地区主义浪潮席卷欧洲，欧洲各国、各地区的文化意识获得了历史性的反弹。而在此之前的 60 年代，保护地区特色的运动，早已席卷到西欧各地，只不过，这场地区文化保护运动，有时以欧洲的名义，有时以民族国家为旗帜以正视听，有时则相反，以抵抗国家政策的方式出现。如在法国，当全国一体化浪潮侵袭到庇古登地区时，受到了当地年青一代的激烈反对，他们不仅要保存而且要发扬光大本地区的传统饮食、节日等。

因此，欧洲统一的完成，必须用"一个欧洲"的文明理想来取代地区、民族的文化属性，建立欧洲的主流文化价值和共同理想，形成新的欧洲认同（这可能与欧洲文化的多样性和丰富性造成了欧洲文化的脆弱性的观念相关），即欧洲"主体性的最高的自我认识和自我确证"，用"欧洲价值"区别于外来价值（尤其是美国价值），以此来维护欧洲的文化主体性。这可以说代表了欧洲统一的一个发展方向。但与此同时，反对这种发展方向的观念也一样存在，在持这种观念的人看来，这一与民族国家对立的"欧洲理想"，不仅会摧毁民族国家，也会摧毁民族文化。因此，如何在"全球文化"、欧洲主流文化价值与欧洲各国、各地区的文化之间保留某种必要的张力，以保持各种文化本身的活力及文化认同的多样性，也许更值得人们去思考。

而这，也许是在今天这个全球化时代，文化主权问题变得异常复杂的根本原因所在。

第四章
中国文化主权的历史生成

　　中国有着与欧洲完全不同的文化传统和历史进程。假如说"民族国家"是近代欧洲的独特产物，那么它在中国则完全是一个异质性的舶来品，与中国源远流长的帝国历史和文化传统可谓格格不入。综观历史，假如说最新的考古发现推翻了黄河流域单一起源说，而构筑出黄河、长江和珠江流域共同催生出中华民族的多元起源图景，那么我们还是得说正是其中的黄河文明支撑了"华夏共同体"的历史性兴起。而关于中华民族起源的丰富的上古神话与传说，尽管有着很多关于它是否属于"历史"的争论，但正是它以线性的叙述，将关于中国的故事以一条相对清晰的线索连接在一起，通过一个个祖先的继承关系，有效地建构了中华民族最初的"文化记忆"，为中华民族的历史连续性和统一性提供了合理化叙述，使其获得一种内在的、共同的起源感和整体感，为华夏民族这一"想象的共同体"提供了文化根源意识。此后，夏、商、周三代的出现，构筑了基本的中国文化图式，产生了对后世影响至深的核心价值观念和思想范畴。在春秋战国时期，以儒家为代表的中国文化陷入了一次大危机，这场文化危机随着秦朝统一中国而得到缓解，并在汉朝重新确立起其文化正统地位后得以解决。而秦汉帝国所确立的帝国政治、文化传统，使"文化中国"意识得以确立，影响极为深远。汉朝崩溃以后，中国陷入长达几百年的分裂，以儒家文化为代表的中国文化再次陷入危机之中，其合法性和合理性受到了质疑，尤其是在这一时期随着佛教文化的传入，中国文化更是受到了极大的挑战，这就是中古文化危机。隋唐帝国重新统一中国，唐朝更是以强盛的国力恢复了中国在东亚的大国地位，并确立了其巨大的文化软实力，从而化解了第二次文化危机。宋朝尽管在军事、政治上积弱，但经济文化发达，尤其是以复兴儒学为标志的"文化中国"意识的发展，使宋朝在中国历史上有着非常独特的地位，甚至有学者指出中国在这一时期已经初步出现了"民族国家"的相关形态。而元明清三代，则随着中国在政治上的大一统而出现了各民族进一步的融合，也实现了"多民族帝国的文化整合"，使中国的政治认同与文化认同进入了一个新的历史发展阶段。

近代以来，来自西方主要民族国家的冲击和挑战，引起了中华帝国历史上最为严重的国家危机。其中不仅包括中国传统软实力在内的综合国力出现了严重衰竭，而且也导致了传统中国走向最终的崩溃。在这场"三千年未遇之大变局"中，假如说文化危机是其中最为深重的危机形式，那么它实际上也是一种基于国家文化主权意义上的危机。可以说，这不仅构成了它与中国前几次文化危机相比最大的区别，也直接促成了中国文化主权问题的历史性浮现。如何应付这场危机，构成了百年中国最为核心的问题。而且只有以文化主权为着眼点（即从主权的角度来审视一个国家和民族的文化意识），恢复百年来中华民族文化已然缺失的政治意识维度，这场延续至今的文化危机才能获得基本的理解。

第一节　中国文化图式与先秦文化危机

一　神话、传说与"华夏共同体"的兴起

作为人类文明最为重要的发祥地之一，中国创造了光辉灿烂的

古代文明形态，成为世界历史叙事最为激动人心的篇章之一。

与印度、欧洲等古文明不同的是，中华文明可以说基本是在与外界甚少接触或未受外界影响的情况下独立发展起来的。由于地理上的相对封闭性，中国西北、西部、西南的山脉，以及广袤的难以通行的中亚地带的阻隔，北边蒙古沙漠和西伯利亚的严寒，使中国在历史上除了受到西北边陲的游牧民族的侵袭之外，可以说一直处于较平静的发展环境中，由此而开创了一种以稳定性、统一性和连续性为特征的古文明形态与系统。

而近年来的考古发掘表明，中国的古文明系统的起源并不是单一的，在黄河流域之外，长江流域和珠江流域也构成了中华文明的共同起源。也就是说，自北向南的这三大流域，实际上在远古时期都出现了早期的农业文明。由于处在"季风亚洲"的东部地带，①这三大流域较早地出现了人类的活动，并形成了各自的农耕社会和文明形态。如果说过去考古学尚未取得足够材料去打破中国文明起源于中原的单元论，那么现在的考古学发展则为中国文明起源的研究拓展了新的视野，单元论的传统观点被新的多元起源说打破了。②

当然，虽然广泛分布于黄河、长江和珠江流域的古代文明表明了中华文明在起源上的多样性，但就其世界影响来说，黄河流域文明在时间之早、规模之大、影响之远、延续之长等方面，特别是在关于"中国"的起源方面，都是其他地区文明所不能比拟的。其中影响最为深远的是，正是黄河文明，支撑了"华夏共同体"的历史性兴起。

---

① 所谓季风亚洲，是指亚洲的南部和东部边缘地带，无论是在自然条件还是文化特征方面，都与中亚地区完全不同，这里的降水量一般很充足，仅仅某些地方偶尔有干旱，在海洋的调节下，气候相当温暖，除最北边外，冬天也很少严寒。参看罗兹·墨菲《亚洲史》，海南出版社、三环出版社，2006，第17页。

② 邵望平：《禹贡"九州"的考古学研究》，载《考古学文化论集》（二），文物出版社，1989。转引自李学勤《走出疑古时代》，长春出版社，2007，第13页。

就"生活世界"而言，正如考古发现的半坡人一样，居住在黄河及其支流洪泛区的先民，利用极其肥沃的黄土来种植农作物（如小米和小麦），驯养动物（如绵羊和山羊），或捕获淡水鱼与野生动物，制造石器工具，烧制彩陶或黑陶以及青铜器等生活用品，出现了一个个村落，由此逐渐形成与游牧部落不同的农耕社会，最终促成了华夏共同体的出现。

自然，要精确描述出华夏共同体的具体地点和形成过程是不可能的。由于在文字出现之前，人们只能通过口耳相传的方式记述历史和生活，由此而出现的神话传说，既是先民们对上古洪荒时代历史的叙述，也是我们想象历史所必需的载体或途径。

正如大多数的民族都有关于其自身起源的神话一样，华夏民族也有着自己的神话与传说。在这些神话传说中，关于英雄式人物"三皇"、"五帝"的传说是最为集中也最为核心的，它们构成了传说时代较为完整的历史叙述系统，影响极为深远。

由于是口耳相传的叙述与传说，因而对于"三皇"、"五帝"到底是谁，也出现了不同的版本。如所谓三皇，就有"天皇、地皇、人皇"和"天皇、地皇、泰皇"等六种说法之多，他们是创世神话中的神人和史前人类的象征。而"五帝"由于是一些部落联盟的杰出首领，因此较为具体，但也有三种说法之多，如太皞、炎帝、黄帝、少皞、颛顼等。而在战国时代的诸子百家的著作中，则记录了先民关于有巢氏、燧人氏、伏羲氏、神农氏的传说。如《易经·系辞传》说："神农氏没，黄帝、尧、舜氏作，通其变，使民不倦，神而化之，使民宜之。"值得注意的是，与西方不同，这些传说中的主体并不是超越性的宗教神，而是有着巨大创造力的英雄式人物，如伏羲驯化了动物、创造了家庭，神农发明了犁和锄，而黄帝则发明了弓箭、陶器、文字和丝绸，等等。

神话或传说是不是历史？长期以来，这都是一个颇受争议的问题。事实上，假如说在没有文字的上古时期，古史传说尽管朦胧但有可能"坐实"的话，那么在文字材料上出现的记载，则将神话传说进一步"历史化"了。

晚清以降，疑古思潮日盛，将神话与传说从历史中剥离出去，驱散神话历史化的迷雾，曾经成为史学界的一股潮流，其影响至今不衰。作为其中的代表人物，顾颉刚主编了七卷本《古史辨》，以对古书、古人、古地和古史传说的"辨伪"为中心，其中又以考辨古史传说和古书的份量为多。就其基本立场和观点来看，包括"三皇"、"五帝"在内的神话或传说都是不真实的历史。顾颉刚认为，禹以前的古史传说是在不断流传中层累地造成的，时代愈后，传说的古史期就愈长，后人作伪的成份就愈多，也就更不能相信。

虽然疑古思潮的影响很大，但也有很多学者不同意其"虚无主义"的倾向，认为传世古籍中的古史传说并非没有意义，相反，学者们在对古史传说做了细心的整理分析后，发现了很多有价值的线索，而有的学者根据传说进行考古调查，也有很多引人注意的收获。①

在我们看来，问题的关键不在于"三皇"、"五帝"的神话是否具有历史的真实性，而在于这一神话系统在中华民族的形成和中华文化认同方面所发挥的实际功能与作用。

事实上，正是对"三皇"、"五帝"以及后来尧、舜、禹的神话与传说的线性叙述与回溯，将关于中国的故事以一条相对清晰的线索连接在一起，通过一个个祖先的继承关系，有效地建构了中华民族最初的"文化记忆"，为中华民族的历史连续性和统一性提供了合理化叙述，使其获得一种内在的、共同的起源感和整体感。一句话，正是它，为华夏民族这一"想象的共同体"提供了文化根源意识。而炎帝和黄帝被中华民族尊为共同的祖先，中国人自称"炎黄子孙"以表示对共同祖先的尊崇，就是这种神话传说在华夏共同体的形成中所发挥的作用的证明。与此同时，一些中国文化的重要观念也正是在其中得到了最初的确立，如祖先崇拜观念、姓氏

---

① 李学勤：《走出疑古时代》，长春出版社，2007，第13页。

文化主权与国家文化软实力

150

认同观念等。

可以说，在从黄帝到尧、舜、禹的几百年时间里，是"华夏共同体"形成的关键时期，而在此过程中，从血缘到地缘的转变无疑是异常关键的一步。

在关于黄帝的传说中，黄帝的部落联盟有姬、祁、任等十二大姓，姬姓是黄帝的嫡系，后来发展为很大的一支，创建了周朝；而黄帝的后裔夏后氏，则是夏朝的创立者（这也是人们把黄帝尊为华夏民族的始祖的根本原因）。由此可见，在黄帝之前的时代，部落主要是以血缘因素来确定成员并维系部落的存在的。而到了黄帝及后面的尧舜禹时代，他们在黄河流域一带联合了东部的夷人部落和西部的羌人部落，形成新的部落联盟，逐渐地形成了"华夏"。华夏部落联盟的出现，超越了原来以血缘为纽带的联系，建立了以地缘为纽带的共同体，并具备了国家的雏形。[①]

与此同时，"中国"的概念也开始形成，它逐渐地被视为"华夏"的代名词。正如王尔敏先生指出的那样，"中国"这一称谓在几千年前的远古时代就已出现，并沿用至今，而其在远古时代的含义主要有五种：京师、国境之内、诸夏之领域、中等之国、中央之国。"在秦汉统一之前，'中国'一词所共喻之定义已十分明确，那就是主要在指称诸夏之列邦，并包括其所活动之全部领域。至于此一称谓之实际含义，则充分显示民族文化一统观念。诸夏列邦之冠以'中国'之统称，主要在表明同一族类之性质与同一文化之教养之两大特色。因为实际上自远古以来并无政治统一之事实，而族类之混同，则已构成一致同血缘之庞大族群，在当时则称为诸夏。同时文化之融合与同化，也已构成一致之观念意识，生活习惯，语言文字和社会结构，在当时则形容为中国。"[②] 此外，华夏民族的出现，以及"中国"观念的形成，是在与周边民族的区分

---

① 樊树志：《国史十六讲》，中华书局，2006，第11～12页。
② 王尔敏：《"中国"名称溯源及其近代诠释》，载《中国近代思想史论》，社会科学文献出版社，2003。

中产生的。事实上，当时对于"华夏"来说，其基本范围是在今天的陕西、河南、河北、山东、安徽一带，而居于四周的是"蛮"、"夷"、"戎"、"狄"等异族，以及居于长江和珠江流域的非华夏族，它们当时是不在"华夏"之中的。正是这些异族"他者"的存在，使华夏观念的形成，是建立在与异民族、异文化的对立而产生的自我意识之上的。就此而言，华夏共同体的兴起，与一种民族（文化）意识的形成紧密联系在一起。

二 先秦文化及其危机

夏商周三代和以后的朝代有所不同。一方面它们是三个相互衔接、更替的朝代，另一方面它们同时也是三个并存的社会集团。在上古传说中，夏的始祖禹出于黄帝子孙颛顼这一支，而商的始祖契出于黄帝子孙帝喾这一支。按照《史记》记载，夏商周三代的祖先禹、契、后稷，都在尧、舜的政权机构中任职，可见夏商周是平行存在着的三个集团。[①] 也就是说，三者彼此的关系并不是简单的线形相互取代的关系，而是作为族群在空间上的长期并存。

在某种意义上，通常说的作为中国历史上第一个王朝的夏，依然是上古史传说的延续，因为其历史并不确切为人所知，它是否一个国家或王朝至今还未能找到直接的根据，目前也没有确定的夏遗址能与文献记载相符合。尽管如此，夏由禹的儿子启建立的说法一直流传至今，而夏这个名称也一直被使用，并被当作商朝的前身而存在，因而具有相当的历史合理性——因为商朝是不可能没有它的前身的。

此外，传说中的夏王朝，与秦以后的王朝相比是有着根本不同的，它不过是一个以夏后氏为盟主的诸侯邦国联盟而已。正如《左传》所说的那样："禹合诸侯于涂山，执玉帛者万国。"万国者，众诸侯也。事实上，这样的政治模式与格局一直延续到商朝和

---

① 樊树志：《国史十六讲》，中华书局，2006，第 20 页。

周朝。然而，就是这一还没有得到确证的夏王朝，却在中国历史上有着相当重大的影响：尧舜禹时期公推贤者的禅让制度至此被废弃，并被"传子而不传贤"所取代，从此"公天下"变为"家天下"。一句话，夏的建立，开启了以后历代王朝由一家一姓世袭统治的新模式。

中国有信史，自商代始。商代是中国第一个有据可考的王朝。当然，在相当长的时间里，商朝和夏朝一样，都仅仅是记载在像《史记》这样的典籍里，或在人们的传说中。这一切的改观，始于一百年前的一次考古发现——河南安阳殷墟遗址的挖掘。

这是一次划时代的考古挖掘。其根本意义在于，它不仅使《史记》对商朝的记载获得了历史的真实性，而且人们发现了商朝在中国文化史中所具有的标识性的地位。其中最值得关注的是，除了青铜器上的金文，甲骨文的发现使得后来延续了几千年的汉字符号系统找到了其最初的源头，这为中华民族的认同、中国文化的统一奠定了基础。同时，甲骨文的发现也标志着中国历史进入了有文字可考的文明时代。自1899年以来，人们先后在殷墟遗址出土了甲骨10万余件，共约4500字，记录了从盘庚迁殷至商朝灭亡273年的历史。

商亡周兴。西周的建立对中国后来的影响，不仅在于其分封制度的确立与推行——它一共分封了71国，其中少数（18个）是异姓诸侯，大多数（53个）是周王室的姬姓诸侯——为东周列国时代的出现创造了制度前提，也为后来的"大一统"提供了相反相成的制度依据（正是由于前有分封，才有后来的一统），而且周朝所确立的"宗法制度"和"礼乐文化"为以儒家为中心的中国文化在后来的发展奠定了基础。

众所周知，为周朝制礼作乐、确立典章制度的人是周公。作为周文王之子、周武王之弟，在周武王死后，他辅佐周成王，居于摄政的地位。他不仅发起东征平定殷商遗民的叛乱，把周朝的势力范围扩展到东方，而且为了确立周王室的权威，维护其统治，始制

"礼乐"。

大体而言，周公制订的礼乐制度，既是维护新王朝成立后的统治秩序的现实需要，也是处理等级社会上下贵贱之间人际关系的伦理安排。在这种礼乐制度中，所谓天子之礼、诸侯之礼、大夫之礼是有着异常严格的规定的。如祭祀，按照周礼的规定，只有天子才能郊祭（祭天），诸侯则只能祭自己封国境内的名山大川。就此而言，"礼"的核心是对差异的强调，它之所以是必要的，就是因为人与人之间是有差别的，而礼就是用来显示这种贵贱、尊卑、长幼、亲疏之别，人必须遵守"礼"，既不可混淆，也不可逾越，否则社会的运转就会出现混乱。

假如说"礼"用来维护社会的秩序，那么"乐"的制订则是用来促进社会和谐的，前者强调差异，后者强调合同。所谓"乐"，既指音乐歌舞，又超越这一范畴，从而带上社会与政治的功能与色彩——音乐歌舞出现在政治、宗教、社会仪式中，往往会收到增进凝聚力和亲和力的良好效果。[①] 正如《乐记》中所言，"礼义立则贵贱等矣，乐文同则上下和矣"，"乐至则无怨，礼至则不争"，孔子经常礼、乐并称，认为二者一如车之两轮、鸟之双翼，不可偏废："兴于诗，立于礼，成于乐。"（《论语·泰伯》）

除了分封制和礼乐制，周朝的重要制度还有宗法制。当然，这三者之间有着密不可分的内在联系。所谓宗法制度，是指通过血缘的亲疏，确立起一整套土地、财产和政治地位的分配与继承制度，保障各级贵族能够享受"世卿世禄"的特权。其中，嫡长子继承制是宗法制度的核心。周王自称天子，王位由嫡长子继承，称为大宗。其余庶子有的被分封为诸侯，他们相对于天子为小宗，在本国为大宗，其职位亦由嫡长子继承。后世长期利用这种制度，巩固了政权、神权、夫权，把"国"和"家"密切地结合在一起。

西周所确立的各项政治文化制度，特别是其中的礼乐制度，经

---

① 樊树志：《国史十六讲》，中华书局，2006，第24～26页。

过孔子的整理、继承，为后来中国文化的发展奠定了思想根基。可以说，没有周公所制订的礼乐文化，没有孔子对西周礼乐文化的传承，儒学就不可能成为中国文化的正统，这也是孔子经常会梦见周公，并感叹说"郁郁乎文哉，百从周"，倾向复古的根本原因。

夏商周三代之所以重要，不仅在于它们决定性地型塑了华夏共同体的民族形态，而且在于中国文明在这一时期就已经达到了较为成熟的程度，除了青铜器等器物文明、甲骨文等文字文明，以及西周的礼乐文明之外，中国的思想文化也达到了前所未有的高度。

这样的高度当然只能出现在春秋战国这样的时代，它不仅孕育了中国文化最为核心的价值观，也酝酿着中国文化发展中的种种可能性。但与此同时，春秋战国也是一个政治上分崩离析、文化上危机重重的时代，政治上的混乱与文化上的"礼崩乐坏"的同时出现，显示了中国的正统文化在此时第一次陷入了重大的危机之中。

公元前770年，周平王东迁洛邑，标志着西周灭亡，东周开始。与西周的辉煌相比，东周（春秋战国）无疑是一个衰败的朝代。周天子失去了实质上的统治权力，而仅成为一种表面化的政治和文化象征，社会所陷入的持续大震荡，也使处于巅峰状态的华夏文化陡然跌入混乱无序中。由于"王道衰，礼义废，政教失，国异政，家殊俗"，社会各个层面都发生了巨变：曾是那样持久而牢固的政治局面被诸侯国的政治离心力冲击成碎片，等级森严的封建制随之倒塌；被视为天经地义的纲常礼教失去了昔日至高无上的权威性，社会生活中"臣弑其君，子弑其父，孽杀其宗"的反常现象几乎司空见惯，而四夷交侵的局面，则使华夏诸国岌岌可危。当此之际，华夏民族确有披发左衽的危险，华夏文化也确有中断的可能。

在这个文化危机时代，以孔子、孟子为代表的儒家无疑扮演着文化继承者和守护人的历史角色。在蒋庆先生看来，法家、道家、墨家等学派都是按照其创始人的思想和见解个人独创出来的，但儒家文化不是中国文化中的一个学术流派，而是中国文化的代表，或者说，儒家文化就是中国文化，因为儒家文化是孔子对其以前几千年中国文化的整理、传承和总结，而非孔子所独创。孔子修《诗》、《书》，订《礼》、《乐》，赞《周易》，继承了源自伏羲以来由尧、舜、禹、汤、文、武、周公一脉相传的中国文化，即继承了源自上古以来的三代文化。孔子述而不作，只是对他之前四千年来的中国文化进行了重新解释，在继承前代文化的基础上重新发掘前代文化的价值，所以说由孔子建立的儒学代表了中国文化。① 此外，儒家不承认绝对在外的超越性存在的现实理性精神，知其不可为而为之的现世态度，不因处境困苦贫贱而灰心丧气、不因富贵而得意忘形的儒者风范，以及对仁、义、礼、智、信等核心价值与"君子和而不同"原则的强调，对"修身、齐家、治国、平天下"的王道理想的追求，将个人、家庭、国家和天下看做是一系列具有同构关系的主体，都对未来中国的政治和文化发展产生了极其深远的影响。

然而，儒家对文化正统的继承和守护，在当时的历史背景下注定是无力的，因为在那样的混乱时代，儒家的主张已经不能适应和解决当时的政治和社会问题，以血缘关系维系政治稳定的格局已经被打破，以血缘关系建构起来的政治、社会和伦理关系已经被新的关系所替代。这一切体现在思想文化上，就是庄子所说的："天下大乱，圣贤不明，道德不一……天下之人，各为其所欲焉以自为方……不幸不见天地之纯，古人之大体，道术将为天下裂。"

道术将为天下裂。在当时的"百家争鸣"中，如果说儒家思想代表的是一种已经没落的正统思想，那么它同时也受到其他思想流派越来越多的挑战，这也是这场文化危机的另一集中体现。挑战主要来自道家、法家和墨家。与主张"入世"和"有为"的儒家

---

① 蒋庆：《中国文化的危机及其解决之道——在西南政法大学的演讲》，http://www.confucius2000.com。

相比，道家的老子所代表的倾向无疑在于，面对周朝不可避免的衰落和社会的持续动荡，任何试图实行人为变革的努力都是徒劳的，只有清静无为才能重新使社会稳定、人心安抚。在他看来，社会的灾难都是传统文化造成的恶果，因此主张"绝圣弃智，民利百倍，绝仁弃义，民复孝慈，绝巧弃利，盗贼无有"，坚决彻底地抛弃传统文化，回归到人类的自然初始状态。"无"是世界的根本，也是天下万物的根源，所谓"道生一，一生二，二生三，三生万物"，无论是一、二、三，还是万物，都是"实有"，而只有回归到初始的"道"，即天地万物生成之前的混沌状态，才能达到社会的和谐。庄子基本延续了老子的价值取向，他同样认为"道"是宇宙万物之源，它派生出"天下"一切事物，它们不分彼此，不分是非，因此应一切听其自然，以达到与天地万物浑然一体的境界，也即"天地与我并生，而万物与我为一"的忘我状态，庄子认为这是最值得追求的。此外，墨家所主张的平等、兼爱精神，是对儒家的"君君、臣臣、父父、子子"的等级观念及"爱有等差"思想的反动；法家所强调的"任法"原则和霸道思想，既是对儒家以德治国和王道理想的反动，也是对当时的政治和社会状况的一种应对。显然，来自当时颇具影响的道家、墨家和法家等"显学"思想的挑战，进一步加剧了以儒学为代表的中国正统文化的危机。

但值得强调的是，就诸子百家的思想来看，尽管它们各不相同，但又彼此联系，形成了完整的中国文化思想系统。就总体而言，这一时期的中国思想状况无不是处于大动乱的形势下思想家们力图提出稳定社会和安抚人心的原则的结果。正如赵汀阳先生所指出的，中国思想的基本特色就是它的完整性，其中的每一种思想都是在中国思想的整体效果中才获得意义，事实上中国各个思想流派之间的配合和协调远比冲突重要得多，如在价值观方面以儒家为主，但在方法论上则主要是道家和兵家，在制度技术上又很重视法家，如此等等。思维的综合性和整体性正是中国思想系统的突出优势，这集中体现在中国的"天下"世界观，以及"化"的哲学思维上。在赵汀阳看来，中国的基本精神在于"化"，并且关键是要以己化他而达到化他为己，这意味着要接受多样化，但这个"多"却是由"一"所容纳的，多样性必须在某种总框架的控制中才是多样性，否则，失控的多样性就只不过是混乱。"化"是为了追求"大"，有容乃大，以至无边。当这一基本精神落实在关于世界的问题上，就是天下无外。"无外"原则意味着，一切事情都有可能被"化"入某个总的框架，同时不存在绝对在外的超越性存在。这决定了中国文化中"不拒他者"的开放与大度。与西方承认超越存在从而导致宗教和与人为敌的思想后果相比，这无疑构成了中国思想最为独特的特色。①

总而言之，在夏商周三代，甚至是在春秋战国的政治动乱和文化危机时代，中国产生了对后世影响至深的核心价值观和思想范畴，这些独特的世界观、政治观、社会观及生活态度既构成了中国文化的内在精神，也为中国文化的自觉意识提供了最为重要的思想依据和价值源泉：儒家对西周礼乐文化的极度推崇，对王道而不是霸道的强调，道家所说的以柔克刚，兵家强调道、天、地、将、法这五个战争取胜的条件，《孙子兵法》说的"上兵伐谋，其次伐交，其次攻城"与"不战而屈人之兵，善之善者也"，这些都把文化放在至高无上的地位，标志着中国至此已开始进入一个文化自觉时代。与此同时，一种基于文化共同体的民族认同也逐渐形成。在周代，刚开始时对周朝天子的认同与各诸侯国的认同是并行不悖的，前者统治的广阔区域有时叫"天下"，有时叫"中国"。而到了周朝晚期，当周天子的权威不再，不能继续实行其有效统治时，"天下"则指一个文明化的世界，它涵盖了在此范围内生活的国家和人民。由于"中国"是周天子居住的中心之地，它也因此由一个地理概念转化为文明的概念（"中国"由此转化为一个"文明国

---

① 赵汀阳：《天下体系：世界制度哲学导论》，凤凰出版传媒集团，2005。

家"）。在周朝人看来，"中国"代表着文明世界，而位于"中国"之外的蛮、夷、戎、狄则是非文明的蛮荒之地。随着中国的疆域的不断扩大，曾经被称为蛮族的部族不断成为"中国"人，他们也接受了来自中原的文化，最终成为中国整体的一部分。

第二节　王朝更迭与"文化中国" 意识的历史展开

一　"大一统"与帝国文化的出现

周朝建立以后，一方面通过东征拓展，巩固了新的版图；另一方面又实行分封制。在公元前 800 年，西周共有两百多个大大小小的诸侯国。可以说，这一制度从一开始就隐藏着一种先天性的危机：当各诸侯势力纷纷坐大、周王室的力量不足以控制局面时，彼此争斗，乃至大规模的吞并战争便随之而起。而在周的统治区域及周围，还散布着众多的非华夏族，如在今山东一带的"夷"、长江流域的"蛮"、北部边境的"狄"，以及今陕西境内的"戎"，而在南方的长江与珠江流域，还存在独立于周的政权楚、吴、越。它们也纷纷加入了这场持续了数百年的争夺。

残酷而长期的战争制造了动乱与痛苦，但也促进了社会、科技和经济的发展以及华夏族与非华夏族的彼此融合，有利于社会流动性的加强与新的思想观念的涌现，使在"中国"区域内逐渐融合成一个彼此不能分离的文化共同体。正如章太炎所指出的那样："中国云者，以中外别地域之远近也。中华云者，以华夷别文化之高下也。即此以言，则中华之名词，不仅非一地域之国名，亦且非一血统之种名，乃为一文化之族名。故春秋之义，无论同姓之鲁卫，异姓之齐宋，非种之楚越，中国可以退为夷狄，夷狄可以进为中国，专以礼教为标准，而无有亲疏之别。其后经数千年，混杂数千百人种，而其称中华如故。以此推之，华之所以为华，以文化言可决知也。"①

而从政治上看，与我们在欧洲历史中看到的不同，战争在中国不但没有造成更多的分裂，恰恰相反，它进一步加强了中国不断走向统一的历史趋势。当然，中国的统一趋势以及中央集权的出现，是与对自然力量的驱使（如对黄河泛滥的统一治理、应对水灾和干旱的现实需要等）和北部游牧民族的长期骚扰、入侵等原因紧密相关的：这些问题只有在政治上实现统一并建立一种中央集权体系后才能得到根本的解决，它说明早在秦始皇之前，建立统一的中央集权就已经是一个长期的发展趋势。②

长期的兼并战争导致了诸侯国的急剧减少，并形成大诸侯国相互争霸的政治格局：从春秋五霸到战国秦、齐、楚、赵、魏、韩、燕的七国争雄，再到秦最终征服其他对手统一中国，建立影响深远的帝国体制，中国走了一条与欧洲完全相反的道路。欧洲自从罗马帝国崩溃之后，不但再也没有实现政治上较大范围的统一，而且不断分裂为大大小小的政治力量，成为后来民族国家得以出现的历史渊源。与欧洲相比，自秦朝之后，中央集权的帝国体制则在中国延续了两千多年。

秦始皇实现了大一统，为"中国认同"的强化和"文明国家"的建构提供了新的政治基础。秦朝确立了辽阔的疆域，并为此而建立了庞大的帝国体制，从中央集权的加强，到在全国设立36个郡，再到货币、度量衡和文字的统一，都可看到秦朝制度统一的整体性。如果说这种整体性在客观上造成了中国先秦时代的各种地方文化传统的遗失的话，那么它也创造了一种新的传统，这就是帝国文化传统。

显而易见，这一新传统确立的标志之一就是文字的统一。自商

---

① 章太炎：《中华民族解》，《民报》第十五号，光绪三十三年刊。转引自王尔敏《"中国"名称溯源及其近代诠释》，载《中国近代思想史论》，社会科学文献出版社，2003。
② 参看黄仁宇《中国大历史》之第三章"土壤、风向和雨量"，三联书店，2006。

代文字出现以来，由于商周两代统治区域的相对狭小以及分封制的实行，今天的中国区域内在相当长的时间里不存在一种同一性的文化，由此也造成了各诸侯国及各边缘国在文化传统上的多样性。这一多样性的主要表现，就在于同出一源的各国文字在东周时期就已有很大不同。文字的不同以及各国方言本身的差异，构成了各国在文化上存在多元化认同的现实基础。这种局面到了秦朝统一后便日渐消失，同时为一种新的统一的文化认同所取代。而从政治上的统一到文化上的统一的过渡，文字的统一显然是最为重要的环节，汉字这一共同的书写形式为中国的统一性和历史连续性提供了极为关键的支撑力量。而文字统一之所以会导致文化及其认同的统一乃至中国作为一个文明国家的延续和发展，是与汉字的独特性有着异常紧密的内在关联的。

汉字的独特性在于它不是拼音文字，而是表意文字。考虑到秦统一文字（书面语）时并不排斥各地方言（口头语）的事实，这种独特性及其意义就更加明显。对于它在中国文化发展史上的深远意义，美国学者伊佩霞做了这样精到的观察和评价："商（代）人与在欧亚大陆各地占支配地位的多数文明的情况不同，它发展起表意的而非表音的文字，基本上是偶然的，但这种偶然性对于中华文明的发展道路却有着重大的影响……由于中国的表意文字在反映发音的变化时并不改变，所以知识精英能读懂其他人所写的文字，从而相互认同。他们能读懂几百年前的先人的思想，也可以理解那些根本听不懂其方言的当时人的意见。同样关键的是，这种文字也影响到文化扩展与涵盖的反对过程。居住在华夏文化圈边缘的民族，出于发展和捍卫其利益的实际需要学习了汉语，这使他们被更有效地吸纳进了汉文化之中。如果汉语是一种拼音文字，情况就不会是这样了。对于他们来说，读写汉文不会轻易地与中国传世典籍的主体相分离，而后者渗透着中国人的价值观。"①

----

① 伊佩霞：《剑桥插图中国史》，山东画报出版社，2005，第14～16页。

假如说这种全新的帝国文化在确立后又因为秦朝的迅速崩溃而中断的话，那么随着汉朝的建立则得到了延续和发展。尽管汉承秦制，但汉帝国的出现在中华民族发展史上具有极其重要的地位。它存在了400年，延续和扩大了秦帝国开拓的庞大的疆域和人口，在全盛时期所管辖的人口约6000万，泱泱大汉的大国威仪足可以与同时期的罗马帝国相提并论。但汉朝的意义还远不止此，它所进一步加强的中国内在的文化凝聚力，是罗马帝国所不具备的。也许部分是统一的中国表意文字的原因，中国人特别是那些社会精英们接受了共同的文化和基本的中国观念，而对那些讲各种方言的人和少数民族，他们也通过阅读汉文典籍而共享了同一的文化经验（这对于中国能跨越内部民族差异成为"文明国家"而言无疑是极为重要的）。华夏民族后来被称为汉族，就从某一侧面说明了汉帝国在中国历史中的地位。

　　因此，中国的帝国传统虽由秦朝开创，但真正为这一传统树立楷模形象的，却是刘汉王朝。就统治政策而言，汉朝的特点是"儒表法里"，或王道与霸道的交替使用。这点成为后来的中国统治者反复运用的基本法则。汉朝初年的休养生息政策是道家无为而治思想的贯彻和实现，但到了汉武帝时期，包括道家在内的百家思想遭到"罢黜"，而"独尊儒术"。尽管如此，法家等思想并没有被废弃，它实际上还支撑着帝国的有效统治，从重农抑商，到铁盐专卖，再到严刑峻法的推行，都可看到法家在实际统治中所发挥的作用。但无论如何，在春秋战国的动乱年代不被统治者重视的儒家思想，这时却成为最鼎盛帝国的统治意识形态，这对中华民族来说是具有决定意义的：它不仅重新确立了儒学在中国文化中的正统地位，化解了春秋战国以来的中国文化危机，而且全面、深刻地影响了官僚士绅、社会和国家的关系，开创了中国后来两千年的帝国政治文化传统。

　　儒学在取得思想领域的主导地位的同时，反过来也为帝国统治提供了文化合法性论证。西汉今文经学大儒董仲舒援引儒家经典

《春秋》的"大一统"理论,提倡以思想的大一统来保持政治的大一统,同时发展出新的"天人合一"的天命论,在帝王的世俗统治与抽象的"天"之间建立起内在的关联:君王受命于天,是为至高无上的天子,因此其统治合法性神圣不可侵犯;当然君王也要具有相当的道德水准,如果其行为违背了其应有的职责,则会受到相应的惩罚。在《春秋繁露》中,他强调"地"必须服从"天","卑"必须服从"尊","下"必须服从"上","臣"必须服从"君"。显而易见,与孔子说的"君君臣臣父父子子"较为自然的人伦情感关系相比,董仲舒所强调的等级关系已经带有浓烈的强制意味,它最直接地呼应了汉武帝时代中央集权的帝国体制的政治需要。但他以《春秋》"天人之学"中的"王道政治"作为汉王朝的立国之本,采用"复古更化"的文化政策建立了汉王朝的合法性基础,无疑也恢复了以尧舜周孔等古圣人之道来治理国家的做法,革除暴秦遗留的法家弊病而改变了国家的根本文化政策,从中国文化内部解决了自春秋战国以来的第一次文化危机,对儒学的后来发展具有非常深刻的影响。

在董仲舒之外,当时的汉儒在国家政策的鼓励下也在努力恢复和复兴传统的儒家学说,他们掀起了一股研究先秦儒家经典的热潮,而古文经学和今文经学的分野和相互竞争,则客观上将儒家的思想原则进一步普及化了。尤其是儒学向官僚、士绅阶层的渗透,使其与帝国、社会建立了一种同构性的文化联系,在中华帝国实现了政治上的统一之后,又使文化具有了一种内在的同一性。显而易见,正是这种文化上的同一性及由此而衍生的中国文化认同,为中国后来在历经政治分裂后又实现连续的统一,提供了源源不断的内在动力。当然,秦汉时期的"中国"及其文化认同,既来源于与周边地区的贸易与文化交往,更来源于长期的与北部和西北地区游牧民族的战争。以匈奴问题为例,早在春秋战国时期,北部边境的游牧民族就陆续侵袭中国北方地区,在公元前3世纪时形势已经非常严重,在秦统一中国之前,北部的燕国、赵国就已经修建长城来抵御游牧民族的入侵。秦统一中国之后，更是沿着"15 英寸等雨线"①，也就是拉铁摩尔所说的亚洲内陆农耕社会和游牧民族的分界线，修建了万里长城这一世界最长的边防线。可以说，长期面对北部和西北部游牧民族的入侵和挑战，除在政治上极其有利于中央集权之外，在文化上也对"中国认同意识"的形成提供了来自外部的推力。

二　中古文化危机与中国软实力的历史消长

在我们看来，秦汉帝国对于中国政治和文化的意义，除了制度上的因素，恐怕就是在两方面形成了类似于"紧箍咒"的约束因素，一是"中国"疆域上的统一，二是以儒学为中心的文化认同。

但这两方面的约束因素在东汉末以降的魏晋南北朝时期都崩解了。魏晋南北朝是中国自秦统一中国后的大分裂时期。在这个时期，与政治上的分裂相对应，儒家文化遭遇了比春秋战国时代更严重的第二次大危机，即中古时期以佛教为代表的外来文化进入中国后对中国文化所形成的巨大挑战与冲击，它开始于魏晋南北朝时期，并一直延续到唐宋时期，以朱熹理学的确立作为结束。

在 220 年东汉灭亡到 589 年隋朝再度统一中国的三百多年时间里，中国政治上处于长期的分裂和战乱状态。在这一时期，最值得注意的历史文化现象是"胡汉互化"。由于西晋八王之乱后，北方游牧民族突破中国传统的边防线，纷纷南下建立割据政权，中国中原地区陷入分裂状态。但这种政治上的混乱也为民族的融合创造了历史条件。十六国之一的"汉国"的创立者刘渊，就是南迁的匈奴人，因其上代是汉朝皇帝的外孙而改姓刘。他不仅努力学习汉人典籍，而且自认为是汉朝宗室的延续，他建立"汉"之后，大量任用汉人为重臣，可见其汉化程度之深，其中也见证了以儒家政治、社会和文化制度为核心的中国传统软实力（儒学道统）的某

---

①　所谓"15 英寸等雨线"，是指沿着中国东北向西南，分布着一条降雨线，在这条等雨线的东南，平均每年至少有 15 英寸的常态降雨量。参看黄仁宇《中国大历史》，三联书店，2006，第 25 页。

种巨大影响和历史性延续。这样的事例也出现在后赵、前秦身上。其中的共同之处在于，中原儒学在胡人汉化中有着重要地位，正是因为胡族君主和汉人士族的合作，以汉法治汉人，才使以武力立国的胡人在中原确立了其统治的合法性。此外，在南方，把持南朝四个王朝宋、齐、梁、陈的高位的世袭豪门士族，自命为中国文化的守护者，保持了汉代的文化遗产和儒生官吏的人文传统，在相当意义上，这些有文化的贵族所形成的稳定势力，成为传承中国文化的历史载体和维护中国文化认同的中心地带。

但也应该看到，尽管儒学在这个时期还有所传承和延续，但总体来说却处于一种危机之中。这种危机首先是来自政治的和社会的因素。尽管中国在西晋时期有过短暂的统一，但随着胡人的持续入侵，政治和社会秩序彻底瓦解。在这样的背景下，儒学关于社会和政治秩序的理论不再获得人们的信任，儒学再也不能回应和解决人们在现实中的道德困惑，社会各阶层都纷纷寄希望于宗教对灵魂的拯救，魏晋玄学（即老学、庄学、易学等三玄之学）的风靡一时就是在这种背景下出现的，它成为汉晋之际反周孔名教运动的主要部分，并从内部揭示了中国文化（儒学）所遭受的危机。就外部来说，在北方，中原地区成为少数民族（匈奴、鲜卑、羯、氐、羌）的统治地后，其文化与华夏文化相互激荡，在汉胡互化的同时，也使中国出现了长达数百年的文化大分裂，把固有的文化危机推向更为深重的境地；在南方，东晋、宋、齐、梁、陈等几个汉人政权被视为华夏文化正统，被寄予了复兴和保卫传统文化的厚望，但事实上在腐朽的门阀政治制度之下，固有的文化内在机制的自我更新能力下降，他们对传统文化的复兴丧失了信心。《梁书·儒林传》对"公卿罕通经术，朝廷大儒，独学而弗肯养众，后生孤陋，拥经而无所讲习"现象的记载，恰恰说明了当时儒学衰败、几无传人的现实。

继汉晋之际反名教运动之后，以儒学为中心的中国文化的危机，集中体现在佛教对中国思想界和民间信仰的长期支配上。

众所周知，从东汉末年到魏晋南北朝，再到唐宋两朝，自印度传入的佛教普遍流行，佛教势力空前强大，不仅一般老百姓信佛，连政府官员与皇帝也信佛，南北朝时期梁武帝三次舍身入寺出家就是其中最典型的例子。可以说，佛教自进入中国后，对中国人的思想产生了很大的影响，对中国文化造成了很大的冲击，使中国文化陷入第二次危机之中。就文化传统而言，中国人的生命信仰与存在价值原本是在儒家孔孟之道的义理系统与儒教民间社会的礼乐教化中来解决的，但是，佛教的普遍流行及对佛教的普遍信仰改变了这一状况。虽然佛教在国家政治的基本原则和社会制度的建构方面无力与儒教竞争，但是其在生命信仰和存在价值层次上却具有很大的优势，足以对以儒教为代表的中国文化造成巨大威胁。唐代虽在社会政治层面以儒教立国，但在生命层次上最有影响的还是佛教。唐代中叶以后，一些有识之士已经意识到了这一问题，如韩愈在《原道》中就指出中国儒家文化不能被印度佛教文化所取代，必须以尧舜孔孟之道为核心的古圣人文化作为中国的主导文化。到了宋代以后，佛教对中国人的影响更大，当时的儒家代表人物程颐看到佛教寺庙庄严有序，竟然感叹"三代礼乐尽在是矣"。后来宋代的知识分子群体感觉到了佛教对中国人生命信仰挑战的严重性，开始自觉地从学术思想文化的层次努力来回应佛教的挑战，经过诸如"濂洛关闽"等几代大儒（周敦颐、程颢、程颐、张载、朱熹）的努力，以儒家文化为基础吸收了佛道两家的某些合理成分，最后由朱子建立了集大成的理学。宋代理学的建立，意味着最终解决了中国文化在生命层次向印度文化（佛教文化）的歧出，克服了这次严重的文化危机，把歧出到佛教的中国文化又拉回到中国文化的正轨上来。在这之后，理学影响了中国七八百年，直到 1911 年清王朝崩溃后才式微。①

　　宏观地看，中国在秦汉统一之后被北方游牧民族和外来宗教颠

---

① 蒋庆：《中国文化的危机及其解决之道——在西南政法大学的演讲》，http：//www.confucius2000.com。

覆的情况，非常类似于欧洲在罗马帝国崩溃后的情形。但与欧洲不同的是，统一的中国在隋唐再度兴起，唐朝更是成为一个中央集权的、世界性的大国，秦汉的帝国体制得到了恢复，同时隋唐时期也开创了新的政治文化制度，如三省六部制、科举制度等，它们在相当程度上以政治、经济、社会和文化的兴盛暂时性地克服了中国的这次文化大危机。

无论是从哪些方面看，隋唐帝国都与秦汉帝国有着太多的相似。同秦朝一样，隋朝的建立同样具有极大的开创性，它不仅重新统一了中国，而且由于建立了三省六部制、科举制而使自己的历史地位变得非常重要而独特。唐承隋制，但与短暂的隋朝相比，唐朝的制度更为完善，其国家文化气度更为宏大，民族文化自信空前高涨，出现了具有国际影响（尤其在东亚）的盛唐气象，此一时期所形成的中国文化软实力，可以说也处于中国历史上少有的巅峰状态。

这一大国的文化实力和文化气象的表现是多方面的。如对现实人生的乐观感受、充满青春昂扬热力的执著、对内心欢快的抒发、充满健康生活情绪的审美感受，构成了盛唐诗歌最为突出的艺术特色和美学风格；而书法、绘画、乐舞、服饰等文化都无不融合中外，自由开放。其中最能体现盛唐的开放性的，无疑是其在文化交往中对外来宗教的态度：住在长安的外国商人信奉的各种宗教，包括伊斯兰教、犹太教、摩尼教、祆教和景教，都受到中国民众的喜爱，而佛经的大量翻译，也使来自印度的佛教各宗派走向全面的繁荣，并在中唐时形成了像净土宗和禅宗这样彻底中国化的佛教宗派。首都长安更成为有百万居民的世界性大都会，吸引着来自亚洲各地的商贾、留学生和朝拜者。频繁的对外政治、经济、文化交流，使长安成为东西方文化的交汇中心，这向世界展现了恢弘的盛唐气象，使唐朝文化成为东亚地区最具影响力的文化，从而不仅深刻地影响了近邻朝鲜、日本和越南的方方面面，而且在中亚等地区都确立起大唐帝国的文化尊严和文化影响。换言之，包括唐朝在内的中国历史上最强盛的时代，不仅仅是给世界提供最多的物质产品，而且同时为人类提供多种多样的软实力要素，如政治制度、法律制度、行政体系乃至科学、文化、艺术和语言等。

同时，唐朝频繁的对外交往也对中国文化的自我认识产生了深刻的影响：在以往，"华夷之辨"使中国认为自己是惟一的文明开化之地，但随着交流的深入，唐朝人逐渐了解到印度文明足以与中国分庭抗礼，高丽、南诏、吐蕃和日本这些近邻都建立了国家，不再是原始部落，相反都有自己的统一宗教和书写系统。尽管唐朝在政治、体制和文化方面依然保持了领先地位，但以唯一的文明之邦自居显然已不足为训。

就总体而言，唐朝文化的大气象的出现，以及对佛教传入后的文化危机的克服，是与唐朝文化的开放与大度紧密相关的。也就是说，立足于我、为我所用的积极的文化政策，开放大度的文化精神，使唐朝文化成为一个极为开放的文化主体，这一方面是由于国力的空前鼎盛，另一方面则是对自身文化极强的自信力。只有在此基础上，我们才有可能理解其海纳百川的胸怀与气度，这种胸怀与气度用鲁迅的话说就是："唐代的文化观念，很可以做我们现代的参考，那时我们的祖先们，对于自己的文化抱有极坚强的把握，决不轻易动摇他们的自信力；同时对于别的文化抱有恢廓的胸襟与极精严的抉择，决不轻易地崇拜或轻易地唾弃。""汉唐虽然也有边患，但魄力究竟雄大，人民具有不至于为异族奴隶的自信心，或者竟未想到，凡取用外来事物的时候，就如将彼俘来一样，自由驱使，决不介怀。"[①]

907年，唐朝灭亡，此后中国经历了短暂分裂的五代十国时期，960年，宋朝建立。

从统治疆域上看，宋朝也许不能与汉朝和唐朝相比，从政治军事上看，它也在与游牧民族或半游牧民族强国的较量中总是处于下风而落下积弱的历史"恶名"，但即便如此，宋朝在中国历史上却

---

① 鲁迅：《看镜有感》，《鲁迅全集》第 1 卷，人民文学出版社，1981。

有着与上述印象并不相同的"另一面"——事实上，从经济、科技、社会和文化各个领域，宋朝都取得了辉煌的成就，与唐朝一样成为中国历史上的"黄金时代"。① 农业在宋朝有了突飞猛进的发展，特别是随着南方的进一步开发、水稻在中部和南部的广泛种植，以及农业技术的改进，粮食产量得到了相当的提高，人口更是达到创纪录的一亿。商业在宋朝也出现了高度繁荣的局面，这促成了宋朝桑树、茶叶等经济作物的大量种植。北宋都城开封也不再有唐朝长安的坊、市之间的区别，这使城市更具商业气息和市井风味——张择端的名画《清明上河图》就极其详细地描绘了开封的繁荣景象。而在科技上，中国古代四大发明中的印刷术、指南针、火药，在宋朝都有了突破性的进展。而就"文化意识"来说，宋朝也是中国历史上的一个重要时期。在此，不能不提到宋朝的科举制度以及宋朝与北方游牧民族的关系。宋朝吸取唐朝和五代十国军事豪强割据的惨痛教训，为了限制武将专权，实行了比唐朝更广泛也更发达的以科举取士的文官制度，科举制度至此也达到了历史的顶峰。这一方面造成了社会流动性的增强和士大夫官僚阶层的崛起，另一方面导致中国传统价值观念通过科举而得到更大的继承和发展——为了在竞争激烈的科举考试中获得成功，读书人不仅要熟悉中国的历史沿革，更要对各种儒家经典著作烂熟于心。

由于在政治军事方面的积弱，宋朝遭受了游牧民族契丹、女真、蒙古的长期入侵，使中国的政治、经济和文化重心不断南移，并在这种边界不断移动的历史中逐渐有了"国境"的存在和国家主权的意识，因此在一些学者看来，宋朝已经形成中国式的近代民族国家。② 而且真正意味深长的是，正是外族的入侵及与"异国"的对峙，在造成宋代文化的守成性格（与唐朝极其开放的性格形

① 参看罗兹·墨菲《亚洲史》之第 7 章"中国的黄金时代"，海南出版社、三环出版社，2006。
② 葛兆光：《国境、国家和中国——也说"中国境域"》，2007 年 8 月 23 日《南方周末》。

成对比）的同时，恰恰也带来了使"文化中国"意识再度勃兴的历史契机。在与金朝（女真）的对峙和抗争中，特别是在北方沦陷后的南宋初期，收复中原成为宋朝官吏和士大夫的最大愿望，这不仅是因为北方是所有宋朝先皇的安葬之所，更是因为那里是中国所有主要朝代的建都之地，因此能否收复北方被看做"中国"是否得到保存的象征。这种王朝复兴的政治意识和中国文化意识相互交织、激荡，在辛弃疾的《鹧鸪天》、《破阵子》和岳飞的《满江红》等所流露出来的"爱国"情感和战斗精神，以及陆游"王师北定中原日，家祭毋忘告乃翁"的激越与感伤中，都得到了最集中的体现。在这里，"中原"不仅仅是一个国家政治概念，同时也是一个文化的概念，它代表的是中国文化的核心地带，正是它，触动了宋朝士大夫最为敏感的文化神经。而北方游牧军事强国的长期威胁，则从外部强化了文人士大夫的国家政治认同和中国文化意识，正如伊佩霞所指出的那样："（南宋）由于强烈地感觉到北方邻国的威胁，他们不愿意借鉴异国时尚，而是更希望于输出中国文化去同化异国。文人们因其产地的缘故而排斥外来之物。像晚唐时的韩愈一样，他们有时也排斥已传入中国近千年的佛教，仅仅是因为它不是本国土生土长的宗教。孙复声称，让'蛮夷之说'干扰'圣贤之论'是中国士大夫的耻辱……很多宋朝思想家认为，复兴儒学是强化中国文化精髓的最佳办法……有些儒学思想家致力于阐释关于世界观的哲学范畴，以便同佛教的理论相抗衡。"①

就此而言，如果我们将文化主权界定为一种基于自我认识与自我确证的文化自觉，那么南宋以降的中国文化意识，包括儒学复兴运动，其实是非常接近于我们对"文化主权"的理解的。在政治上面临外族的入侵，在思想上面临佛教的挑战，事实上，正是这些"他者"的存在，使以儒学为中心的中国文化的自我意识更加清晰化了。葛兆光先生指出，对异文明的警惕和抵制普遍地表现在对固

---

① 伊佩霞：《剑桥插图中国史》，山东画报出版社，2005，第109～111页。

有文明的阐扬上，北宋历史学上的"正统论"、儒学中的"攘夷论"、理学中特别凸显的"道统"说，都在从各种角度重新建构汉族文明的边界，拒斥异文明的入侵和渗透。[①] 这也从一个侧面表明，唐宋时期的儒学复兴运动，本质上是面对佛教传入中国后所造成的文化危机的一种自觉应对。这种文化上的自觉意识自晚唐的韩愈等人开始，到宋朝又有了新的更大进展，这就是以程朱理学为代表的儒学复兴。单就朱熹而言，其思想的核心在于"理气说"，即以"理"和"气"这两个范畴来论证宇宙本体和万物之间的同一性，论证本原和派生、普遍规律和具体规律，以及理与事物之间的关系。朱熹的影响不仅在于哲学上的独创，更在于他在儒学教化的普及性上所做的努力。在收复北方无望的情况下，他主张从基层着眼，变革家族和村社，通过兴办学校和出版书籍来普及知识。他把《大学》中的"格物、致知、正心、诚意、修身、齐家、治国、平天下"的儒家理想，化为一种生活实践，从天下、国家，到家庭、个人，大大地增强了儒学的形而上色彩，形成一套完整而周密的社会文化秩序。这也许在客观上使儒学由一种关于政治和社会制度安排的学说转化为控制人心的学说，从而深刻地改变和影响了儒学以后的发展路径和面貌。但从中国思想史的角度上看，朱子学说更是"致力于阐释关于世界观的哲学范畴，以便同佛教的理论相抗衡"的历史结果（宋明理学的"形而上"途径主要由佛教心性之论的刺激而起，佛教迫使儒家不得不在生命信仰与存在价值领域"鞭辟向里"，填补儒学的形而上学"缺失"），是复兴儒学、回归中国本体的文化守成主义的产物。此外，值得提及的是，朱熹的思想在他生前被朝廷诬为"伪学"，但在他死后不久却成为官方的学说，这种态度的急剧转变，按照伊佩霞的分析，可能是朝廷出于政治上的考虑："此时（1241 年），蒙古人已经征服了中国北部，南宋王

---

① 葛兆光：《国境、国家和中国——也说"中国境域"》，2007 年 8 月 23 日《南方周末》。

朝岌岌可危，为了得到广泛的支持，朝廷不得不努力向世人表明，尽管它没有统治中原大地，但它仍是中国文化的保护者，仍是儒生们最大的支持者。在以后的历朝历代，君主们均认识到，承认朱熹儒学为正统对他们有利。"①

三　多民族帝国的文化整合

从 10 世纪到 14 世纪，相对于中国本土（尤其是北方地区）的汉族而言，中国逐渐进入一个外族入侵和统治的时期。先是契丹人的辽国（907～1125）控制了中国本土的北部边境地区，接着是女真人的金朝打败了辽国，占领了整个中国北方，最后是蒙古人打败了金国，在控制北方的基础上，蒙古人于 1276 年灭南宋，建立了元朝。

就游牧民族完全从政治上"颠覆"中国而言，无疑是从元朝开始的。与契丹人一样，蒙古统治者尽管有着对中国物质文明的偏好，但种种证据表明，他们非但不愿意被中国文化同化，而且拒绝接受很多中国的社会政治习俗，几乎不任用汉人担任重要官职，他们用蒙古语处理行政事务，平时住在帐篷里，夏天回到蒙古度假。与此同时，由于种族隔离和种族歧视制度的实行，全国被划分为蒙古人、色目人、汉人、南人四个等级，这一方面进一步激发了汉人的民族认同意识，另一方面在相当程度上也保证了汉人可以保留自己的文化习俗和生活方式，而不至于受到统治者的过分压制。也正是这个原因，在从 10 世纪到 14 世纪长达几百年的外族入侵和统治时期中，中国文化不但没有灭绝，而且维护了文明的延续性，② 并

---

① 伊佩霞：《剑桥插图中国史》，山东画报出版社，2005，第 112 页。
② 与西方、中东和印度等帝国相比，中国文明得以维护其延续性的原因，既与地理上的相对封闭、文字的统一和科举制的长期推行等有关，也与中国庞大的人口规模紧密相关。中国在汉朝时的人口已达 6 千万，16 世纪是 1 亿，19 世纪中叶则是 4 亿。中国曾先后被蒙古人和满人征服和统治，也遭受西方的一再打击和破坏，但由于人数和文化上的优势，他们总能同化或驱逐入侵者，总能选择外来文化的某些方面加以改变，使之适应于自己的传统文化。参看斯塔夫里阿诺斯《全球通史》（下），北京大学出版社，2005，第 360 页。

在更广的范围内容纳了更多的民族文化，创造性地发展出像元曲这样独特的文化表达方式，为中国留下了丰富多彩的文化遗产。

在某种意义上，明朝恢复了中国作为一个传统帝国的发展形态。但从民族政治与民族文化的角度而言，明朝的建立显然被看做是汉人对蒙古人统治的一场胜利。朱元璋不仅重新控制了整个汉族地区，而且在西南的云南、贵州乃至西藏等少数民族地区扩展了帝国的势力。此后，明朝明显地加强了中央集权的力度，在帝国之内除了以严刑峻法来实现对政治和社会的控制之外，还通过将科举考试内容限定为四书五经等措施，来加紧对文化意识形态的控制。而在对外政策方面，当15世纪西方已经开始向海外扩张时，明帝国在东亚则有效地重建了传统的朝贡体系。由于当时明朝在世界上首屈一指的国家实力与地位，它有能力支持像郑和下西洋这样声势浩大且持续多年的帝国行为。作为帝国意识的一种象征，郑和下西洋的目的不是像欧洲人那样为了推进海外贸易，而仅仅是为了宣扬大明帝国的声威，这从一个方面表明中国到明朝为止，其看待外部世界的眼光和方式与传统帝国并无两样。由于在东亚并不存在一个足以与中国相抗衡的大国，中国传统的汉、唐帝国的文化认知模式在明朝得到了延续：中国处于世界的中心，这种中心不仅是地理学上的，而且也是政治和文化意义上的，而接受贡品和慷慨赏赐的朝贡体系的存在，则给处于中央地位的帝国带来道德上的优越感和文化上的荣耀感。

但大的变化也在明朝时开始出现，尤其是当欧洲的势力（如葡萄牙人和荷兰人）开始绕过非洲穿越印度洋到达东亚，与日本、中国商人形成了一个庞大而活跃的海上贸易共同体时，晚明的历史大变局就已开始浮现，这也是"全球化"初露端倪的时代。[①] 随着东西方彼此的接触日渐频繁，新事物和新观念也开始进入中国，西方文明对中国产生了最初的冲击。特别是来自欧洲的思想包括科学

---

① 樊树志：《国史十六讲》，中华书局，2006，第237～242页。

思想也随着传教士进入中国，意大利传教士利玛窦就是其中最为知名的一个。欧洲基督教世界关于哲学、科学和宗教的思想观念，开始与传统儒家文明有了初步的接触或冲突。很自然地，当时的中国人完全没有想到，正是这些在他们看来很难接受的思想观念，在两百多年后却有力地冲击了中国文化惯有的骄傲，并迫使其低下曾无限高贵的头颅。

　　历史有时总是惊人的相似。对于中国历史而言，在王朝的更迭这一常态之中，外族势力和中国本土势力的对峙，以及前者对后者的再一次胜利导致了中华帝国最后一个王朝——清朝的诞生。很自然的，满族入主中原受到了以汉族为主体的普遍抵抗。与蒙古人统治时所发生的相类似，反抗清朝不仅是对前朝的某种效忠，同时也是对本民族和文化的另一种形式的自我确认或认同。尤其是当满族人强迫汉人按照其习俗剃发留辫时，一种文化上的耻辱感让这一政策导致了血腥的反抗和同样血腥的镇压。但与元朝不同的是，清朝统治者在保留其政治文化制度（如满文和八旗制），甚至实行过严格的满汉隔离政策的同时，也更多地吸纳了中国传统文化。从皇太极开始，采用汉制和让更多的汉人出任官职已经成为清朝统治的一种发展方向。而当时间冲淡民族的伤痕，当汉文化在清帝国重新取得主导的地位，并相当程度上同化了满人时，儒家传统的"万物一体"的政治理论，① 不仅论证了外来王朝统治中国的合法性，也在无形中消弭了统治者和被统治者的民族区隔，并逐渐在政治和文化上将二者整合成一个新的共同体。

　　值得注意的是，在康熙、雍正和乾隆三朝，中国传统的帝国文化形态发生了微妙而又显著的变化。在这个时期，新疆、西藏、蒙

---

①　儒家的"万物一体"思想，以天道自然、宇宙一体、一体归仁、生命感通、生生和谐与天下大同为其基本内容，以其内在心性的感通性、类推性、扩充性，扩展出"一体之仁"的思维方式，集中体现和扩展了中国传统的天人合一的哲学思想。参看吴飞驰《"万物一体"新诠——基于共生哲学的新透视》，《中国哲学史》2002 年第 2 期。

古和台湾相继正式纳入中国版图，形成了一个单一而庞大的政治实体。这使帝国成为一个更为复杂的多民族的政治文化共同体。一方面，满族入主中原，在与汉族传统文化实现整合之后，形成一种新的国家文化意识，它使清帝国的"天朝"文化政治有效地重新确立其在亚洲的广泛影响；另一方面，在这种国家文化的内部，由于民族的多样化，以汉语文化为主体的国家文化并不能完全覆盖或统摄地区文化认同的多元化，在这方面，来自政治的统合性和认同就变得尤为重要。可以说，在中华帝国的各个王朝的更迭中，除了经济的一体化因素，文化认同和政治认同的结合，对于建立"中国"认同而言从来都是一个非常复杂的历史过程。正如汪晖所言："经典的民族主义特征之一是通过语言来界定民族性。文化主义者将中国的统一性归结为汉语的统一性……由于殷商甲骨卜辞的发现，方块汉字的奇特的持续性得到了证实，汉语书面语无疑促进了今天中国幅员内各民族、各地区之间的融合和同化。这是不同人群能够共存和共享一种文化经验的例证。但即使如此，汉语的统一性和政治架构的统一性也不能等同起来。中国的历代王朝都不是单一语言帝国，也不是单一民族帝国，更不必然是汉人建立和统治的帝国。……汉语语言的统一性并不能直接地过渡为帝国的政治统一性：满、蒙、藏、回均有自己的书写文字，但在蒙古、满洲王朝内，这并没有构成分裂型民族国家或民族帝国的根据；与此相反，朝鲜、日本、越南长期使用方块汉字，但在近代民族主义浪潮中，这些国家不但没有因为拥有共同的书写语言而成为中国的一部分，反而通过各自的方言民族主义建立了新的民族认同。……在这个意义上，文化同质性并不是形成统一国家的唯一条件，而文化的异质性也不是必然分离为不同政治实体的历史前提。那种认为中国只有文化认同而缺乏政治认同的说法是极为简单化的。"①

---

① 汪晖：《现代中国思想的兴起》（上卷第一部），三联书店，2004，第79~81页。

概而言之，清朝不仅在扩展政治版图上达到了中国历史中的又一个高峰，而且在多民族的文化与政治的内部统合上也为"中国"认同作出了极为重要的贡献。不过从与外国的文化交往来看，自唐朝以后，中国的历代王朝都再也没有恢复盛唐时的那种活跃而频繁的局面。与政治上的巨大作为、经济上的繁荣以及帝国版图的扩大相比，清朝的帝国文化却在进一步走向保守和内敛。在这种历史惯性之下，不断走向保守的帝国文化也随着政治版图的扩大和国力的相对强盛，而培养出一种比以往更为封闭的世界观，此时很少有人看到大清帝国在所谓的盛世之下的重重危机。

第三节　晚清以来的中国文化主权危机及其应对

一　现代民族国家体系与东亚朝贡体系的崩溃

长期以来，在东亚、东南亚一直存在着一个文化和政治意义上的"天下"，一个以中国为中心的"国际秩序"或"国际体系"。当然，这里的"天下"是一个以中国为中心、周边较小政治体为边缘的东亚文明共同体，它不仅是政治和文化意义上的地缘文明，也是一个经济意义上的地缘文明。在这个体系中，中国不仅对于东亚、东南亚来说是一个权力中心，也为所有周边较小的政治体提供政治合法性。在西方式的民族国家观念取得支配地位之前，中国在东亚长久地维持了一种稳定的国际政治秩序，这一秩序的表征就是以中国为中心的"宗藩朝贡体系"。在这种贸易成分占了很大比重的政治秩序中，中国是政治合法性的终极来源，周边国家只需象征性地向中国交纳一些供品，即可得到中国的政治认可，从而获得政治合法性。而作为权力中心的中国则以大大超出供品价值的回赠来保持"朝贡体系"的正常运转，并以最小的代价来保证其边境地区的平安无事。显而易见，这种以"宗藩朝贡体系"为标志的地缘政治文化格局，与欧洲近代以来形成的以民族国家为单位的地缘政治格局是根本不同的，前者形成了像中国那样强大的政治经济和文化中心，而欧洲则由于缺乏这种具压倒性优势的权力中心而处于民族国家林立、战争不断的历史当中。[①]

可以说，假如没有外部力量的介入和内部所起的较大变化，东亚的这种"国际秩序"无疑是非常稳定的。但随着时间的推移，这种由朝贡体系所建立起来的政治、经济和文化权力结构却遭到了前所未有的挑战，以至于最后不可避免地走向了崩溃。

挑战主要来自两方面的力量，一是欧洲主要的现代民族国家，二是东亚内部的日本。

如第三章所述，欧洲自中世纪起，就已存在大量的君主国家，它们成为现代民族国家的历史雏形。在15、16世纪西欧资本主义得以发展的同时，君主国内部中央集权的加强、民族文化意识的兴起，以及外部的国家之间的战争等，都为现代民族国家的出现准备了各种历史条件。在葡萄牙、西班牙、荷兰、法国和英国这些西欧最早出现的现代民族国家与基督教会和神圣罗马帝国的权力、利益争夺中，一种以民族国家为单位、以主权为核心的现代国家体系得到了确立，其标志便是"三十年战争"结束时《威斯特伐利亚和约》的签订。这一条约以法律的形式确立了"教随国定"和主权国家的原则，标志着现代民族国家最终凌驾于教会之上，并拥有无上的权威。至此，欧洲以现代民族国家为单位的政治格局由此成型。

与此同时，15世纪的"地理大发现"，也宣告了一个大航海时代的到来。自此以后，西欧便以主权国家为依托开始了向海外扩张的历史进程。在东方，先是葡萄牙在16世纪打破了穆斯林世界对东方贸易的垄断，然后将自己的势力扩张到印度洋和东南亚，乃至中国的澳门，逐步控制了这一地区的国际贸易；接着是荷兰在17世纪成为"海上霸主"，并成功取代了葡萄牙在东方的传统地位，

---

① 阮炜：《地缘文明》，上海三联书店，2006，第167～168页。

其势力甚至到达了中国的台湾地区。可以说，葡萄牙和荷兰在东方的贸易扩张和军事行动，已经有效地冲击了东亚的朝贡体系，其势力在东南亚的长期存在说明了传统的朝贡体系本身的脆弱性。

与印度和东南亚相比，西方势力较大规模地进入中国，形成对中国的整体性挑战，其实是相当晚近的。比如在 16 世纪时，葡萄牙还只是在印度建立起一些沿海据点，到 17 世纪，荷兰则成立了东印度公司，对印度开始了较大范围的殖民控制，而到了 18 世纪，英国取代荷兰，成为印度的实际控制者和宗主国。类似的情形也同样在东南亚的印度尼西亚和马来亚地区发生。

可以说，从资本主义世界体系的形成和发展来看，现代民族国家的出现可谓是其中的关键。事实上，正是以民族国家为载体，以及在民族国家的相互竞争中，资本主义才实现了快速的发展和全球性扩张。民族国家不仅是一个有效率的商品生产者，同时也是最有力的保障资本主义向外扩张的政治实体。在此过程中形成的现代国家体系及其行为方式，如国际法的产生和国家间自由贸易的进行，也随着西方的扩张而逐渐成为国际交往的"普遍"原则。

这就是中华帝国与西方民族国家在 19 世纪上半期相遇时的历史语境。不幸的是，在西方民族国家中通行的行为准则在东方古老的中华帝国遇到了麻烦，比如它们在与中国的贸易中长期处于严重的逆差状况。这种情形当然不是从 19 世纪才开始，至少在晚明时期，这种欧洲对中国的贸易逆差就已大规模出现，正如弗兰克在《白银资本》一书中所指出的那样，"外国人，包括欧洲人，为了与中国人做生意，不得不向中国人支付白银，这也确实表现为商业上的'纳贡'"，他继而指出，从 16 世纪中期到 17 世纪中期，中国通过"丝—银"贸易获得了世界白银产量的四分之一到三分之一。①

---

① 贡德·弗兰克：《白银资本——重视经济全球化中的东方》，刘北成译，中央编译出版社，2000。

但与此同时，18 世纪开始的英国工业革命导致了世界贸易体系的巨大转变，东印度公司和英国强大的海上军事力量日益在远东占据了支配地位。这也许部分地解释了中国在取得巨大贸易顺差时，却为何奇怪地采取了日益收紧的对外贸易政策：从 1644～1683 年的海禁，到 1684～1756 年的多口通商，再到最后的仅限于广州一口通商，闭关锁国逐渐成为一种国家政策。为了改变这种局面，以英国人为首的西方商人开始向中国输出鸦片。鸦片贸易在19 世纪达到了顶峰。接下来的故事就简单多了，在清朝决定抵制这种西方人认为的"自由贸易"并采取禁烟行动时，先是英国，后是法国加入了进来，发动了对中国的"鸦片战争"，用国家武力打破清朝"闭关锁国"的大门，并迫使战败的中国签订了包括《南京条约》在内的多个不平等条约。

鸦片战争的失败，对中国甚至亚洲的影响无疑都是异常重大的。一方面，这导致了在东亚存在两千年之久的以中国为权力中心的朝贡体系的崩溃，使在这一传统地区曾经不无自足的国际秩序因此而坍塌；另一方面，则是西方的现代"国家"体系逐渐取代了东方的"帝国"体制，最终迫使中华帝国向现代国家转化。而这种转化的标志之一，就是中国不得不加入到以民族国家为主体的条约体系中来。

当然，中国由一个传统的帝国向现代国家的转型在 17 世纪、18 世纪初就已经开始出现，其中的例子就是清朝与俄国在 1689 年签订了《中俄尼布楚条约》，从而标志着中国开始参与到以国家主权为核心的现代条约体系中去。在汪晖看来，现代主权是一种新型的国际性承认关系的产物，条约即是这一承认关系的契约形式；条约体系是现代民族国家出现的标志之一，其内含的"国家主权"理念正是通过条约的方式予以确认的。在鸦片战争之前，中国主导的朝贡体系和中国所签订的对外条约是并行不悖的，但鸦片战争之后，欧洲和中国签订的条约不再允许清朝维持朝贡体系的表象，欧洲殖民者将清朝与欧洲列强的冲突界定为前者对自由贸易的拒绝和对国际法的无知，在维持清朝主权的同时进而将清朝纳入欧洲国家主导的条约体系中，把传统的朝贡体系及其内外关系模式贬低为次要的、不合时宜的模式，这从另外一个方向促成了清帝国向单一主权国家的转化。[①] 就此而言，从鸦片战争后《南京条约》的签订等事实来看，中国近代以来由传统帝国向现代主权国家的过渡和转型，无疑带有相当强烈的被迫色彩。

另外还值得提及的是，除了来自西方列强的挑战，传统的东亚秩序还受到了来自内部的挑战和颠覆。毫无疑问，这一内部挑战者正是日本。

在非常长的历史时期内，日本和朝鲜、越南一样，都处于中国文明的笼罩之下，在文字、习俗、文学、建筑、政治制度等各个方面都深受中国的影响，成为东亚朝贡体系中由中国政治调控的边缘政治体。但在1592～1599年，丰臣秀吉统领下的日本军队在没有得到中国"许可"的情况下对朝鲜进行了军事侵略。尽管这次被中国称为"壬辰倭乱"的军事行动最后被明朝派出的军队所打败，但它却是东亚内部的一个边缘政治体对中心的政治权威所发起的第一次正面挑战。

此后，由于明治维新的巨大成功，日本不仅克服了来自西方列强的冲击，而且迅速地完成了从一个封闭的传统国家向现代民族国家的过渡与转变，深刻地改变了与中国的实力对比，并在1894～1895年的甲午战争中实现了历史性的逆转：日本打败了中国，签订了《马关条约》，将台湾从中国版图中划走。事实上，甲午战争的战败带给中国的刺激甚至比败于欧洲列强所受到的刺激更大：一直自命为"天朝上国"的老大帝国竟然惨败于东瀛小国日本，这种震惊体验极大地动摇了中国传统政治与文化观念的核心价值观。后来，在20世纪的1931～1945年，日本又发动了对中国本土的侵

---

① 汪晖：《现代中国思想的兴起·导论》（上卷第一部），三联书店，2004，第91～93页。帝国与民族国家的区别与联系，参看该书"导论"第二节"帝国/国家二元论与欧洲'世界历史'"的论述。

略战争。这些都使日本不仅从东亚内部瓦解、颠覆了传统的朝贡体系，而且与西方列强一起，重新改写了东亚的政治—文化秩序。

二　中国文化主权的危机

可以说，面对西方文明的强有力的冲击和日本的挑战，近代中国的失败以及传统秩序的崩溃，对中国的影响无疑是全面性、整体性的。这就是李鸿章所说的"三千年未有之大变局"：晚清以后中国文明突然整体性地瓦解了，不但是政治制度瓦解（表现为清朝统治的合法性危机、帝国式政治控制的松动，以及地方势力的崛起）、经济制度瓦解（表现为传统小农经济在近代工业经济面前的日益崩溃），而且连教育和文化体系都全盘瓦解。作为其中的一个标志，科举制度在 1905 年的废除，最终意味着传统中国的整个政治—文化机制的彻底崩解。

在这场关系到中华民族生死存亡的大危机中，文化危机也许是其中最为深重的危机形式，这点即便放在中国文化几千年来的历史中看也是如此。事实上，与中国前两次文化危机比起来，假如说发生在春秋战国的第一次危机只是中国文化内部出现的分裂和调整，第二次危机只是佛教等外来文化的和平传入，其冲击和挑战只涉及人的生命信仰领域而不涉及社会政治与国家制度领域（借用《大学》中的话来说，佛教的挑战主要是在"修身"以下的内容，即正心、诚意、致知和格物，在齐家、治国、平天下方面，佛教对儒学则基本没造成冲击，因而最后被中国强盛的国力、领先的文化以及较强的文化自信所"化"掉），那么晚清以来的这次文化危机则与前两次完全不同。其根本不同之处就在于：这次文化危机是另外一种更先进的现代文明以"民族国家"（"主权国家"）的形式及强大的国家能力发动的对中国这一传统文明"帝国"的全面挑战与冲击，在强大的现代民族国家体系压倒性的优势面前，由于与"民族国家"相关的传统资源的根本性匮乏，中国在社会、政治、经济、伦理上完全处于进退失据的困局中，其结果就是导致了一种包括制度文化和观念文化在内的中国主体意识的空前动摇和深刻危机——传统的价值和文化资源再也不足以支撑起中国文化的自我确证，或者说以往不证自明的一切都已经动摇，进而开始对自己作为文化主体产生了深刻怀疑和全面批判。就此而言，与前几次危机相比，晚清以来的文化危机，从根本上说是一次前所未有的关于文化主权的危机，危机的重心不仅在于"文化"，更在于"国家"，因而也是一场政治性的危机。因此，在如何看待与化解这次延续至今的这场"三千年未遇之大变局"的问题上，以往的分析与解决途径，之所以是无力或无效的，主要与没有将中国的文化危机放在"主权国家"的框架中来予以考量、缺乏主权意义上的文化政治意识紧密相关。①

而从这场文化危机的表现来看，首先就在于中国"文化主义"的宇宙论和世界观面临巨大的挑战。在中国的传统文化观里，"天下"一直是其核心的宇宙论和世界观。尽管实际上中国的"天下"只是指早期的"九州"或指后来的东亚文明圈，但就其哲学思维方式与理论视野而言，在老子的"以身观身……以邦观邦，以天下观天下"中，"天下"是一个比"国"更饱满的或更完备的"世界"概念，它既指"天、地、人"中的"地"，即天底下所有土地，也指天下"民心"，更指向一种四海一家的理想，② 这一概念所体现的是一种普遍主义的思维方式。在这一普遍主义的世界图式里，中国居于中心，而各个没有文明化的夷族则处于中国的周围，这种根深蒂固的"华夷之辨"，在夏商周三代形成之后，一直构成中华帝国的自我认知模式，并存在于传统的对帝国内外关系的认识中。

---

① 在这方面，梁启超在其一百年前的名著《新民说》中就已经明确指出中国人历来"只知有天下而不知有国家"，因此中国人没有"国家意识"，从而无法形成现代西方人所具有的强烈民族主义和爱国主义。参看梁启超《新民说》，《饮冰室合集》第 6 册，中华书局，1989。

② 赵汀阳：《天下体系：世界制度哲学导论》，凤凰出版传媒集团，2005，第 40～41 页。

　　然而，欧洲列强的入侵和来自日本的挑战，却逐渐地瓦解了这一传统的"帝国"文化认知模式。在此过程中，中华帝国虽然没有解体，但帝国的普遍主义却受到了前所未有的质疑，关于"天下"的世界观逐步让位于一种以民族国家为单位和视野的国家体系和国际法体系，普遍主义的帝国被置换、"降低"为特殊主义的国家。正如有论者所指出的那样："近代之前的中国意识乃是一大一统的'天下'意识，血统中国、地理中国、文化中国、政治中国、道德中国都成一体。不幸的是，这个完美的中国，终于被西方帝国主义打破了。中国开始从'天上'掉下来，变成现代'人间'的国际社会中的一个国家。而且在现代的'世俗'变化中，血统、地理、文化、政治、道德的支持力量，也逐渐'退回'其本来的角度，使中国变成没有神圣色彩的'国家'。"而"着眼于民族国家塑造的目标，统一的民族国家必然也需要有共同的语言。而在这一民族国家的自我塑造过程中，也产生了另一认同的重要来源——近代民族国家反抗外来帝国主义的共同意识。这样就产生了从传统的文化共同体意识到现代的民族意识的转变，并且这一经验也逐渐被大多数人认为是理所当然的、无可置疑的"。[①]

　　概括来说，儒家的"修身、齐家、治国、平天下"的道德理想主义，以及文化普遍主义的"天下"观，与在欧洲发展起来、并在世界逐渐建立其支配地位的"民族国家"世界观是针锋相对、格格不入的。以政治、经济制度为例，建立在现代主权观念上的民族国家与议会制度、建立在革命动员理论上的政党制度、建立在理性基础上的法治制度、建立在跨国公司上的市场制度、建立在国力优先上的财政制度、建立在资本无限追求利润上的公司企业制度、建立在服从国家竞争目的上的教育制度等，都是中国制度文化和知识传统中所没有的。传统中国有的是"大一统"的礼乐刑政制度、

---

　　① 张旭东：《民族国家理论与当代中国》，当代文化研究网 http://www.culstudies.com。

治理社会的科举制度与文官制度、情理合一的礼法制度、不以追求国力为优先考虑而是满足国家实际治理需要的财政税收制度，其教育制度是为了培养"君子"和有道德的治理国家的人，而不是为了服从国家竞争富强的目的。这样，中国文化在制度层面遇到了很大的危机，以至于在西方列强的挑战之下不知道该如何回应。[①] 在这种情况下，与以往普遍主义的自我认知和自我确证相比，"中国"的文化主体位置被相对化、特殊化和最终客体化了。这其中前后的文化对比和断裂，构成了中国文化主权危机的根源。这也是在鸦片战争前后，中国的士大夫和部分敏感的朝廷官员开始意识到，必须将对这一新的世界格局的认识转化到王朝的自我认识中来，并重新确定中国的内外关系的基本原因所在。

这种新的自我认识和内外关系的调整（在某种意义上代表着一种新的文化自觉），其实代表了两种文化类型的转换，即"传统文化"开始向"现代文化"艰难转化。而且，如果在19世纪90年代之前这种文化转型还只是渐进式的话，那么之后随着中国新一代知识分子的崛起，则进入到一个激进的反传统思想传统中。当然，由于当时中国的政治和文化架构还没完全崩溃，这些早期的激进派对于传统文化的攻击还局限于中国古老传统的一些点或面。但崛起于五四时期的第二代知识分子，对传统则采取了全盘的反抗和否定态度。在他们看来，传统中国的文化、社会和政治是一个有机体，其中的每一部分都具有整个传统的基本特性——陈腐而邪恶，因此必须对之进行全盘的反抗和否定，中国才能生存和发展。在林毓生先生看来，这种整体性反传统主义的影响所及，使中国的民族主义形成了独特的性格，这种性格在其他各国的民族主义中是非常罕见的。因为一般而言，民族主义的自觉是经由对自己民族之过去的珍惜之情而培养出来的，民族主义者通常倾向夸耀与歌颂自己的

---

① 蒋庆：《中国文化的危机及其解决之道——在西南政法大学的演讲》，http：// www.confucius2000.com。

历史与自己的文化，但陈独秀、胡适和鲁迅等五四时期的反传统主义者（也是最具代表性的民族主义者），虽然也认为他们的传统文化与政体是特有的民族生活的源泉，但他们却与这个传统文化与政体产生了极大的疏离感，为了民族的生存与发展，他们对中国传统文化和政体进行了强烈的反抗与抨击。而整体性反传统主义与民族主义在思想上的混合，却产生了极大的紧张，造成了日后中国思想史和政治史上许多难以解决的问题，可视为中国意识危机的一种反映。[1]

与此相应，中国文化主权问题的内在特征，不仅在于它是中国文化政治的整体危机的伴生物，也在于它不是经由肯定而是通过激烈批判、否定自身文化传统而生成的。相比较而言，这与欧洲的文化主权问题无疑是有着根本不同的。自然，全盘反传统主义出现的语境是来自西方的全面冲击，两者是双面一体的历史关系。但无论如何，其指向却是一致的，这就是除了传统的宇宙论和世界观，其他中国传统文化的核心价值内容也开始受到巨大的挑战和激烈、彻底的批判，其结果则是进一步加深了中国文化主权的危机。

在全盘性反传统运动中，儒家思想首当其冲，这显然是可以理解的。事实上，从孔子总结出儒家思想的原则，到董仲舒将之发展成为中国主导性思想意识形态，再经过宋明理学、陆王心学等的发展，已形成一个涵盖天下、国家、家庭、个人的无比庞杂而周密的思想体系，它对于中国的政治秩序、社会结构、家庭伦理和个人的世界观、价值观和生活方式等方面，都有着根本性的影响。正是个人、家庭、国家、世界之间的这种高度同构性，使得任何一方面出问题，对中国整体的影响都是根本性的。在此意义上，儒家思想被看做是中国近代以来所面临的各种危机的思想根源，也就可以理解了。换句话说，既然以往作为政治和文化基础的儒家思想现在已经

---

① 林毓生：《五四式反传统与中国意识的危机》，《中国传统的创造性转化》，三联书店，1988。

不能作为应对外部挑战和化解危机的有效手段，传统本身也无法继续成为中国人生活世界的自明的目的，那么它的历史合法性和合理性也就十分可疑了。这既是中国前所未有的政治和社会危机，也是中国人的精神危机——中国人特别是士大夫安身立命的价值取向和精神认同发生了断裂。

可以说，与一时一地的政治危机和社会危机相比，这种文化认同的危机，无疑是更为深重的。以往王朝更迭而文化不灭的历史显然再也难以为继，即便不认同一时一地的王朝也可以认同于中国文化的传统模式的做法（将政治认同与文化认同区分开来）也不再可行，因为"中国文化"存在的合法性根基已不复存在。这种深重的文化危机导致了中国文化在位置、方向上的无所适从，更重要的是它对中国文化的自信心所造成的根本伤害。借助于坚船利炮，也借助于强大的政治、经济和社会制度实力，西方文化通过"国家主权"的方式向中国扩张，在这种扩张中，西方被认为是先进的、文明的、现代的，而中国则代表着与此相反的一切——落后、腐朽与黑暗。当这种文化上的等级结构内化为中国人的潜意识时，中国不仅再也难觅高度自信的盛唐文化图景，而且随着"新文化运动"的开展，全盘否定、取缔中国文化传统的批判指向，所表征得更多的，恰恰是中国文化软实力与自信力的历史性失落乃至中国文化主权的全面性溃败。

三　追寻新的认同：对文化主权危机的应对

就发生学而言，中国文化主体或文化主权问题的浮现与形成，在某种意义上是在"自我/他者"之间所进行的区分或比较的产物，是普遍主义的文化认知模式转化为一种特殊主义的自我意识的结果。

在张旭东看来，从认识论上说，每一种文化，在其原初的自我认识上，都是普遍性文化，是就人与自然、人与人、人与世界、人与神、人与时间等基本生存维度所作的思考和安排；而且，任何具体的文化或价值体系，在尚未进入同其他文化和价值体系的历史性关系和冲突之前，根本就连辩证法意义上的特殊性也没有，只有抽象的形而上学意义上的普遍性。换言之，每一种文化在刚开始形成时，其看待世界的角度和视野都是"普遍主义"的，只有在"他者"出现、并与"自我"形成一种历史的比照关系的时候，它才会从普遍主义转化为一种特殊主义，而这恰恰就是文化主体意识生成的时刻。对主权的理解也同样如此，"主权"在此被看做是政治哲学和文化认同意义上的主权，即主体性的最高的自我认识和自我确证。① 显然，我们所说的文化主权意义上的自我认识和自我确证，其逻辑前提正是自我与他者的比照关系，最终体现为一种文化政治意识。

长期以来，由于在东亚、东南亚和中亚不存在一个对中国这一权力中心有持续挑战力的政治实体，使中国在普遍主义的"天下"观中，得以形成一种文化中心意识上的自足。在这样的情况下，其实是无所谓文化主体或文化主权意识的。然而，当近代欧洲先以坚船利炮，继而以包括政治、经济、社会和文化制度等发达的现代文明形态，以一个强劲的"他者"形象全面冲击和挑战中国，导致中华帝国支离破碎时，这种文化主权意识才会历史性地浮现出来。可以说，文化主权意识是在抵抗他者（以西方文化为代表），同时又抵抗自身（以中国文化传统为对象）的"挣扎"过程中逐渐形成和产生的。这既是在"三千年未遇之大变局"中对文化危机的一种应对方式，同时也形成了新的政治文化传统和历史经验，它在百年以后的今天，依然有着极其重要的价值。

自然，文化主权问题的出现，是与中国近代政治的发展进程紧密联系在一起的，特别是与中华帝国向现代主权国家的过渡和转化密切相关（具体表现为"传统文化"向"现代文化"的演变）。晚清大变局的出现，既是西方资本主义的生产、贸易体系向世界扩

---

① 张旭东：《全球化时代的文化认同》，北京大学出版社，2005，第 1~2、92 页。

张的结果，同时也是西方现代民族国家体系形成霸权的产物（从数量上看，当时的民族国家其实只占全世界"国家"的少数），这引起中国一系列变革和转型的出现。从社会变革来看，中国近代以来的所有社会变革可以说都围绕着一个目标，即重建一个强大的中央集权国家。这构成了中国社会变革的根本动力。就此而言，发生在20世纪的中国革命被广泛地称为一场民族革命，但这场民族革命的真正后果是将中国从一个帝国转化为现代民族国家体系中的主权国家。与此相适应，则需要建立一种新型的中国认同模式，即一种超越家族、地方、族群的民族国家认同模式。这一认同模式的确立，一方面得益于对中国传统政治—文化资源的援引，如中国长期统一所形成的传统政治认同，以及汉字书面语系统的高度稳定对文化认同的维系；另一方面则得益于在外部力量的冲击之下所做出的种种自我调整，包括从帝国向主权国家转化过程中所出现的改变等，都构成了中国面对危机时的应对方式。

而从文化的内在理路而言，中国面对文化危机的应对方式，大体上是从两个基本向度进行的，一是对自身文化传统的质疑和反思，二是积极向西方学习。这是两个相互交叉、也相互联系的过程："西方"代表着先进、现代、文明与进步，而落后的中国文化传统不足以支撑中国避免危亡和走向富国强兵，因此必须以西方作为效法、学习的对象。

特别值得注意的是，在如何学习西方和化解文化危机的诸多理论方案中，张之洞提出的"中学为体、西学为用"的观点无疑是其中最有名、也最具理论生产力的。甚至可以说，"中体西用"其实是关于中国文化主权问题的一次完整表述。

事实上，"中体西用"是晚清士人在西方冲击下逐步形成的一个变革性共识，即中国传统的政教模式已不适应当时的局势，必须有所改变、有所革新，但既有的思想或知识资源又不足以回应当下的变局，所以变革的一个主要内容就是学习西方，希望从中找到一个中西文化的交会点，将异文化的某些部分整合进自己的文化之中，正所谓"中学有未备者，以西学补之；中学有失传者，以西学还之"。可以看到，这正是中国传统哲学思维在那个时代的延伸：立足"中国"，"化"掉他者。但由于此时的"中体"已经处于一种危机之中，它已不再具有足够的力量来保存自身，因此必须通过学习"西学"来维护"中学"的主体地位。实际上，尽管这里面有文化策略方面的考虑（如减少因提倡西学而带来的社会阻力），尽管它也为中国后来的"全盘西化"思潮提供了某种路径可能，但就其本意来说，更多的是在民族救亡图存语境下就如何维护中国文化主体进行的战略性思考。可以说，"中体西用"既为当时和以后大规模地向西方学习提供了理论基础和合法性论证，也为在向西方学习时保持中国文化的主体位置预留了空间。

从过程来看，近代中国败于西方，是因为西方的"坚船利炮"，因此向西方学习，是从器物开始的。这其实也是魏源提出"师夷长技以制夷"的题中应有之义。而其中最为集中的体现，则是 19 世纪 60 ～ 90 年代的"洋务运动"。但不幸的是，洋务运动最后破产了，仅仅想单纯地通过发展近代军工等洋务来达到自强的目的，是注定要失败的，其失败的标志就是 1894 ～ 1895 年的中日甲午战争。天朝大国输给了东瀛小国日本，这种震惊体验和巨大耻辱感是空前的。在单纯学习西方器物失败后，时人认识到器物只是"西政"的产物，因此必须从学习西方的器物转到学习西方的民主政治制度中来。这种历史逻辑的结果就是康有为等维新派及"清末新政"的出现。但清帝国的这次有限的内部自我调整，并没有有效地化解内外危机，并随着 1898 年百日维新运动的失败而走向终结。

继洋务运动和百日维新运动之后，中国近代向西方学习的第三个阶段是 20 世纪初的"新文化运动"。在学习器物与政体阶段之后，越来越多的人认识到，西方的军事、技术、政治、经济和文化是不可分的，正如严复所说，张之洞等洋务派的"中体西用"方案是有问题的，因为"体"和"用"是不可分开的。严复说"牛体不能马用", 而"中体西用"实际是"牛体马用"的文化解决方案。中国的落后不在于器物上, 而在于最为深层的思想文化层面。在他们看来, 西方近代的民主、科学、自由、平等、理性、权利等思想观念才是西方强大的真正原因, 与这些西方核心价值比起来, 中国传统文化不仅严重窒息了中国发展的活力, 而且也是中国积贫积弱的历史根源, 因此, 必须在反传统的同时, 加强对西方的学习, 以期在一种自我否定、反思和挣扎中, 重新建构中国文化的主体性, 重新建立中国的文化认同, 最后达到中国文化的重生。

自然, 反传统和学习西方都并未使新的文化认同以清晰的面目出现——这注定是个长期的、曲折的过程, 因为正如我们所指出的那样, 中国文化主权在中国从传统社会向现代社会转型过程中遭遇了深层危机, 它必须经过国家类型的转型及其背后的文化类型的转化 (即由传统中国文化类型转化为现代中国文化类型) 才能有效地缓解和摆脱。在这个缓慢的转型过程中, 1949 年中华人民共和国的成立, 无疑是一个转折的标志: 这一事件既表明中国在政治、经济上获得了完全的独立, 并以一个真正的主权国家形象崛起于世界, 而且它对于中国文化主权来说, 也是一种根本性的维护。当然, 假如我们将文化主权看做是文化主体性的自我认识和自我确证的话, 那么中国文化主权问题的困境就在于: 由于在西方的外部冲击和中国的内部批判的双重影响下, 整体性的"中国文化"已经支离破碎, 因此在其主权问题历史性生成的那一刻 (与西方文化区别性的"他者特征"联系在一起), 中国却找不到一种稳定的、具有内在自我意识的"中国文化"作为需要维护或捍卫的主权"内容", 因为一切都还远未成型, 一切都还在不断的追寻当中。在此过程中, 文化上的中西之争、古今之争、传统与现代或激进与保守之争都曾出现了历史的反复, 它一方面造成了中国人在精神、文化上的巨大断裂和巨大痛苦, 同时也为一个新的中国认同的出现创造了一个开放性的历史空间。在这一空间之下, 显然已经不存在一个先验的、本质化的"中国文化认同", 因为在"中国文化"

里，已经历史性地融合了各种各样的因素，特别是近代以来的西方文化因素，这一方面使得中国文化不再"纯净"，但另一方面却复兴了"来者不拒"的中国文化传统，因此也创造了一个新的历史传统。在"中国"这一指称之下，这个新的历史传统结合了几千年的古老文化传统、"1840"以来的百年反抗和挣扎的文化传统、"1949"以来的社会主义文化传统，以及近 30 年来的改革开放的文化传统。在相当意义上，这几部分中国思想文化的宝贵传统，其实都构成了我们今天思考中国文化主权和国家文化软实力问题的思想文化资源。①

---

① 在甘阳看来，中国的软实力资源主要就在于中国古典文明传统和中国现代社会主义传统，简单地说，中国的软实力在于儒家与社会主义。发展中国的软实力，就是要深入发掘儒家与社会主义的深刻含义，这将是我们时代的最伟大课题。参看甘阳《关于中国的软实力》，2007 年 5 月 16 日《21 世纪经济报道》。

第五章
通过文化主权拓展国家利益

    清晰的国家利益观是制定国家战略的基本前提，一个国家的国家利益如果是混沌的，将导致它的国家战略缺乏目标感甚至互相冲突，使国家走向衰败。传统的国家利益一般由军事、经济等物质性的因素构成，或者至少是强调物质性因素在国家利益构成中的决定性地位和作用。这也是古代国家基本上是军事国家的主要原因，只要凭借其强大的军事力量，就可以征服其他国家成为强国。

    随着主权国家的兴起，军事力量越来越退到国家的背后，制度性力量越来越走到国家外交的前台来，这是因为主权国家说到底是一种世界政治秩序的制度性结构，它构成了对军事国家的制约，或者说，如果一个国家不能加入到这样一个主权国家的制度性结构中去，它必然会被边缘化而失去国家在新的世界政治秩序中的主导权。这样，观念性的国家利益就成为一个国家利益构成的核心因素。

    其实，传统中国的国家利益就是以观念性国家利益为主构成的，传统中国通过观念性的力量把周边的其他国家制度化到自己的帝国体系之中，这是它维持中华帝国长盛不衰的重要原因。只

文化主权与国家文化软实力

192

是后来这样的帝国国家体系在和西方主权国家体系的竞争中衰落
了。我们今天重新来看这一段历史，应当比较清醒地认识到，在
西方历史内部，它们已经经历了帝国国家体系和主权国家体系的
竞争，这一竞争虽然是军事力量的竞争推动的，但是从根本上是
国家制度性观念的竞争最后决定胜算的。所以，对晚清以来的国
家危机，我们需要重新回到观念性国家利益这一问题上来，即我
们能否在国家利益的构成上提供更加具有竞争性的观念性力量。
这是中国和平崛起的重要前提，也是中华文明复兴对世界政治秩
序的贡献。

我们提出文化主权概念，以及通过文化主权来拓展国家利益的
思路，就是基于这一认知。考察近代以来英国的衰落和美国的兴
起，一个很重要的因素就是美国不是像英国那样通过军事力量来拓
展国家殖民地这样的国家利益，而是通过观念性的力量寻求其他国
家的认同来拓展美国的国家利益。这一国家崛起的战略思路对我们
正在兴起的大国战略具有重要的借鉴作用。所谓观念性的国家利
益，某种程度上就是一个国家的文化主权的构成要素，其外化的
表现就是一个国家的软实力。如何构建我们的观念性国家利益，
在现实的国际政治权力格局下，我们提出一种理想的现实主义国
家利益观。我们的目标是理想的，我们实现目标的手段是现实主
义的。

党的十七大前后，国家战略在国内已经从相对单一的经济
政策转向多元的社会政策，从经济效率优先走向与社会公平正
义并存；在国外，通过区域合作主义，以和谐世界的价值理念
型构区域政治秩序的思想框架，通过中国文化软实力展示中国
崛起是世界各国的共容利益最大化，尤其是对非洲等发展中国
家的债务免除，彰显了中国在承担世界政治秩序的利益攸关方
大国责任，并在一定程度上建构了中国在第三世界国家的价值
主导能力，这正是对"中国特色的社会主义"这一国家理念的
继续和发扬。

第一节 物质性国家利益和观念性国家利益

一 国家利益的性质与判定

一个国家如果缺乏清晰的国家利益观，那么，它就可能在自己的前进道路上失去方向，从而走向衰败，对于大国来说更是如此。大战略研究的根本目的就是为了界定和实现国家利益。国家利益决定了国家发展的基本方向，决定了国家资源需求的数量，也决定了国家为了实现其目标所遵循的对国家资源的配置和使用方式。国家利益对于一个国家的制度建设及外交政策具有非常重要的作用，所以，认真研究国家利益的性质及其判定是我们制定相关政策的前提和基础，也是我们制订大战略、谋划国家行动的指南。

在我国社会主义建设初期，我们一般是不谈国家利益的，并且国家利益这个概念在一定程度上是贬斥意义上的，我们一般使用的是民族利益或者阶级利益。这是因为当时我们还是一个革命国家，我们是世界革命的一个中心，革命，即解放无产阶级是国家发展的根本动力，它和民族国家以国家制度建设为国家发展的根本动力不同。直到 1978 年实行改革开放，国家战略政策才从以阶级斗争为中心转移到以经济建设为中心上来，中国因此也从世界革命的一个中心成为世界经济的一个中心。对于这个巨大的变化我们在后面分析观念性国家利益时还会进一步阐述，即国家理念作为一种观念性国家利益，它是文化主权的一个重要体现和实现方式。在革命国家这个时期，中国的国家利益就是阶级利益，是全世界无产阶级的利益。中国在当时是世界革命的发动机和革命思想的生产基地，是世界革命国家的精神力量。虽然这给中国人民造成了很多的灾难，如"大跃进"和"文化大革命"，但是从当时中国的国际和国内环境看，选择世界阶级利益作为中国的国家利益，本身就是中国民族国家建设的一个组成部分，因为没有一个世界革命的环境，中国的国家统一就缺乏民族凝聚力的现实条件与思想条件。当时共产党也好，国民党也好，能够在全国范围内提出国家统一，结束军阀割据的国家分裂状态，世界革命是一个重要的背景。①

国内学界关于国家利益是否具有阶级性的讨论，也就是国家利益有阶级性和没有阶级性的分歧，国家利益是以阶级还是以民族国家为依归，是我们理解中国国家利益性质的思考前提。国内学界关于国家利益的阶级性问题，大抵分为两派，一派认为国家利益是有阶级性的，其根据是马克思主义经典作家对国家概念的界定，即国家是统治阶级实行暴力统治的工具。这样，国家利益就是统治阶级对其利益的追求。例如张季良先生在其《国际关系学概论》一书中就提出，国家"是统治阶级实现自身利益的工具……任何一个国家对于其外利益的追求，都首先表现为对于统治阶级经济利益的追求"。② 金应总和倪世雄先生在他们合著的《国际关系理论比较研究》中也认为："统治阶级掌握了国家机器，行使国家权力，统帅军队……它代表了国家利益。"还有的人在统治阶级利益和国家利益之间画上等号，认为"国家利益就是一国占据统治地位的阶级利益"。③

与此相反，另一派认为国家利益没有阶级性。以研究国家利益著称的清华大学国际问题研究所所长阎学通教授认为，之所以有的学者认为国家利益具有阶级性，是因为"国家利益"这个词在汉语中具有双重含义。一个是国际政治范畴里的国家利益，指的是一个民族国家的利益，对应的英文词是 national interests，和这个词相对立的概念是集团利益、国际利益或者世界利益；另一个概念是国内政治意义上的国家利益，是政府的政权权力利益或者政府所代表

---

① 阎学通：《国家政治与中国》，北京大学出版社，2005，第11～13页。
② 张季良：《国际关系学概论》，世界知识出版社，1990，第58页。
③ 转引自高金钿《邓小平国际战略思想研究》，国防大学出版社，1992，第69页。

的社会公共利益，英文词是 interests of state，和它相对立的概念是
地方利益、集体利益或者个人利益。阎教授指出，把国家利益等同
于统治阶级利益的观点，是把国际政治范畴的"国家"（nation）
与国内政治范畴的"国家"（state）混为一谈了。国内政治中的
"国家"在更多情况下是指政府，是一个组织机构，因为政府是由
统治阶级所控制，政府的利益与统治阶级的利益是一致的，而与被
统治阶级的利益是对立的，因此，在国内政治意义上的国家利益是
有阶级性的。但是在国际政治中的"国家"是由人口、领土、政
府和国际承认的主权为核心要素构成的一个政治单位，它的利益具
有全民性和民族性，没有阶级性。首先，在国际政治中的"国家
利益"是指一个民族国家的整体利益，这种利益是由统治阶级和
被统治阶级共享的一种利益。其次，把国家利益和统治阶级利益等
同起来的观点还混淆了国家和政权的区别。统治阶级利益严格来说
只能是政权利益，这个政权利益在有的时候很可能是和国家利益相
背离的。例如在历史上出现的"卖国政府"，这个时候政权利益往
往凌驾于国家利益之上，统治者往往通过牺牲国家利益来维护政权
利益。阎教授指出，国家利益不具有阶级性并不等于否认统治阶级
利益在一定条件下可以和国家利益重合，但是这种重合并不能说明
国家利益具有阶级性，提出国家利益不具有阶级性的意义在于：首
先是可以区别国家利益和统治阶级利益，突出了国家利益的客观存
在性，它是不以统治阶级的主观意志为转移的；其次是可以辨析统
治阶级时常把统治阶级利益装扮成国家利益所造成的混淆，以理解
国家利益和阶级利益之间的逻辑关系。此外，更大的意义可能还在
于，通过正本清源地梳理国家利益的客观性基础，可以终结我们以
前以阶级利益取代国家利益的历史。[①] 过去很长一段时间内，国家
利益在我国并非理直气壮的话语，人们很容易把它与狭隘的民族主
义牵扯在一起，认为过分渲染国家利益与无产阶级国际主义的宗旨

---

① 阎学通：《国家政治与中国》，北京大学出版社，2005，第 14 ~ 15 页。

背道而驰。中国共产党第十二次代表大会明确提出国家利益是我国制定对外政策的目标和依据，这是改革开放以来中国外交做出的重大转变，从此，我国不再以社会制度和意识形态的异同来决定国家关系的亲疏远近。① 学术界对国家利益的研究时间并不长，欧美国家也是从 20 世纪四五十年代才开始了国家利益方面的研究，苏联学术界从 70 年代开始，我国到 80 年代才开始讨论国家利益问题。

国家利益这个概念并不是从国家产生开始就有，而是经过了较长时间的历史演变。即便是到了民族国家建立以后，统治者的个人意志和王朝利益仍然在很大程度上支配着国家的对外政策。在欧洲，直到 19 世纪末，王朝利益外交才开始走向尾声。美国著名历史学家查尔斯·比尔德（Charles Beard）认为，经历了一个世纪的发展，直到一战结束，王朝利益外交才销声匿迹。19 世纪末期，美国的海权理论家艾尔弗雷德·马汉提出国家利益应是外交政策的首要考虑的观点，明确了国家利益和外交政策的关键。比尔德研究了国家利益这一概念在近代的演变，特别是从王朝利益向国家利益的转变。比尔德指出，这一概念在第一阶段是"王朝利益"，即每个君主都渴望维护并且尽可能扩大自己的版图及他对土地和人民的统治；随着版图中越来越多的集团将自己的具体利益同君主的利益混为一体，王朝利益便让位于国家利益，尔后国家利益的概念又渗入国家荣誉的思想。随着国家体系的出现，公众对政治控制的影响的增加，以及经济关系的巨大发展，国家利益这个新提法的界限才逐渐被确定下来。②

国家利益是国际关系理论中的核心概念。自 20 世纪四五十年代开始冷战以来，国家利益是美国为明确自己的国家安全战略而发展出来的学说。它以地缘政治为基础，以现实主义的思想为特点，

---

① 张旺：《意识形态与国家利益》，《社会科学》2005 年第 7 期。
② 转引自张旺《意识形态与国家利益》，《社会科学》2005 年第 7 期。

通过分析国家利益，以及进一步分析威胁来源及程度、可动用的战略资源，形成国家安全战略。关于国家利益在美国有不同的理论流派，汉斯·摩根索（Hans Morgenthau）的现实主义理论被认为是有重要影响的学派。摩根索用"权力"或"实力"（power）界定国家利益，是现实主义学派的代表。在摩根索看来，美国人先后以武力对抗轴心国和苏联不是出于对自由与正义的抽象爱好，而是因为他们最深刻的国家利益受到了威胁。他曾写道："国际政治，如同一切政治，是一种为权力而进行的斗争。"他认为判断外交政策的客观标准应该是：政治家们是否用实力来界定国家利益，也就是说，政治家的决策是维护、增强还是浪费、削弱国家的实力？[①] 他进而提出："任何按国家利益这一标准实施的对外政策都必须与我们称之为一个国家的自然、政治和文化的实体有某种关联。在一个若干主权国家为了实力而相互竞争与对立的世界上，所有国家的对外政策都必须涉及作为最低要求的生存。因此，所有国家都做它们不能不做的事情：保卫它们的自然、政治和文化认同，防止他国的侵害。"[②]

国内学者戴超武分析了现实主义国家利益理论的兴起。[③] 在两次世界大战期间，西方学术界对国际法、国际组织和国际贸易的发展所具有的价值给予高度的重视和信赖，理想主义的思潮盛行于西方国际关系学界。当时理想主义对国家利益的认知是：强调国家间国家利益的相互依赖与相互补充，在国际法和国际组织（如国际联盟）的框架中，确定各国合理的国家利益，以谈判、妥协、条约等手段和途径实现国家利益。但第二次世界大战的爆发使得学术界的希望

---

① 汉斯·摩根索：《国家间的政治》，商务印书馆，1993，第 17 页。

② Hans J. Morgenthau, "Another 'Great Debate': The National Interest of the United States", *American Political Science Review*, Volume 46, Issue 4 (Dec., 1952), p. 972. 转引自周建明、王海良《国家大战略、国家安全战略与国家利益》，《世界经济与政治》2002 年第 4 期。

③ 戴超武：《国家利益概念的变化及其对国家安全和外交决策的影响》，《世界经济与政治》2000 年第 12 期。

破灭，从而导致现实主义学派的崛起。现实主义学派提倡对外交政策和国际政治问题采取"现实"态度，一些著名的学者特别是美国学者如汉斯·摩根索、沃尔特·李普曼（Walter Lippmann），以及乔治·凯南（George Kennan）把战后国际关系的现实同国家利益联系起来，事实上是在国际政治和外交决策的分析中以国家利益为中心。他们强调，错综复杂的外交政策如果以国家利益为焦点便可以变得条理清晰，只有用国家利益的概念才能解释国家及其政府的行为。按照现实主义学派的观点，追求政治权力和经济利益是人类的天性，问题在于应该使用什么方式加以规范。而国际政治的实质就是权力政治，也是国家利益调整的过程。国家不论大小，一定要追求国家利益，以求得自身的生存和向外发展。为了达到这一目的，国家必须发展经济实力、保持强大的国防力量并建立良好的外交关系。"国家利益概念的前提既不是一个天生和谐与和平的世界，也不是所有国家追求国家利益使得战争不可避免。相反，这个概念假设，冲突的利益通过外交行动不断得到调整，从而使不断的冲突和战争威胁被减少到最低限度。"因此，在现实主义学派那里，国家利益是国际政治的本质，它是决定国家行为的最基本的因素。

西方国际关系学界对国家利益的研究，在批评和吸收现实主义理论的基础上，从 20 世纪五六十年代开始，进入了较为系统和较为科学的研究阶段，这首先体现在对国家利益概念的界定上。中国社会科学院国际政治研究所袁正清教授在国家利益的研究文献中，梳理出了目前学界在国际关系理论中形成的两个明显的理论视角，即经济学理性主义视角和社会学建构主义视角。[①]

新现实主义和新自由主义国家利益理论的理论假设是经济学理性主义。新现实主义的代表人物肯尼思·华尔兹（Kenneth N. Waltz）发展了摩根索的理论，认为权力只是一种可能有用的手

[①] 袁正清：《国家关系分析的两种视角》，载王缉思主编《中国学者看世界·国家利益卷》，香港新世界出版社，2006。

段，在重要关头，国家最终关心的并不是权力而是安全。他从国际体系结构的角度来解释国家的行为，认为国际体系的基本特征是无政府状态，是一个自助的体系。在自助体系下，国家必须依靠自身的力量来维护自己的安全。由于对国家的现实威胁或可能的威胁随处可见，无政府状态只能使国家处在安全困境中。[①] 华尔兹在建构自己的理论体系时，使用的是古典微观经济学的方法。这种方法作为一根红线贯穿在新现实主义的经典作品中。他对国际政治结构的描述是通过与市场经济结构相类比来实现的：从排列原则上看，国际政治的无政府状态相当于完全竞争的市场，国际政治的单元国家类似于理性的经济人，国际政治的体系就像经济市场一样是由重视自身利益的单元的共同行动而形成的。根据假定，经济人试图最大限度地获取预期利润，而国家则努力确保它们的生存。在分析国际体系的结构时，华尔兹从经济的角度认为两极结构是最好的，因为当共谋和交易变得容易时，商业公司的财产和市场的秩序就会增加和加强，而随着参与者数目的减少，共谋和交易就变得更容易，在两极世界中，不确定性最小，计算最易于进行。这就是国家利益的经济学理性主义视角。

新自由主义则通过引入合作和制度的概念来代替新现实主义的自助和安全困境的概念，但它的基础还是国家利益的经济学理性主义视角。基欧汉是这个学派的代表人物。新自由主义强调各国可以采取以牙还牙或投桃报李战略，以一定条件为基础进行合作。如果囚徒困境能够重复，有条件的合作就容易实现，国家最终会发现共同合作是它们最好的长远战略，而要想实现合作，只能通过国际制度这一中介才能达到。

国际制度为什么能起到这种作用呢？基欧汉把科斯定理运用到国际制度分析中。制度影响了交易费用，具体地说，制度减少了不确定性，改变了交易成本；在不存在等级权威的情况下，制度提供

---

① 华尔兹：《国际政治理论》，中国人民公安大学出版社，1992，第107、112页。

了较充分的信息和稳定的预期，如果交易成本可以不计，那么就不必创建新制度去促进互利的交换；如果交易成本太高，制度的建立也是不可能的。在现实的世界政治中主权和国家的自主性意味着交易费用不可忽略不计，因为沟通和监管很困难，所以，只要沟通和监管的成本小于从政治交换中所获得的利益，制度就会出现。一旦制度形成，尽管从效率上看并不最优，但改变它并不容易。国际制度就代表了沉没成本。新自由主义通过引入国际制度变量来分析国家行为和国家利益。

20 世纪 90 年代前后兴起的建构主义为我们提供了另外一条分析国家利益的视角。美国新锐学者亚历山大·温特（Alexander Wendt）是建构主义学派的代表人物。[①] 建构主义是一种国际体系的结构理论，其主要论点是：（1）国家是国际政治理论的重要分析单元；（2）国际体系的关键结构是主体间的（intersubjective），而不是物质的；（3）国家认同和利益是社会结构所构成的重要部分，而不是由人性或国内政治对国家体系的特定外在因素所构成。规范、话语和认同是它的核心概念，在本体论上，它研究的是国际政治的社会结构而不是物质结构；在方法论上，使用的是社会学的整体主义方法而不是经济学的个体主义方法。

规范是建构主义理论的核心概念。所谓规范是指行为体持有的共同预期，它不仅是主体的，还是主体间的。规范有两种作用，即构成作用和规定作用，规范或者构成认同，或者规定行为，或者两者兼有。规范的内在化和社会化是建构主义理论非常重要的分析方法。社会化（socialization）是建构主义者解释国家行为和利益变化的一个重要概念。在社会学中，社会化是指人们获得人格、学习社会和群体方式的社会互动过程。在建构主义看来，社会化是一种把国际制度和规范与国家或国家内的集团和行动者联系起来的机制。它是规范的内化（internalization）。建构主义认为社会化决定认同

---

① 亚历山大·温特：《国际政治的社会理论》，上海世纪出版集团，2000。

和利益，社会化过程实际上是国家利益变化的过程。国家利益是根据国际上公认的规范和对"什么是善的和合适的"的理解来认识的。规范的语境也随时间变化，当国际上公认的规范发生变化时，它们就引起体系层面上的国家利益和行为的相应转变。国家利益的再定义常常不是外部威胁和国内集团要求的结果，而是由国际共享的规范和价值所塑造。国家身份和利益是由国际社会中的政治文化建构的，这是以温特为代表的建构主义学派的基本观点。①

二　什么是物质性国家利益和观念性国家利益

根据不同的标准，国家利益可以分为不同的类型。例如，按照利益的内容分类，国家利益可以分为政治利益、安全利益、经济利益和文化利益。按照利益效益的持续时间分类，国家利益可以分为不变的利益和变化的利益，不变的利益也被称为长久利益，变化的利益可以分为长期利益、中期利益和短期利益。依照利益的重要性，国家利益可以分为核心利益、重要利益、主要利益和一般利益。美国学者罗伯特·阿特在他非常著名的《美国大战略》一书中，就采取这种利益重要性次序的分类方法，把美国的国家利益分为生死攸关的利益、高度重要的利益和重要利益。还有其他一些分类方法，对国家利益的划分关键在于我们要研究什么样的问题。

我们在这里根据国家利益的表现形式及其实现方式，把国家利益划分为物质性国家利益和观念性国家利益。所谓物质性国家利益，是指表现为实物的国家利益，例如军事利益、经济利益等，是一个国家安全和发展的需要；所谓观念性国家利益，顾名思义，就是表现为国家理念、价值观以及政策等方面的国家利益，它是一个国家公民之于国家认同和尊重的精神需要。国家利益的这个分类法，建立在马斯洛需求层次理论上。这是一种国家拟人化理论，英国学

---

① 转引自袁正清《国家关系分析的两种视角》，载王缉思主编《中国学者看世界·国家利益卷》，香港新世界出版社，2006。

者斯宾塞就有把人类社会和国家比作生物有机体的观点。德国地理学家拉采尔也曾把国家比作附着在土地上的生命有机体，认为国家的活动和兴衰取决于它们所占据空间的地理位置和范围大小。①

物质性国家利益是观念性国家利益的基础和前提，没有物质性国家利益作为保障，观念性国家利益也就无从发挥其力量；反过来，观念性国家利益是物质性国家利益的追求目标，并且它将塑造和影响物质性国家利益的运用和实现。在需求层次上，观念性国家利益是比物质性国家利益更高的利益。

美国心理学家马斯洛将人类需求分成生理、安全、归属和爱、自尊、自我实现五类，依次由较低层次到较高层次。根据需求层次理论，当人们的低级需求得到满足后，新的、更高一级的需求就会产生。一种需要一旦得到满足，它就不再成为需要，左右人们行为的是那些尚未得到满足的需求。② 洪兵认为，马斯洛所说的人类需要与国家的需求具有某种一致性，国家是一种人类群体组合的社会形式，是"放大了的人"。因而从一般的抽象意义上来说，国家的需求，是人类需要在一种特定情况下的反映，带有某种人类需要的固有特性。③ 国家利益和人类的需求一样具有层次性，国家的最低需要就是生存（安全），意味着领土完整、主权独立、没有外来侵略或威胁；高一层次的需要就是受到国际社会的承认和尊重，这类似于人的归属需要；而最高层次的需要就是国家的"自我实现"。国家的"自我实现"意味着一个国家在国际事务中有重大的影响力直至为整个世界作出贡献。国家"自我实现"的欲望是建立在本国的其他利益已基本满足的基础之上，满足这些利益又依赖于本国的实力，国家自然而然地会把本国的强大、繁荣看做是本国政治、经济制度和价值观念的产物，因此，对外宣传并输出本国的价值观和社会制度就成了国家的"历史使命"。阎学通教授认为，所

---

① 阎学通：《国家政治与中国》，北京大学出版社，2005。
② 马斯洛：《动机与人格》，华夏出版社，1987，第40~54页。
③ 洪兵：《国家利益论》，军事科学出版社，1999，第26页。

谓国家利益是指满足国家全体人民合法的物质和精神需要的东西。在物质上，国家需要安全和发展，在精神上国家需要国际社会的承认与尊重。① 对于大国来说，在许多情况下，精神上的国家需要往往比物质上的国家需要重要得多。

阎学通强调，观念性国家利益对于一个大国的重要性有时甚于物质性国家利益。② 1989 年 10 月 31 日邓小平在会见美国前总统尼克松时说："因为强的是美国，弱的是中国，受害的是中国。要中国来乞求，办不到。哪怕拖一百年，中国人也不会乞求取消制裁。如果中国不尊重自己，中国就站不住，国格没有了，关系太大了。"③ 美国第 26 任总统罗斯福也曾说："一个伟大的、自豪的和高尚的精神的人民将宁可面对战争带来的所有灾难也不以国家荣誉为代价换取那种基本的繁荣。" 英国勋爵约翰·拉塞尔说："英格兰的荣誉是决不能让别人仲裁的。"④

虽然有很多这样非常强调观念性国家利益的言论，但是由于它不像物质性国家利益一样可以通过一个外在的尺度来进行度量，因此，在大国实力比较的著作中，往往侧重国家的军事经济实力，对国家的文化软实力等观念性国家利益缺乏研究。这或许不是研究者不重视，而是因为在研究方法上缺乏很好的计量工具。但是研究方法的不足所造成的这种不重视的现状，却遮蔽了我们对国家利益的某些非常重要方面的认识，导致我们在实现国家利益方面缺乏相应的现实工具。这点在国内国际关系学界更加明显。例如，国内在比较大国实力方面研究最深也用力最多的，要数军事科学院的黄硕风教授，他的《综合国力新论》运用科学的计量方法来对国家实力进行测算，⑤ 使我们对世界上大国的国家实力有了一个清晰的认

---

① 阎学通：《国家政治与中国》，北京大学出版社，2005。
② 阎学通：《国家政治与中国》，北京大学出版社，2005。
③ 《邓小平文选》第 3 卷，人民出版社，1993，第 332 页。
④ 转引自阎学通《国家政治与中国》，北京大学出版社，2005，第 16 页。
⑤ 参看黄硕风《综合国力论》，中国社会科学出版社，1999。

识，但是在大国的文化实力方面，此书仍然存在重视不足的遗憾。这一局面的出现，当然和我们对国家利益的研究本身就落后于欧美大国有关。

关于国内学界对国家利益内涵的理解，北京大学国际关系学院院长王缉思教授在《中国学者看世界：国家利益卷》的序言中，曾提出过一些批评，他认为国内学者们更多地着眼于物质性利益，而对观念性利益的认识相对不足：要么认为观念等非物质性因素不构成国家利益的一部分，观念与利益可以做二元划分；要么认为观念性利益在中国国家利益构成中的比重很小，甚至可以化约。① 在这本基本上囊括了国内最优秀的学者近几年来关于国家利益方面的研究文献的选集中，我们可以看出国内学者对国家利益研究方面所存在的不足，特别是对观念性国家利益的研究更为贫乏。这也是我们虽然具有五千年丰富的历史文化传统资源却难以将其转换成大国崛起所需要的软实力战略性资源的重要原因。

国外学界在传统现实主义和自由主义强调国家利益即国家权力的理论处于支配地位的情况下，对观念性国家利益的研究一直也是重视不足的。前美国国防部助理部长、哈佛大学肯尼迪政府学院院长约瑟夫·奈就批评美国政府在观念性国家利益这些国家软力量方面表现出来的傲慢和无知。他说："我们有些领导人对软力量在'9·11'后世界秩序重组中的关键作用并不了解。拉姆斯菲尔德认同的'原则'之一即'软弱招欺'。他说的有一定道理。作为前助理国防部长，我决不否认维持我们军队力量的重要性。正如奥萨马·拉登所言，人们都喜欢强壮的马。但实力有诸多体现，软力量不是软弱，它是实力的形式之一。将之排斥于我们的国家战略之外是一个严重的错误。"② 20 世纪 90 年代以来，国外政治学界对观念

---

① 王缉思主编《中国学者看世界·国家利益卷·序言》，香港新世界出版社，2006。

② 约瑟夫·奈：《软力量——世界政坛成功之道·前言》，东方出版社，2005，第1页。

性国家利益的理论研究有重大的突破。1993 年，亨廷顿在《外交季刊》上发表的一篇著名文章《文明的冲突?》，应当看做是美国国际政治学界关于观念性国家利益研究方面非常成功的范例。亨廷顿"文明冲突论"的主要观点是，后冷战时期的世界主要冲突之源不是经济或意识形态上的，而是文化方面的。虽然民族国家（nation-state）仍是国际事务中的主要角色，但国际冲突将主要发生在不同文明而不是民族国家之间。这种文明冲突"将决定未来的国际政治"。在《文明的冲突?》中，亨廷顿忧虑的是：由于其他文明的复兴而导致西方文明的相对衰落。他认为，为挽救日益相对衰落的西方文明，应对来自非西方文明的挑战，必须加强对西方文化的认同。他说："西方文明的价值不在于它是普遍的，而在于它是独特的。因此，西方领导人的主要责任，不是试图按照西方的形象重塑其他文明，这是西方正在衰弱的力量所不能及的，而是保存、维护和复兴西方文明独一无二的特性。"他紧接着指出由于美国是最强大的西方国家，这个责任就不可避免地落在了美利坚合众国的肩上。如果美国摒弃了"美国信条和西方文明，就意味着我们所认识的美利坚合众国的终结。实际上也就意味着西方文明的终结"。这样，亨廷顿就把美国及其世界地位和整个西方文明的命运联系在一起了。国内学界在评论亨廷顿的"文明的冲突"理论时，大都强调亨廷顿理论的不严谨，认为文明间不只有冲突，而且也有互相交流，并从各种历史经验中寻找出文明共存的例子以证明亨廷顿"文明的冲突"理论的错误。[1] 这种泛化的文化主义批评方式，我们认为多少有些不着边际，对世界的理解并没有太多的知识增进。亨廷顿提出"文明的冲突"理论范式，是基于他对西方战争史的扎实研究之上的，从古代希腊战争到近代欧洲民族国家之间的战争，重大的战争爆发点几乎都是在两大文明的交会处。所以，战

---

① 国内学者对亨廷顿的"文明的冲突"理论的批评和回应文章，见王缉思主编《文明与国际政治》，上海人民出版社，1995。

争和文明之间的关系是我们需要认真对待的课题。

如果与亨廷顿最近出版的被学者认为是《文明的冲突?》美国国内版的《我们是谁?》一书对照来读,我们就会理解他对"文明的冲突"的研究更深层面的思索,它从根本上是对美国的观念性国家利益方面的研究。亨廷顿在《我们是谁?》的序言中明确承认,他是一个美国学者,美国的国家利益是他思考的出发点和归宿。在《我们是谁?》中,亨廷顿担心的是:由于拉美裔移民的涌入、次国家认同的强化以及多元文化主义的盛行而导致盎格鲁—新教文化在美国文化中核心地位的动摇。为应对来自其他文化的挑战,他积极倡导强化对盎格鲁—新教文化的认同。在他看来,美国能否重振国家特性,捍卫和保持盎格鲁—新教文化的核心地位,攸关他心目中的美国能否存在,以及它的国际地位能否得以延续和维持。① 仇朝兵在评论时,分析了亨廷顿在这本书里为什么从一个信念论者(creedalist)转变为一个文化论者(culturalist)。原因大致如下:第一,随着20世纪70年代以来世界范围民主化浪潮的推进,特别是在冷战结束和苏联解体并实现民主化之后,美国失去了意识形态上的敌人,它所倡导的自由、民主、个人主义等信念似乎已为世界大多数国家和人民所接受,不再为美国人所独享。亨廷顿因此认为,美国信念已不能作为界定美国特性的决定性因素了。第二,亨廷顿可能不是一个白人种族主义者,但他却是一个盎格鲁—新教文化至上者,或用他自己的概念界定,是一个"白人本土文化保护主义者"。正如他在《我们是谁?》的"前言"中所说的,"我强调的是盎格鲁—新教的文化重要,而不是说盎格鲁—新教的人重要",只要美国人能够"致力于发扬盎格鲁—新教文化以及我们前辈所树立的'美国信念'","即便是创建美国的那些白人盎格鲁—萨克森新教徒的后裔在美国人口中只占很少的、无足轻重的少数,美国仍会长久地保持其为美国"。这样的美国才是亨廷顿所认

---

① 亨廷顿:《我们是谁?》,新华出版社,2004。

识和热爱的美国。亨廷顿是一个文化保守主义者，他要维护并发扬光大的就是盎格鲁—新教文化。亨廷顿认为："国家利益来自国家特性。要知道我们的利益是什么，就得首先知道我们是什么人。"①

当然不只亨廷顿具有这样的观点，很多美国学者也是这样认识国家利益的。美国政治学家弗雷德·桑德曼指出，当我们谈国家利益的时候，我们其实是在谈价值观念：是某一社会的一部分人，许多人，或者所有人所拥有的价值观念。② 任何国家（包括其领导人）对外部事务的认识必然与该国占主导地位的价值观念和意识形态紧密相连，受特定历史条件下国家政治统治需要的影响。因此，在对国家利益的判断过程中，各国自觉或不自觉地会将本国的价值观和意识形态融入国家利益里，甚至用它们来解释国家利益。美国历史学家小阿瑟·施莱辛格说："对外政策是一个国家向世界展示的面孔。所有国家的目标都是一致的，即保护国家的完整和利益。但是一个国家设计和执行本国外交政策的方式，受到国家特性的巨大影响。"③ 在外交政策制定的过程中，"决策的过程受决策者价值体系的制约。一定的价值体系决定决策者的态度、信仰和原则。……政治意识形态对决策有直接的或间接的制约作用，一定的公共政策总是带有一定的价值观念的"。④

强调观念性国家利益研究的重要性在国际政治学和国内政治学研究中已经得到越来越深入的认识，正如亨廷顿指出的："所谓国家利益、民族利益，都只能是国家、民族内部各种利益的交织，也只能是领袖和精英通过文化和意识形态框架认识到的利益。"⑤ 此

---

① 仇朝兵：《一个被撕裂的美国社会？——评亨廷顿的〈我们是谁？〉》，《美国研究》2006 年第 3 期。

② 威廉·奥尔森、戴维·麦克莱伦、弗雷德·桑德曼主编《国际关系的理论与实践》，中国社会科学出版社，1987，第 79 页。

③ Arthur M. Schlesinger, Jr., *The Cycles of American History*, Boston: Houghton Mifflin, 1986, p.52. 转引自张旺《意识形态与国家利益》，《社会科学》2005 年第 7 期。

④ 王沪宁：《比较政治分析》，上海人民出版社，1987，第 143～144 页。

⑤ 亨廷顿：《我们是谁？》，新华出版社，2004。

外，如戴维·伊斯顿所言，"政治是对价值的权威性分配"，这也深刻地指出了观念性国家利益在国家利益结构中的重要地位。在这方面，国内学者张旺从意识形态对国家利益的建构方面进行了很好的介绍和拓展。[①] 他采纳美国学者温特的建构主义理论，认为对国家利益的判断受到人们主观认识水平的影响；意识形态是建构国家利益的重要因素；出于国家利益的多层次性等方面的原因，意识形态也是国家利益的组成部分。实际上，在马克思主义的经典论述里，意识形态是指观念形态的上层建筑，涵盖政治、法律、道德、哲学、宗教和艺术等多个方面，是特定社会集团与群体对外部世界和社会所持的一整套紧密相关的看法和见解，它至少包括三个范畴：信仰、价值观和理想。一般认为，国际关系中意识形态的作用主要表现为一种世界观和方法论，为每一个国家的对外政策提供一种价值尺度和辩护体系。

建构主义学派指出，国家利益是在国际社会关系中建构出来的，国际社会中的政治文化、规范、共有观念，不仅可以改变一个国家的政策行为，而且还可以更深程度地建构一国的身份和利益。恰恰在这里，意识形态必然要作为分析的主要变量。身份（认同）是理解国家行为的一个重要概念，国家身份源于国家内部占主导地位的意识形态的建构，继而决定国家对他国采取肯定认同还是否定认同的立场。例如，自由主义、社会主义和民族主义被认为是当今世界的三大意识形态，对信奉不同意识形态的国家而言，其类属身份的差异，不仅决定了它们对相互关系的认识，也决定了它们不同的国家利益。[②]

张旺分析指出，二战结束后，苏联从历史和地缘政治的角度考虑，首先要确保西部有一个稳定的边境。由于意识形态信仰，苏联不断尝试将自己的制度推广到势力所及的地区。在斯大林看来，只有苏联的周围国家都实行与自己同样的社会制度，苏联的安全才会

① 张旺：《意识形态与国家利益》，《社会科学》2005 年第 7 期。
② 张旺：《意识形态与国家利益》，《社会科学》2005 年第 7 期。

有保证。反观美国，也同样如此，即使是极具现实主义色彩的外交家凯南，也把苏联所信奉的意识形态看成是其行为的根源，并认为苏联的目标是颠覆资本主义制度，因此作为"自由世界"代表的美国不可能与苏联结成政治友好关系。美国必须继续视苏联为对手而不是伙伴，并坚持一种长期遏制苏联对外扩张倾向的政策。也就是说，美国同样凭借本国所信奉的意识形态来看待美苏关系并据此界定各自的身份。1947年3月，杜鲁门总统在国会讲演的主旨和基调就是两大阵营的对垒，这两种力量的根本分歧是两种不同意识形态的对抗。支持自由的人民、反对专制力量就成为杜鲁门主义中明确表述的国家目标。意识形态的对立终于导致美苏在国家利益上的冲突，许多历史学家把冷战爆发的一个重要原因归结于此。①

有学者研究意识形态在美国对社会主义国家的外交政策中的地位和作用时发现这样一条规律：美国在基本国家利益受到威胁时，趋向于淡化意识形态的作用；美国在国力强盛时，则强化意识形态的作用；美国战略对手强大并强调意识形态时，美国会采取同样的姿态针锋相对。② 从历史上看，早期美国在对外扩张期间，就鼓吹"天定命运"（Manifest Destiny）的思想。冷战结束以来，历届美国政府都把向全世界推广"自由"、"民主"、"人权"等价值观作为外交政策中的重要目标。在为科索沃战争辩护时，美国前国务卿奥尔布赖特声称："我们正在重新确立北约作为欧洲土地上民主、稳定和人的尊严的捍卫者这样一个核心目标。"③ 虽然美国时常以这种"救世主"的心态频频干预国际事务，但是我们应当承认，恰恰是这种美国利益就是世界利益，世界利益就是美国利益的循环论证，使美国利益真正实现了最大化。当然也应当记住，国家实力是

---

① 张旺：《意识形态与国家利益》，《社会科学》2005年第7期。
② 刘建飞：《美国与反共主义——论美国对社会主义国家的意识形态外交》，中国社会科学出版社，2001，第229~235页。
③ 转引自刘建飞《美国与反共主义——论美国对社会主义国家的意识形态外交》，中国社会科学出版社，2001，第229~235页。

意识形态成为国家利益的必要条件。

冷战结束后，意识形态理论逐步在国家利益分析中退出，国际关系学者更多地采取比较中性的文化概念来分析国家利益的构成，提出政治文化是建构国家利益的基本力量。郭树勇教授运用两种视角研究了文化对于国家利益的意义，一是本体论视角，二是工具理性视角。从工具理性角度讲，单位文化（相对于国际政治文化）因素对于国家利益的功能主要是：文化是反抗文化霸权战略的重要依托，文化影响力是全球性大国自我实现的基本内涵。他认为，中国作为一个文化底蕴深厚的大国，要在上述层面上实现国家利益，同时现在必须克服民族虚无主义陷阱，直面文化现代化这个紧迫的课题。① 这也是我们在这里强调观念性国家利益的目的，要从国家利益层面来思考中国的文化现代化问题。

第二节　中国国家利益判定的国际和国内因素

约翰·柯林斯在《大战略》一书中提出："国家利益是构成正确战略的基础……研究大战略的人有必要找出那些与国家安全特别有关的利益。"② 在国家利益问题上，中国的理论与实际情况与西方迥然不同。王缉思教授认为这体现在两个方面：一方面在决策层次上，中国对国家利益从未做过任何官方的界定，从而导致理论研究同实际情况的长期脱节；另一方面，从理论研究上看，中国对国家利益的真正研究起步较晚，早先对这一问题的研究主要受苏联的影响，在术语的运用和理论的分析上都使用了"民族利益"而不是"国家利益"。随着中国的改革开放，以及将独立自主的外交政策付诸实践，客观上及主观上都要求在理论上正确阐释国家利益与国际政治之间的关系，以求在国际关系的实践中及外交决策中避免

① 郭树勇：《全球化时代文化对国家利益的多重意义——兼论文化现代化与中国国家利益》，《现代国际关系》2003 年第 2 期。

② 约翰·柯林斯：《大战略》，战士出版社，1978。

失误。①

　　什么是中国的国家利益，如何判定？国内学者大都把国家经济利益即发展社会生产力、振兴经济放到首位，但在对中国国家利益的主要内容和排列顺序方面，尚有分歧。一些学者认为中国国家利益分别是政治利益、安全利益和文化利益，另外一种观点则认为除经济利益外，其他依次为国家统一和领土主权完整、与大国相适应的国际地位。还有学者将捍卫与社会主义国家性质相一致的意识形态利益，作为国家利益的重要组成部分。② 我们认为这种对中国国家利益重要性的排序，都有一定的道理，但是还基本上属于一个国家利益分类层面，还不能提供一个我们在现实层面上对中国国家利益全面而清晰的理解。阎学通是国内最早研究国家利益的学者之一，他于 1996 年出版的《中国国家利益分析》是现实主义国家利益研究领域的典范之作。他指出，国家利益的变化主要受到四个因素的影响：一是国家实力与地位在国际社会的升降；二是外部环境的改变；三是经济发展阶段；四是技术水平。这四者的变化都会影响国家利益的地理范围、先后次序、具体内容和性质差别。③ 我们认为，对中国国家利益的判定，要从国际和国内两个大局"入手"，紧扣国际社会和国内社会发展的种种变化，确定中国国家利益结构的构成次序。

一　中国国家利益判定的国际因素

　　如何判定中国国家利益并理解其重要性的次序构成？我们认为要从影响国家利益构成的因素上来看。对于现在的中国来说，国际力量和国内力量的变化都是中国国家利益必须充分考量的因素，所

---

① 王缉思主编《中国学者看世界·国家利益卷》，香港新世界出版社，2006。
② 王逸舟：《国家利益再思考》，《探寻全球主义国际关系》，北京大学出版社，2005；或参看中国社会科学院世界经济与政治研究所网站 http：//www. iwep. org. cn/info/content. asp？infoId = 1046。
③ 阎学通：《中国国家利益分析》，天津人民出版社，1996。

以，对中国国家利益的判定应当从国际因素和国内因素两个方面来思考。

判定一个国家的国家利益，首先要看一个国家所处的国际环境。美国战略学者罗伯特·阿特认为，要想为美国构建一种大战略，必须先要研究国际环境以及美国在其中的地位。他认为美国的国际环境有五个显著特点：一是美国没有一个势均力敌的军事竞争者；二是大规模恐怖主义的兴起；三是西欧、北美以及日本之间经济相互依赖程度增加，并借用全球化的力量将一些第三世界国家纳入相互依赖的场景之中；四是民主政治不仅需求增加，而且向西欧、北美与日本核心区之外扩展；五是全球环境继续恶化，尤其表现在全球气温升高以及与之有关的气候变化的威胁上。上述五个方面的特点体现了美国国家利益在军事、经济、政治和环境方面最有影响的变化。前面两个特点是新特点，只是在冷战结束和苏联解体之后才出现；后面三个特点并不新鲜，冷战后期就有所表现，时至今日其重要性已充分彰显出来，可以称得上是当前时代的显著特点。所有这五个方面的特点，不管过去是否有过，均对美国及其世界地位和战略选择产生了深远的影响。① 纽克特南（Donald Nuechterlein）在其《变动世界中美国的国家利益》（*United States National Interests In a Changing World*）一书中将美国国家利益和政策归为三大类：一是防御利益，是指保护美国人民、领土和机构不受潜在的外来危险之侵害，也就是通常所说的国防利益；二是经贸利益，是指推行美国之国际贸易和投资，其中包括保护在国外的美国私人公司，这也可以称作是国家经济利益；三是世界秩序，是指建立一个和平的国际制度，不必诉诸战争即可解决争端。②

Michael Swaine 和 Ashley Tellis 在兰德公司 2000 年出版的《解读中国的大战略——过去、现在与未来》一书中，采取了大战略

---

① 罗伯特·阿特：《美国大战略》，北京大学出版社，2005，第12页。
② 转引自罗伯特·阿特《美国大战略》，北京大学出版社，2005，第12页。

的概念来解读中国问题。他们在讨论中国目前的国家安全战略时，注意到中国把发展经济作为自己国家战略的首要内容，所讨论的内容已超出了安全战略的范围，因此使用大战略的概念来讨论中国的战略。① 越来越多的学者认为，一个国家的大战略不仅应该包括国家的安全战略，而且应该包括国家的发展战略。也就是说，对中国国家利益的国际环境的考量，基本上是从国家安全和发展战略的角度出发的。罗伯特·阿特的分析框架对我们也有一定的参考价值：首先，中国作为一个正在崛起的大国，必须思考美国这个超级大国的国家利益的思想基础，以此来校准中国国家利益的性质；其次，作为一个负责任的大国，尽力介入国际事务本身也是国家利益之所在。近几年，中国积极参加并推动《京都议定书》，就是考虑到全球气候变暖这一全球性问题的解决必须要在全球国家合作的基础上才会有实质性的进展。

王逸舟教授使用外生变量和内生变量两个概念来指称国际因素和国内因素。② 他把国际因素看做影响中国国家利益的外生变量这一角度重在区分，而实际的考量应当注意到中国国家利益构成的复杂性。比如，随着中国加入 WTO，中国从国际规则之外进入国际规则之中，也就是说，国际因素在很多时候已经成为中国国家利益的内生变量。要判定中国国家利益的国际环境，首先要了解国际环境的基本构成。阎学通教授认为，构成一国国际环境的基本要素是战争危险、实力对比、政治关系、经济依存度和地理位置。③ 他在清华大学所领导的研究小组，把中国崛起的国际环境分为安全、政治、经济三个方面，也就是卷入战争或者军事冲突的风险、世界主要国家接受该国崛起的程度和海外经济利益的扩大速度。他们对三

---

① 转引自罗伯特·阿特《美国大战略》，北京大学出版社，2005，第 12 页。

② 王逸舟：《国家利益再思考》，《探寻全球主义国际关系》，北京大学出版社，2005。

③ 阎学通：《大国崛起环境的评估》，《中国崛起——国际环境评估》，天津人民出版社，1998，第 168～190 页。

个方面进行操作化技术处理，也就是将卷入战争或军事冲突的风险转换为不卷入战争或军事冲突的时期预期，将世界强国对新兴大国崛起的接受程度转换成与多少个世界主要国家战略利益一致，将扩大海外经济利益的速度转化为对国际市场占有率的增长份额。这样就可以建立起一个可比较的科学的国家国际环境评估模型。阎学通教授根据 1991～2004 年的有关数据的对比指出，冷战后中国崛起环境指数的变化曲线有以下三点特征：第一是中国崛起的国际环境基本上处于较有利与较不利的两个等级之中，不过较有利的时间多于较不利的时间。这种国际环境与冷战后中国崛起速度较快有相关性。第二是中国崛起的国际环境缺乏稳定性。在 14 年的时间里，崛起环境出现三次起伏，最高和最低指数相差为 1.7，差了两个等级还多。国际环境的这种不稳定性明显不利于中国崛起的中长期计划的实施，尤其是"台独"问题对于中国国际环境的起伏有很大影响，因此中国只有采取强有力的政策来解决台湾问题，才可能实现国际环境的稳定。第三是中国崛起的环境的变化没有明显的周期性，但是有利时间最长 5 年，不利时间最长 3 年。阎学通教授认为，根据这种变化特征，可以预期中国的国际环境在 2005 年和 2008 年之间有可能再次降至低于 2.5，即走向较不利。

2008 年，阎学通教授就自己 2000 年以来"一直预测台海发生军事冲突不会晚于 2008 年"一事在《环球时报》上撰文公开道歉。他说，"2000 年陈水扁上台，我一直预测台海发生军事冲突不会晚于 2008 年"，他为自己预测的不正确向读者道歉。他强调，台海和平也不是因为马英九上台，接受"九二共识"，而是因为 1979 年中国大陆宣布和平统一政策，深层次的原因是大陆以经济建设为中心的政治原则。① 我们赞同阎教授这种科学严谨的学术态度和学者的责任意识，以及阎教授对台海和平的深层次原因的判断。邓小

---

① 阎学通：《阎学通就预测 08 年台海军事冲突公开道歉》，2008 年 6 月 11 日《环球时报》。

平指出："大战打不起来，不要怕，不存在什么冒险的问题。以前总是担心打仗，每年总要说一次。现在看，担心过分了。我看至少十年打不起来。"① 也正是基于这一战略性认知，中国选择了以经济建设为中心的改革开放之路。到了 1995 年，中国领导人认为中国可以在更长的时期内免于大规模国际战争的威胁："从整个世界形势来看，和平和发展仍然是未来 15 年乃至下一个世纪的主题。尽管地区冲突、局部战争、民族矛盾时有发生，但国际局势总体上说趋于缓和。经过各国人民的共同努力，争取一个相对稳定、和平的国际环境是可以做到的。"② 和平与发展是世界在一个较长时期内的主题这一判断，是中国的首要国家利益从国家安全转向发展经济的重要依据。

中国是世界上一个正在崛起的大国，大国关系的变动以及大国环境是决定它的国家利益的一个重要因素，不能深刻地思考大国关系的变动对中国崛起的影响，我们就不能把握住中国国家利益之所在。所以，中国国家利益判定的国际因素还应该包括世界政治权力的一些变化。从全球层面看，虽然苏联解体后出现了美国为单一世界霸权的权力格局，但是世界权力的多极化和平均化却是一个新的趋势。正在崛起的大国，如法国、德国、日本，还有中国和继承苏联大量资源的俄罗斯，加快了世界权力平均化和多极化的趋势。

我们正处于一个诸大国关系变动的时代。冷战后两极世界格局瓦解后，经过几年的重新分化组合，多极化越来越明显。这种多极格局的态势可以概括为"一、二、三、五体制"，即"一"：从综合国力来看，美国是惟一的超级大国；"二"：从军事力量来看，美国和俄罗斯还可以算是军事上的两极；"三"：从经济力量上来看，美国、欧洲、日本是经济上的三极；"五"：从政治上看，美

---

① 参看《邓小平文选》第 3 卷，人民出版社，1993，第 25 页。
② 阎学通：《纵论世纪之交的中国与世界》，1996 年 1 月 3 日《人民日报》。转引自阎学通《国家政治与中国》，北京大学出版社，2005。

国、欧洲、日本、中国和俄罗斯是政治上的五极。随着中国经济的高速增长，中国的经济总量在世界经济中的比重越来越大，已经是世界第三大经济体。所以，从经济力量来看，以前的"三极"体制（美国、欧洲、日本）逐步演变为"四极"体制（美国、欧洲、日本、中国）。

二 中国国家利益判定的国内因素

中国崛起和历史上一些大国崛起的最大不同在于，中国拥有13亿的人口规模，这注定了中国崛起在世界历史上是最波澜壮阔的。中国作为一个超巨型国家的崛起，人口因素是中国国家利益国内因素的最重要变量。胡鞍钢教授研究指出，1870年美国开始经济起飞时总人口为4024万，到1913年总人口为9761万。1950年日本开始经济起飞时总人口为8381万，是美国1870年总人口的2倍，1973年日本总人口达到10871万。1978年中国开始经济起飞时总人口为96259万，相当于1870年美国总人口的24倍，相当于日本1950年总人口的11.5倍；到2020年，中国总人口至少将达到14亿，相当于美国1913年总人口的14倍、日本1973年总人口的13倍。① 这决定了中国崛起和历史上任何一个大国的崛起在规模上都不是一个数量级上的。这么庞大的人口规模效应，使得中国崛起从根本上不仅仅是中国的崛起，而且也是世界的崛起，也就是说，中国的崛起将深刻地改变世界。

在对中国国家利益发展阶段的判断上，阎学通教授认为，我国国家利益已从发展型转向崛起型。明确国家利益是崛起性的、发展性的还是生存性的，是非常重要的，因为利益性质的不同决定了利益实现的难度大小。② 阎学通教授的这一判断是对中国国家利益国内因素最重要的界定。自冷战结束以来，在世界上一百多个国家

---

① 胡鞍钢：《中国崛起的五大规模效应》，《中国崛起之路》，北京大学出版社，2007，第27～28页。

② 阎学通：《国家政治与中国》，北京大学出版社，2005。

中，消亡或分裂的只有几个，如东德、苏联、南斯拉夫、捷克斯洛伐克等不足十个国家。世界上现在的二百多个国家中，能维护生存的国家占绝大多数，但能实现发展的国家则只有 1/4 左右，如经合组织国家和中国、印度、巴西等不多的新兴工业化国家。其中有可能实现崛起的国家则不足 1/10，而中国恰恰是其中的一个。维护生存意味着防止已有国家利益的丢失，实现发展意味着现有国家利益的增加，而实现崛起则意味着发展速度要赶超他国。简而言之，国家生存利益是相对容易实现的，发展利益则是较难实现的，而崛起利益则是极难实现的。① 中国的国家利益已从发展型转向崛起型。阎学通教授从发展还是崛起的界说指出两种不同国家利益类型之于中国的不同战略选择。发展是自我进步，崛起是赶超强国。如果将我国利益定位为发展型，我们就没有必要担心与美国的实力差距的拉大，因为只要我们自己比自己进步就是发展了，我们就大可不必高价研制太空技术，采购他国的卫星服务就行了。显然，中国人不满足于世界二流国家的地位，更不能接受生活水平提高但国际地位下降的结果。中国人民的总体国家利益是实现民族复兴。正是因为我国的国家利益是崛起型的，因此它与他国国家利益就可能会出现摩擦与冲突。这就增加了我国实现国家利益的难度。②

　　我们虽然认同把中国国家利益的判定界定为崛起型，但是从对中国国家利益的国内因素的认知上，还需要强调中国长期处于社会主义初级阶段这一发展中的历史事实。这一强调使我们在判定中国国家利益是崛起型的同时，保持良好的心智和清醒的头脑，理解中国崛起必须具有的坚定信念和长期的勇气。2007 年 3 月两会召开前夕，新华社发表了温家宝总理《关于社会主义初级阶段的历史任务和我国对外政策的几个问题》的长篇文章，提出"我

---

① 阎学通：《国家政治与中国》，北京大学出版社，2005。
② 阎学通：《国家政治与中国》，北京大学出版社，2005。

国正处在并将长期处在社会主义初级阶段。初级阶段就是不发达的阶段。这个'不发达'首先当然是指生产力的不发达"。随后在两会结束后的记者招待会上，温家宝总理直截了当地就中国经济的状况发出了一个非常明确的信息，他毫不含糊地认为中国的宏观情况存在着"不稳定、不平衡、不协调和不可持续"的结构性问题，这是我们判定中国国家利益的国内因素的最基本出发点。这要求我们把以前那种以经济增长作为首要的国家利益的观点回归到以科学发展观为基础的和谐社会建设上来，这是中国国家利益观的重大调整，即在国内建设和谐社会，在国际上建设和谐世界。

中国社会科学院美国研究所所长黄平提出未来中国发展存在五大限制：第一，中国经济持续高速发展的势头还能不能保持？这是所有问题中的一个最大的问题。虽然中国已经走过了30年的高速经济增长道路，但直到今天，我们的基础仍然很薄弱，还得再保持30年的经济高增长，才能使整个社会进入小康。第二，从社会学角度看，最起码的社会公平的框架能不能保持？第三，社会生态、环境、能源等，能否提供一个支持中国经济持续高增长的环境，从而使得无论是经济增长也好，社会公正也好，都能有一个可测量的前提。第四，外部环境能否支持中国持续的经济高增长？整个外部环境，包括全球环境，能否为中国这样的一种发展继续提供发展的空间？外部环境对中国这样的大国至关重要。从某种意义上说，如果在这方面我们处理不好，遇到一个不亚于冷战的环境，也并非不可能。未来一旦全世界形成了没有道理的"中国威胁论"，且不说日本、美国，甚至就连尼泊尔、越南也可能会认为你掠夺了它的资源，剥夺了它的发展机会。如果不知不觉中外部世界都敌视中国，那么我们的内部环境又如何改变？第五，精英阶层、统治阶层处理问题的能力能否应对全球化背景的挑战？从今天的发展状况整个地来考虑中国未来5～10年的发展，这已经不只是中国内部的问题，而且是全球的大的发展战略问题。如果没有社会上对整体利益的共识，没有危机意识的提升，今后中国面临的挑战将会很严峻。① 美国中国问题专家、在克林顿政府中曾任负责中国事务的副助理国务卿谢叔丽（Susan L. Shirk）的新作《中国：脆弱的超级大国》（*China：Fragile Superpower*）提出，从外表看，中国貌似强大，但是对其领导人来说，中国看起来是脆弱的、贫穷的，国内问题堆积如山。但是，中国面临的巨大的国内问题，不能使美国放心，反而使美国担心。中国内部的脆弱而非中国正在增长的实力，才是美国的最大危险。② 我们当然并不同意谢叔丽的判断，但是她作为一个对美国的中国事务政策具有影响的权威学者从研究的角度，也的确指出了中国崛起具有双面性的复杂现实。

改革开放过程带来了社会生产方式和国家政体形态的深刻调整，它们使中国人的国家利益观有了质的变化。王逸舟教授分析道，由传统的计划经济体制向新的社会主义市场经济的重大转变，由传统的"革命型政党"和高度集中的政治动员方式，向新的更加民主的共产党领导下的多党合作制度和依法治国方向的转变，使中国人看到自身进步与世界趋势的一致。这当然不是指各国间的意识形态、治理方式和社会制度完全一样，而是说它们的国家利益沿着相同或类似的逻辑产生、发展和变化。全球化使各国不再像从前那样分裂成两个阵营或两个市场，而是把它们整合到同样的信息网络环境、同样的市场竞争环境、同样的贸易和投资规则、同样的国际法及国际组织系统中。中国越来越难以脱离这个大环境。中国作为发展中国家，同样面临国家建设、经济发展、民众生活改善、民族关系整合、政治民主化推进等艰巨任务，中国的国家利益在所有这些方面都有待进一步推进；虽然性质各异、程度不同，我们国家

① 黄平：《中国高速发展能不能持续》，载《中国与世界观察》，商务印书馆，2006。

② Susan L. Shirk，*China：Fragile Superpower*，Oxford University Press，2007. 转引自钟龙彪、王俊《中国和平崛起中的"双层博弈"——〈中国：脆弱的超级大国〉评介》，《美国研究》2007 年第 4 期。

在整体的迅速发展过程中，在大局顺利、大面光明的前提下，也有分裂势力存在，有腐败现象蔓延，有地区差距扩大，有社会不公现象。这些都是制约中国国家利益实现的严重障碍，毫不夸大地讲，对它们处理得当能加快我们前进的步伐，处理不当则会造成麻烦甚至危机。最早的改革开放是在解决过去遗留的问题（如政治盲目左倾、经济缺乏活力、对外严重闭塞等）中推进的，中国的未来也取决于改革开放能否恰当解决这些新的问题与矛盾。① 中国国家利益的国内因素还受到国内政治稳定性、地区差距和收入差距扩大导致社会不平等感的增加、社会冲突危机上升、中国以能源消耗驱动的经济增长模式的转型、严重的环境危机以及转型社会的道德资源的丧失等条件的限制。

中国经过 30 年的改革开放，国际和国内环境都发生了很大的变化。在全球资本化和信息技术化两种力量的推动下，中国和世界的联系越来越紧密：世界是中国的一个重要部分，中国也是世界的重要组成部分。例如，在贸易方面，中国的外贸依存度已经达到 80% 以上，世界和中国的经济一体化程度加深；在安全方面，已经从传统安全问题向非传统安全转变，与普通民众利益相关的经济社会安全问题逐渐成为国家外交议程的重要议题，这使得中国国内利益主体的多元化以及大众参与民主政治的兴起等内政又可能成为外交问题，国内和国际之间的界限变得模糊。在外交政策与国内政治的关系问题上，罗伯特·普特南（Robert D. Putnam）提出的"双层博弈"模式更有助于我们对国家利益判定的国际和国内因素的理解。他认为，许多国际谈判可以比喻为"双层博弈"。在国家层次，国内各种利益集团通过向政府施压迫使决策者采取对其有利的政策；为确保执政，政府也需要这些利益集团的支持。在国际层次，民族国家的政府总是极力争取获利最大化，损失最小化。每个国家的领导

---

① 王逸舟：《国家利益再思考》，《探寻全球主义国际关系》，北京大学出版社，2005。

人都出现在两个棋盘上，在国际谈判桌对面，坐着外国谈判对手，在领导人的旁边坐着外交官和其他国际事务顾问；在国内谈判桌周围，在领导人的后面坐着执政党党员、国会议员、主要利益集团代表和领导人的政治顾问等。双层博弈的复杂性在于，民族国家的政府的决策既要能为本国国内接受，同时又要能为其他国家政府同意，而其他国家的政府也要考虑本国国内接受的可能性。① 所以，国家利益的国际因素和国内因素在一定条件下会互相转换。这意味着，我们对中国国家利益的考量必须结合国际和国内两个因素，不可偏废。

第三节　通过文化主权拓展观念性国家利益

一　美国扩张国家利益的文化主权战略

欧洲国家通过主权来实现文化扩张的经验历史久远，早在 17 世纪和 18 世纪，法国就在欧洲广泛推行其文化。法语不仅成为外交语言，而且为普鲁士和俄国等国的法庭所使用。历史学家理查德·佩尔斯说道："在海外推广法国文化成为法国外交的重要组成部分。"其中，美国通过文化主权战略来拓展国家利益的这种大国崛起模式，是非常值得我们学习的。

虽然约瑟夫·奈批评美国政府在国家利益拓展方面对软力量的忽视，但是在大国崛起的历史经验上，美国却是一个最好的运用国家文化主权战略来拓展国家利益的大国范例。外交学院熊志勇教授通过分析美国崛起的对外文化政策，研究了美国是如何通过文化主权战略在海外拓展国家利益方面取得巨大成就的。他以近代美国在华活动为例来分析美国崛起过程中的对外策略。② 19 世纪中叶，美

① 转引自钟龙彪、王俊《中国和平崛起中的"双层博弈"——〈中国：脆弱的超级大国〉评介》，《美国研究》2007 年第 4 期。

② 熊志勇：《美国崛起过程中的对外策略——以近代美国在华活动为例》，《美国研究》2006 年第 2 期。

国已经是地区大国，但它一直小心翼翼地处理同主要列强的关系，避免与英国迎头相撞，直到第一次世界大战才乘机走向全球舞台的中心，最终成为世界大国。甚至在此后的相当长时间里，美国政府仍然埋头解决国内问题，尽力回避国际矛盾。与此不同的是，日本成为地区大国后才二三十年就仓促地挑战美国的地位，德国还未成为世界强国就挑战英国的地位，失败也就是必然的了。

具体言之，美国崛起过程中的对外策略表现在：首先，美国尽力与英等列强合作，避免冲突。近代美国的扩张方式与英国不同。为了增进和维护其在华利益，美国尽力与英国等列强合作，避免冲突。和英国这样的世界霸主国家的合作使美国获得了发展的决定性国际条件。耶鲁大学的陈志武教授从世界经济发展史的角度也揭示了这一点。① 由于企业向海外市场发展时需要国家的保护，因此需要支付高昂的军事成本，一般的国家支付不起，而崛起中的国家如果过于在军事上张扬，会导致现存大国对自己的军事遏制和打击，所以和强国合作不仅可以降低国内企业海外扩张的国家保护成本，而且不至于陷入军事竞争损耗国力的困局。苏联的垮台，一个重要原因就是和美国的军备竞赛致使国力衰败。

其次，美国扩张和其他强国扩张有本质上的区别。传统强国是通过掠取领土扩张，而美国则是采取商业和文化扩张的模式。前者必然会导致反抗和战争，而后者却可以合作。这是美国崛起模式对我们重大的启示。美国通过设法扩大和保卫市场自由来拓展美国的观念性国家利益。美国在亚洲的帝国主义扩张早在 19 世纪中叶就开始了，但它依靠的是市场自由的理念和措施。19 世纪中期曾先后担任纽约州州长和美国国务卿的西华德指出："向国外销售产品与纺织品最多的国家，应该成为、也必将成为地球上的强国。"他关心

---

① 陈志武：《全球化下的中国选择，单极还是多极世界》，http://philosopher100. iblog. com/post/201098/232528。

的不再是领土扩张而是商业扩张，而且目标从西半球转向亚洲。

这就是美国国家战略胜出的地方，传统大国的领土扩张模式必然带来战争，而商业扩张手段却改变了大国崛起的模式。美国认为，控制了世界市场就是控制了世界。当日本试图独霸中国时，美国也不断地重申"门户开放"的原则。以"门户开放"为代表的自由贸易原则进一步反映在 20 世纪 30 年代美国与多国进行的贸易谈判中。到 1939 年，美国已与 22 个国家签订了互惠贸易协定。1940 年，赫尔国务卿指示驻华大使要利用同中国领导人谈话的机会，使中方愿意采纳自由贸易的商业政策。美国的不懈努力最终取得了相当大的经济利益。到 1931 年，在中国进口贸易中美国占据了首位。到 1935 年，中国出口贸易中美国也占据了首位。第二次世界大战结束后的 1946 年，美国在中国对外贸易总额中更是占到了 53.19%。美国货充斥中国市场。中国对美贸易产生严重逆差。到 1948 年，美国在华投资占各国在华投资的 80%。[1]

再次，在商业扩张的同时，美国更加采取和商业扩张相配合的文化主权战略。熊志勇教授的研究指出，与英国相比，美国在华成功的关键是从自由贸易和民主治国的理念出发，依靠自身的经济实力和软实力，借助了门户开放的外交政策和搭便车的机会。美国扩大在中国的影响和利益不是像英国那样凭借武力。1843 年，当顾盛被任命为美国代表来中国谈判条约时，美国政府在给他的指示中强调："去培植该国政府和人民的友好情绪，才是得计的。"[2] 曾经帮助清政府改造海军的美国海军少将舒费尔特指出："中国必须从美国海岸寻求一种新的文明，一种更为强劲的自我更新能力。"[3]

---

[1] 中国人民大学政治经济学系：《中国近代经济史》，人民出版社，1978，第 4、146、150 页。转引自熊志勇《美国崛起过程中的对外策略——以近代美国在华活动为例》，《美国研究》2006 年第 2 期。

[2] 《美国对华政策文件选编》，阎广耀、方生选译，人民出版社，1990，第 20 页。转引自熊志勇《美国崛起过程中的对外策略——以近代美国在华活动为例》，《美国研究》2006 年第 2 期。

[3] 《剑桥美国对外关系史》（上），新华出版社，2004，第 370 页。

为不断扩大在华利益，美国一方面在中国极力培育自由的商业环境，另一方面还办教育、传播美国文化和努力树立良好国家形象等。

在文化交流方面，熊志勇教授强调美国政府充分发挥了民间非政府力量，尤其是美国传教士的作用。从19世纪30年代起，美国传教士一批批地来到中国，到1889年美国在华基督教新教传教士达到513人。到19世纪末，中国各地都有美国传教士的身影。从1886年到1918年，仅美国"学生志愿者国外传道会"就向中国派出2500名传教士，占其派往海外传教士总数的近1/3。① 美国传教士把大量的西方科学著作译成中文，并在中国办报办杂志，向中国人介绍外部世界。例如传教士丁韪良翻译了《万国公法》，马克思和《资本论》也是经由传教士林乐知创办的报纸《万国公报》第一次介绍到中国来的。传教士通过教育传播美国文化的做法受到美国政府的注意。1868年，《中美天津条约附约》（即蒲安臣条约）中规定了宗教信仰自由的原则，条约还规定双方国民都可进入对方国家的学校学习，"亦照相待最优国之人民一体优待"，双方国民也可以在对方国家建立学校。这样的条款是第一次出现在中外条约中。除了在中国办学校，美国还注意吸收中国学生赴美留学。在20世纪初，美国决定退回多余的庚子赔款，用于中美教育交流等事项。在1906年，伊利诺依大学校长詹姆士向西奥多·罗斯福总统指出："在教育现在这一代中国的青年人方面获得成功的国家，将是花费一定气力而能在精神、智育和商业影响方面获取最大限度的报酬的国家。"他强烈主张同欧洲和日本竞争中国的留学生。② 美国国务院的官员就指出："一个在美国接受教育的中国人回国以

---

① 顾长声：《传教士与近代中国》，上海人民出版社，1981，第258页。转引自熊志勇《美国崛起过程中的对外策略——以近代美国在华活动为例》，《美国研究》2006年第2期。

② 《美国对华政策文件选编》，阎广耀、方生选译，人民出版社，1990，第450页。转引自熊志勇《美国崛起过程中的对外策略——以近代美国在华活动为例》，《美国研究》2006年第2期。

后，往往非常推崇美国和美国的商品。"①

中国社会科学院前美国研究所所长资中筠在论述美国的强盛之道的文章中也提到美国有一种特殊的"隐性霸权"，它不依靠传统强权的方式，而是以不断地在科技和生产方式上的创新"领导"世界潮流，使世人身不由己地接受它的影响，跟着它跑，不知不觉间在器用、话语、生活方式、品味习俗甚至礼仪服饰方面都向"美国化"发展。今天所谓的"信息时代"、"网络时代"，其发展源头还是在美国。接受了"网络化"，所接受的就不仅是一种技术，而是一种新的观念和生活方式，甚至包括语言。美国根据自身的规律和需要实现了某种发展进程，而这种进程必然辐射到全世界，其他国家不论其是否符合自身发展的阶段和模式，却只有紧追它，否则就被淘汰。这是另一种"顺之者昌，逆之者亡"，往往不以人的意志为转移。这样一个客观现象，资中筠先生将之称为"隐性霸权"。这种"隐性霸权"也就是约瑟夫·奈所说的"软实力"，从这个层面看，这是美国文化主权在世界范围内进行的领导权争夺，它通过建构出一个被其他国家的人所认同并追求的美国概念，使这些国家把自己的国家利益争取和美国的国家利益最大限度重叠，以求实现双方最大的国家利益。这样，美国在世界政治上就减少了竞争对手，增加了更多的利益同盟者。

美国的文化主权战略具体体现为它通过意识形态渗透到国家利益的界定之中。美国学者迈克尔·亨特认为，到 20 世纪初，在美国已经形成了三个与外交事务有关的核心思想或意识形态，它们开始对外交政策产生强大的影响。第一个也是最重要的是，美国未来将积极寻求国家的伟大性和促进自由；第二个是种族等级观念；第三个是对革命的一种复杂、矛盾的态度。② 沃尔特·拉塞尔·米德在其《美国外交政策及其如何影响了世界》（*Special Providence*,

---

① 《剑桥美国对外关系史》（上），新华出版社，2004，第459页。

② 迈克尔·亨特：《意识形态与美国外交政策》，世界知识出版社，1999，第20页。

American Foreign Policy and How It Changed the World）中提出，在美国存在着一套根深蒂固的处理外交政策的方法，它们渗透到了民主程序中，并确保在大多数时候使美国最终采取推进其基本利益的政策。米德分析了在美国历史上出现的意识形态指导决策者界定美国的国家利益，以及帮助决策者选择推进这些利益的四种方法。①

（一）汉密尔顿主义

在如何界定美国国家利益的问题上，汉密尔顿主义形成了一套相当固定且具有持久性的看法，从殖民地时代至今，汉密尔顿主义者认为以下三点是美国的核心利益所在。

1. 海上自由

其核心内容是为了实现和平贸易，美国公民、商品和船只可以自由地旅行至世界任何地方，所有海域、大洋和海峡都不应对美国船只封闭。到了 21 世纪，汉密尔顿主义者又对这一观念作了新的补充，加入了空中自由的内容。这一观念乃是基于海上自由决定着美国的生死存亡这一认识，因为美国位于北美洲，作为一个商业国家，它的贸易伙伴主要集中在欧亚大陆，是故，海上洲际运输是美国商业贸易的关键。在美国外交史上，侵犯海上和空中自由航行权从来都是导致美国与其他国家开战的最多的理由。第一次世界大战期间，美国就是以德国侵犯了美国作为中立国的自由航行权为由向德国宣战的。

2. 门户开放

其基本含义是美国的船只和货物仅在国际水域享有通行权是不够的，它们还必须在目的地港口拥有与其他国家一样的权利和特权。自由贸易要求贸易国的市场开放，所以，市场开放一直是美国外交关注的重点。殖民地时期，当大陆会议向法国派出以富兰克林为首的外交使团时，这个新国家所签署的第一个条约不只是与军事

---

① 参看周琪主编《意识形态与美国外交》，上海人民出版社，2006，第 91～114 页。

联盟有关，它还是一个贸易条约。它规定：法国和美国互相给予"最惠国待遇"，美国货物被允许进入法国市场，贸易障碍将尽可能减少。

3. 资金在世界主要贸易国间自由流动

汉密尔顿主义者认为，除非美元与其他主要货币能够以可预测的方式相互自由兑换，贸易者和投资者能够在国家之间获得资金自由流动，否则贸易优势将会丧失殆尽。这一原则一方面促使美国在国内执行稳健的财政和货币政策，另一方面使美国十分关注国际金融体系的稳定。

早在美国建国初期，汉密尔顿就坚定地认为，通过英国霸权建立的世界贸易体系，是美国商业利益得以增长的重要依托，为此，美国必须融入这一体系。事后证明，在 19 世纪的大部分时间里，美国的确利用英国霸权建立的世界贸易体系很好地发展了自己，1790 年英国吸收了美国 35% 的出口总额，到了 1890 年，这一比例增加到 52%。到了 20 世纪，强大的美国从衰落的英国手中接过了建立和维持世界贸易体系的责任，并且使这种国际商业秩序日益机制化和制度化。

（二）威尔逊主义

威尔逊主义是美国人高昂的宗教热情与民主信仰的结合，与汉密尔顿主义者支持的经济议程相比，威尔逊主义者更强调世界秩序的法律和道德层面，他们普遍认为美国的利益需要其他国家接受美国的基本价值，并以此来处理内外事务。这一学派虽然是以 20 世纪初威尔逊总统的名字命名，但它的渊源比汉密尔顿主义更为古老，它一直与美国社会虔诚的宗教信仰和热烈的传教精神密切相关。威尔逊主义在制定美国外交政策方面的几项突出原则如下。

1. 民主制度比君主制、专制制度能塑造更好、更可靠的伙伴。威尔逊主义是"民主和平论"的积极鼓吹者。

2. 在国外支持民主不仅是美国的道义责任，而且是一种实际需要，为此，只要美国实力允许，美国不仅在外交上，而且应当在军事上予以干预。威尔逊主义奠定了美国人权外交政策的基本原则。

3. 防止战争。20 世纪 20 年代，在威尔逊主义者的推动下，各国签订了世界上第一个非战公约。他们催生了国际红十字会、《日内瓦公约》、《禁止地雷公约》、《禁止化学武器公约》、国际刑事法庭等重要的国际多边组织和条约。近年来，他们把行动由反战延伸到环境保护领域。

威尔逊主义为美国的外交政策提供了强大的民意基础，使美国顺利地实现了汉密尔顿主义为国家设定的目标。同时，威尔逊主义为美国设立了许多具有普世意义的崇高目标，使得美国在重大的国际竞争中得以占据重要的道义制高点，这构成了美国在国际竞争中的一个重要竞争优势。

（三）杰斐逊主义

杰斐逊主义是在和汉密尔顿主义的争论过程中展示出来的，它的核心思想是，在这个充满危险和陷阱的世界上，维护美国民主一直是美国人民最为紧迫和至关重要的利益，在外部世界美国应当采取格外小心谨慎的办法，用最低成本的手段来捍卫美国的利益和自由。杰斐逊主义者认为不要试图将美国的价值观强加给其他国家。杰斐逊主义是 19 世纪美国外交政策的主导思想，它在美国外交政策中的基本原则是：1. 避免战争。在美国历史上的部分时间里，杰斐逊主义者一直把战争视为最后的、不到万不得已绝不采取的手段。2. 将外交政策置于宪政严格的监督之下。强调国会在外交事务中的主导权。3. 从最小的角度界定美国的国家利益，反对承担过多的国外责任。

（四）杰克逊主义

杰克逊主义为美国历史上通过意志和手段，尤其是军事力量来迫使敌人屈服于美国的要求提供了意识形态支持。杰克逊主义学派代表了美国人深刻而广泛的平民主义大众文化，它起源于美国对西部的开拓，这种文化崇尚荣誉、独立、勇气和军事自豪感。这一学派对美国政治产生影响的一个衡量方式就是成功的将军成为重要政治人物。美国历届总统，从华盛顿到老布什，大多是有过从军经历的战争英雄。美国军事史上的传奇人物如乔治·巴顿、道格拉斯·麦克阿瑟更是这一学派的精神符号。杰克逊主义为美国外交政策提供的有影响力的思想和原则是：1. 现实主义。杰克逊主义认为世界现实是一种霍布斯状态，对威尔逊主义追求建立在国际法基础之上的世界秩序充满怀疑，他们更加信奉军事机构和军事能力在对外关系中所发挥的作用。2. 国家荣誉，强调国家荣誉是美国人必须捍卫的重要利益。3. 由荣誉观要求美国遵守承诺并坚持到底。

二 建构中国国家利益的文化主权战略

与此同时，我们要清醒地认识到，中国崛起并不具备美国 19 世纪崛起时的地缘政治环境。叶自成教授指出，中国不像美国那样周边环境得天独厚。第一，美国周边的国家只有加拿大、墨西哥和古巴等少数几个，国家之间没有太多的纠葛。而中国的周边国家关系要复杂得多，既有边界领海问题，又有历史问题，还有华人问题等，中国无法置身事外。因此，中国必须要有清晰的国家发展战略，才能消除周边国家对"中国威胁"的恐惧和猜疑。第二，中国没有美国那样独自发展的优厚条件。美国在资源、气候、人才、资金、技术和市场等方面的条件比中国优越得多，而中国的经济只能在参与世界经济市场的过程中才能得到更好的发展。这使得中国必须参与国际事务并作为一个大国承担国际事务的有关责任。第三，中美的地缘战略环境不同。美国两边是大西洋和太平洋，进可以参与欧洲事务，退可以主导北美。所以，美国的崛起和地理环境之间具有深厚的关系。而中国身处欧亚大陆的东亚边缘，是天生的东亚中心，中国是东北亚、中亚、东南亚三个东亚次区域的连接之地。中国的崛起必须考虑整个东亚地区的政治社会因素。① 所以，

---

① 叶自成：《中国大战略》，中国社会科学出版社，2003，第 130~131 页。

美国在崛起初期可以实行孤立主义政策，不管欧洲和亚洲的事情，关起门来搞发展。美国是先发展为具有世界大国的实力，然后待时机成熟再来争取世界大国的地位。这种先发展再谋取世界大国地位的美国道路对中国来说是不适用的，中国注定是在发展中谋取和世界大国美国以及周边国家的最大共容利益格局下的国家利益最大化。作为一种完全不同于欧洲文明形态的文明崛起，不仅要求中国首先在理论上解决中国特殊的社会主义发展道路和世界政治秩序之间的相容性问题，同时还要求中华文明对由西方主导的世界文明秩序在全球化时代所出现的现代性危机给出自己的解决方案。在这个意义上，中国的文化主权战略建设不仅是对中国国家利益自身的，而且是对世界而言的。

美国的崛起给我们展示了一条理想主义和现实主义相交织的国家利益观的思想道路。如何把理想主义和现实主义紧密地结合起来，以此构成我们的国家利益观的思想基础，可以说是中国和平崛起国家战略的一个重大课题。18世纪法国政治家塔列昂（Talleyrand）曾经精辟地指出："理想主义者无法坚持，除非他是一个现实主义者；现实主义者无法长久，除非他是一个理想主义者。"① 美国国家崛起的发展道路几乎是对塔列昂这句话的经典演绎。2006年的美国《国家安全战略报告》的结论中有这样一句话："我们的战略目标是理想主义的，但我们的手段是现实主义的。"② 罗伯特·卡特也就此认为美国的开国领袖们都是马基雅维里式的现实主义权力大师："华盛顿、汉密尔顿、亚当斯，甚至包括杰斐逊决不是什么乌托邦主义者。他们洞悉国家关系的强权政治本质，当条件允许时就按欧洲规则行事，并希望能有更大的实力在强权政治的争斗中获胜。然而当时他们非常现实，知道国家力量弱小，所以有意无意地使用弱国战略在世界上谋取一席之地。一方面，他们批评强权政

① 转引自周琪主编《意识形态与美国外交》，上海人民出版社，2006，第20页。
② 转引自周琪主编《意识形态与美国外交》，上海人民出版社，2006，第20页。

治，反对战争和使用武力，将自己定位在比欧洲大国弱小许多的位置。另一方面，他们为美国谋取在商业领域与欧洲平起平坐的地位，提出国际法是规范国家行为的最好手段，因为他们清楚，除此之外没有其他办法能够约束大英帝国和法国"，"而几代人之后，美国实力和国际影响力日渐增长，对国际法约束下的国家主权平等就不那么感兴趣了。而在 18 和 19 世纪，不受国际法约束的是欧洲大国"。①

中国古代国家战略思维中不乏现实主义的影子，但是严格来说，更多的是世俗的实用主义，而不是战略意义上的现实主义。可以说，对现实主义的理解严重不足，是中国古代国家战略思维的缺陷。阿瑟·沃尔德伦曾经从国家战略缔造的角度分析了 14～17 世纪中国明朝在应对北方边境游牧民族军事挑战（最终被满族入侵者所征服）过程中的成败得失，他认为明朝在国家战略的制订与实施上存在三方面的致命缺陷：第一方面是战略思维。信奉儒家文化的统治精英认为"相对于诉诸武力而言，道德伦理和经典思想是维持社会秩序更值得赞美和更为有力的手段"，"创建和统治一个大帝国的关键在于仁义道德……天下大乱是道德失败的征兆"，这塑造了使明朝无法正确评估北方游牧民族威胁的心理优越感，不能有效适应变动中的战略环境。国家战略的成功首先依赖于政治精英集团的统一和团结，但是大明王朝党争不断，依附于各利益集团的知识分子在"道德名义"下展开了名利之争和政治混战：那些一味鼓噪意识形态高调的道学家，"大者可摇撼朝廷，爽乱名实；小者则匿蔽丑秽，趋利逐名"，其中不少人实际上是一伙用道德高调掩盖现实中自身利益的宵小之徒，根本无视大明帝国内外交困的现实处境，最终彻底削弱了大明王朝。阿瑟·沃尔德伦指出："类似的困境也曾出现在中国历史上的其他时期，包括当代。"第二方面是最高统治者，特别是明朝开国皇帝朱元璋。朱元璋在如何认识

---

① 转引自周琪主编《意识形态与美国外交》，上海人民出版社，2006，第 20 页。

和判断国家的安全威胁上为整个王朝留下了巨大隐患，"在朱看来，他更关心其本人的权力的安全，而非'中国'或'明朝'的安全。他有目的地制造了明朝的许多缺陷，它们以后一直困扰着这个王朝。因为对朱元璋来说，对他个人权力的威胁可能来自任何地方"。第三方面是体制弊端。明朝初期作出的体制安排意味着如果没有一位深谙国情、果断有力和敢于承担责任的皇帝，政府几乎无法对事关国家安全的重大问题做出有效决策，因为政府内部没有一个官员或部门享有就国家安全政策做出最终决定的权威。与之相反，各色人物都会实际参与到决策过程之中，大臣、将军、皇亲国戚、宫内太监们都钩心斗角，争夺对皇帝的控制；官僚机构之间的摩擦、个人之间的利益争斗以及思想见识的分歧，都让决策中枢无法有效行动。①

所谓现实主义国家战略思维，乃是基于对一国的国内和国际现实状况及其约束条件的清醒判断和把握，运用各种资源和有效的手段达致国家的目标。国际政治学者法利德·扎卡利亚在《从财富到权力》一书中一再强调："长远观之，变得富有的国家将增进其全球影响力，这是不言自明的。但是，这种崛起的性质、时机、成为爆发点的领域和事件——所有这些具体事件都是不确定的……如果能够正确地理解并处置得当，强国的崛起过程会顺利完成；如果理解不清，莽撞行事，则会导致灾难性的后果。"② 所以，在国家战略的制订方面，我们要追求一种现实主义的态度，要非常清楚我们的历史处境和现实条件，这也是我们改革开放以来的国家战略经验。

正是在这样一种现实主义国家利益战略思维下，中国在结束十

---

① 参看威廉森·默里等编《缔造战略：统治者、国家与战争》，时殷弘等译，世界知识出版社，2004，第90～118页。另参看张安《面向二十一世纪的国家战略：历史演进与理论构建》，中国经济体制改革研究会国家战略课题组2006年报告，未刊稿。

② 法利德·扎卡利亚：《从财富到权力》，门洪华译，新华出版社，2001，第15页。

年"文化大革命"的动乱之后迅速地走向了改革开放，并且在改革开放过程中紧紧抓住"发展就是硬道理"这一现实主义国家利益准则，使中国的 GDP 保持了二十多年来年均近 10% 的增长，为中国的和平崛起奠定了坚实的经济基础。十七大前后，国家发展战略在国内已经逐步从单一的经济政策转向多元的社会政策，从经济效率优先走向与社会公平正义并存。在国外，通过区域合作主义，以和谐世界的价值理念型构区域政治秩序的思想框架，通过中国文化软实力展示中国崛起是世界各国的共容利益最大化，尤其是对非洲等地区发展中国家的债务免除，彰显了中国在承担世界政治秩序利益攸关方的大国责任，并在一定程度上建构了中国在第三世界国家中的价值主导能力，这正是对"中国特色的社会主义"这一国家理念的继续和发扬。

改革开放最大的成果就是使中国融入了全球化的进程，从而可以通过全球市场实现中国国家战略，即从以农业立国的国家战略跃升为以工业商业立国的国家战略。陈志武教授也分析了全球化贸易给中国带来的好处。中国的第一次全球化开始于 16 世纪，中止于 1914 年；第二次全球化从 1970 年代开始。中国自鸦片战争后被迫加入第一次全球化，以往的教科书总是从中国作为受害者的角度谈论全球化在 1840 年后对中国的影响，几乎没有从正面的角度谈全球化给中国带来的利益。实际上，如果我们从过去 160 年这种长时间跨度来评估这段历程，就会看到全球化给中国的好处既广泛又巨大。且不说教育、科学技术、医疗等领域，即使只以中国的工业为例，我们也能看到其好处之大。今天，中国 GDP 的 52% 来自工业，仅制造业就为中国提供了 9500 万人的就业机会。在鸦片战争之前，中国只有规模有限的手工业。制造业是西方工业革命产生、通过第一次全球化带到中国的，并不是中国自己的创造。再比如，今天中国的电信、电力、石油行业都非常大，仅手机一年就销售好几亿部，这些行业占 GDP 的比例也非常高，但是电信、电力、石油技术，还有电脑与互联网、铁路、公路和空运，这些也不是中国创造的，都来自西方。所以，客观地讲，如果不是从洋务运动开始引进这些西方工业与技术，中国就不会有今天的汽车业、造船业、航空业、电力业、电信业、制造业、石油业、证券金融业等，这些行业实际上已经成为中国经济的支柱，而中国传统经济的核心——农业今天只占 GDP 的 15% 不到。①

但是，单纯这种现实主义的发展战略，到一定程度后就会丧失发展的动力，而且中国的发展对世界资源需求的急剧增长会增加中国在崛起过程中的国际摩擦。我们在前面已经分析了理想和信念不仅是制订国家战略时需要解决的最核心的问题之一，而且理想和信念本身就是实现国家战略目标过程中必不可少的国家软力量。约瑟夫·奈的"软实力"概念已经清晰地指出，随着世界权力性质的变化，基于一个国家的理想和信念等的"软实力"已经逐步从辅助性的国家力量变为主导性的国家力量。我们必须回归到新中国成立初期的国家理想，重新回答建立一个什么样的新中国这一问题上来。改革开放 30 年之际，在中国共产党召开的十七大会议上，以胡锦涛总书记为核心的党中央领导集体明确指出了我们要走的路是"中国特色的社会主义"道路，是要建设一个中国特色的富强、文明、民主的社会主义国家。

改革开放以来，中国的国家利益基本上由开放主义和改革主义两种观念所型塑，它们构成了当前中国文化主权战略的基本内容。门洪华博士认为，改革主义和开放主义是中国观念变革的主线。②

（一）改革主义

中国采取的渐进主义的改革路径，主要有如下主要特点：第一，持续经济增长兼顾政治稳定。第二，强调改革要逐步进行，先易后难，并加强政治体制的制度化建设，增进政治结构的明朗化、决策过程的规范化等。第三，坚持中国共产党的领导，同时加强多

---

① 陈志武：《大国崛起：面向全球化的中国》，2006 年 12 月 4 日《经济观察报》。
② 门洪华：《中国观念变革的战略路径》，《世界经济与政治》2007 年第 7 期，第 15～17 页。

党合作，中国政府越来越开放，越来越多地运用决策咨询，不断开拓民意渠道，积极团结社会精英，同时对大众呼声作出积极回应，强调"权为民所用，情为民所系，利为民所谋"。

雷默提出的"北京共识"可以说是对中国渐进改革主义路径的初步总结。雷默认同中国的务实思想，强调"实现现代化的最佳路径是摸着石头过河，而不是试图采取休克疗法，实现大跃进"。[①] 从华盛顿共识到北京共识，随着印度等国家提出向中国学习改革经验，中国渐进主义的改革路径越来越显示出它的普遍性意义。

（二）开放主义

中国的开放主义和改革主义是一个硬币的两面，它是一个逐步深入的过程，和改革进程相辅相成，从而体现出这样一些特征：其一，对外开放的具体目标日益丰富。1978 年之后的阶段性目标是引进国外技术、学习先进的管理经验和利用外资；1992 年之后则是通过掌握国际规则促进本国的国际竞争力，并通过深化国内开放来促进改革；自 1997 年亚洲金融危机爆发尤其是 2001 年中国加入WTO 以来，中国的目标开始转变为积极参与国际规则的制定和完善，成为积极的参与者和议程设置者。最近由美国次贷危机引发的全球金融危机，进一步促使各国对由美国主导的国际政治、经济秩序的反思，由美国学者提出的"G2"，即美国和中国共管模式，虽然还只是学术上的讨论，但却反映了中国在国际规则的议程制订中越来越重要的参与作用。这是中国国家文化软实力提升的重要表现。[②] 其二，开放的领域日益增加，从经济领域到公共政策，在各个领域谋求国际对话和合作，开放扩展到政治、社会、文化诸领

---

① 参看黄平、崔之元主编《中国与全球化：华盛顿共识还是北京共识》，社会科学文献出版社，2005，第 6、200 页。

② 哈佛大学英裔历史学家尼尔·弗格森（Niall Ferguson）在 2008 年出版的《金钱的崛起：世界金融史》一书中首创了一个词语——"中华美利坚"（Chimerica），是 China（中国）和 America（美国）两个单词合成而来。他提出了"G2"模式，即中美共同主宰作为未来世界政治经济新秩序的管治模式。

域，开放全面化，中国成为国际社会的全面参与者。其三，开放的空间逐步扩大，形成了从沿海到内地，从东部到中西部的全方位、多层次、宽领域的对外开放格局。中国初步建立了开放型经济，开放型社会也逐步形成。在开放主义的国家利益界定下，中国开始以更加积极的姿态参与多边谈判，借助国际制度，平衡各方利益，维护自由贸易机制，推动形成更多的多边规则，从而为中国的中长期经济发展争取更好的外部环境。与此同时，中国也高度关注开放过程中的经济安全问题。

利用外部的竞争力量加快国内改革也成为中国对外开放的深层次目标之一。中国虽然初步建立了社会主义市场经济体制，但是在改革过程中也产生了一系列问题，中国的地区发展不平衡、城乡发展不平衡等制约了中国发展战略的实现，这些需要更进一步的全面开放来获得改革的动力。

门洪华博士还提出了经济主义、制度主义、地区主义与和谐主义，它们与改革主义、开放主义一起构成了中国观念变革的核心内容，并指出其最终价值在于为符合中国国情的现代化道路之探索提供国家发展战略路线图。无疑，这些主义也是构建中国国家利益的基本原则，是中国文化主权战略建设的重要内容。

我们应当看到，中国目前的国家利益的观念更多的是对中国现代化进程的思考，缺少终极性的价值追求。这首先表现在我们还缺乏原则性观念上。原则性观念主要是指人们的价值观，包括区分对与错、正义与非正义标准的规范性观念。凯瑟琳·辛金克在对美国和西欧的人权政策的分析中指出，人权成为外交政策和国际关系中一个整体和合法的组成部分这一进程揭示出原则性观念对于政策形成的力量。辛金克指出，二战期间数百万无辜的人民遭到屠杀、拷打和虐待，这使人权观念在二战刚一结束时就同时进入了美国和欧洲外交政策的讨论过程中。这一进程对政策的影响是深远的，因为关于人权的新观念决定着国家利益的定义。她指出："人权政策的采纳并不代表无视国家利益，而是表明长期的国家利益概念发生根本性的转变。"① 二战以后，原则性观念的力量在一定程度上建构了国际政治新秩序。

另外一个表现是我们在制度性上的缺失。国家制度建设是现代国家的标志，这主要表现为以法制建设为核心的"基础设施"建设。福山在《国家构建》一书中研究了转型国家和一些新近民主国家的国家失败问题，其中一个关键的因素就是国家制度建设方面的不足。② 费孝通提出中国传统的政治是一种弱双轨政治，由于缺乏现代大众民主的程序性制度设计，传统中国自下而上的政治轨道很容易被并轨为一元政治。③ 对于中国崛起而言，国家制度建设不仅表现为完善中国社会主义民主政治，还有一个重要的方面是作为一个发展中的大国，需要它积极地代表发展中国家的整体利益来参与国际制度建设。通过国际制度的参与、创设乃至主导，实现融入国际社会和拓展国家战略利益，已是中国既定的战略选择。④ 2007年，美国耶鲁大学法学院教授蔡美儿（Amy Chau）出版了《帝国时代：超级强国如何成为世界主宰及失败的原因》一书，⑤ 她在书中提出政治宽容和文化多元对一个超级国家崛起的重要作用。尽管存在巨大的不同点，但按所处时代衡量，历史上所有超级强国在崛起过程中，都是极为多元和宽容的。实际上，在所有事例中，宽容是实现霸权不可或缺的因素。"宽容为何如此重要？实际上，这里有一个简单的解释。要主宰世界，不仅仅是在本国或本地区占据主导地位，一个国家必须在全球科技、军事和经济发展上处于领先地位。在任何一个历史时刻，世界上最有价值的人力资本，无论是智

---

① 凯瑟琳·辛金克：《原则性观念的力量——美国和西欧的人权政策》，载戈尔茨坦、基欧汉主编《观念与外交政策》，北京大学出版社，2005，第136~165页。

② 福山：《国家构建》，中国社会科学出版社，2007。

③ 费孝通：《再论双轨政治》，《乡土中国》，上海世纪出版集团，2007。

④ 门洪华：《压力、认知与国际形象——关于中国参与国际制度战略的历史解释》，《世界经济与政治》2005年第4期，第17~22页。

⑤ 参看蔡美儿《超级强国兴衰问答》，《谁是今天的超级强国》，见2007年11月21日、22日、23日《金融时报》。

力、体力、技能、知识、网络、动力还是创造力，永远不会局限在任何一个种族或宗教群体之内。要在全球范围内超越竞争对手，一个国家必须吸引并激励全球最优秀、最聪明的人才，无论其种族、宗教或背景如何。从波斯帝国到大蒙古帝国，再到大英帝国，这是历史上一切超级强国所做到的，而且它们是通过宽容做到这一点的。"

蔡美儿把政治宽容和文化多元提升到大国兴衰的战略层面，这一视角无疑对中国和平崛起的国家战略文化的构建具有重要借鉴意义。但是，政治宽容和文化多元从根本上需要一个国家做出制度性的安排，没有制度性安排，政治宽容和文化多元就难以存续。是故，我们提出文化主权概念，提出通过主权思考文化的途径，其根本目的即在于提供文化创新的制度性"熔炉"机制，只有经过这一环节，中国以及世界性的文化资源才能转换成中国崛起的软实力战略性资源。

第六章
中国文化主权战略构想

从词源上看，战略（strategy）一词最早是军事方面的概念，它源自法文 strategie，而 strategie 又可上溯到希腊文 strategia，原指军事指挥官或地方行政长官，含有"指挥军队的才干"、"将军的艺术"等意义，也表示大局、大规模或普遍的，后演化为军事将领指挥军队作战的谋略。再后来战略一词由军事领域扩展到其他领域，泛指一种具有宏观视野与全局观念的发展思想和规划部署。在此意义上，所谓国家文化主权战略，是指一个国家动用相关资源维护和发展文化主权的一种总体考量或全面谋划，它集中反映了国家在文化政治上的国家意志与国家利益，以及为达到此目标而进行的相关战略部署。在今天新的历史语境下，作为一个正在崛起中的大国的文化表述和文化实践，中国文化主权战略的制订，既是回应晚清以来文化危机的继续，也是在全球化的挑战下增强大国文化政治意识、提升中国文化软实力、维护观念性国家利益与实现中华民族伟大复兴的历史性要求。

我们提出文化主权战略，在主观上体现了一种大国文化政治意识的觉醒，在客观上则是应对"全球化"和"中国和平崛起"趋势的一种历史选择。这一历史选择决定了中国文化主权战略具有双重性质。在"全球化"和"中国和平崛起"的历史背景下，中国文化主权战略既有反对"文化霸权"、维护国家文化主权的防御属性，但更重要的是它具有扩展中国文化政治的影响、提升国家文化软实力、实现中华文明伟大复兴的极大进取性。只有对这种双重性有了深刻的认识和理解，对于文化主权战略的设计，才能既获得一种历史的、理论的宏大视野，同时又具有现实的针对性。实际上，这一双重性质与特征是有着内在联系的，只有采取更为主动的进取性，才能最终捍卫和拓展中国的文化主权和观念性国家利益。因此，作为一种大国战略，文化主权战略要改变以往的以防御性"安全论"为主导的国家文化战略思维，代之以一种积极伸张文化主权和文化政治的国家战略新路向。

中国文化主权战略的双重性，决定了其基本目标是：捍卫和拓展中国的文化主权与观念性国家利益，增强中国的文化软实力，实现中华文化的伟大复兴；同时，体现中国作为一个大国对于世界的文化责任，为世界文化价值体系及"和谐世界"的建构作出自己的贡献。这些都要求我们具有超越民族国家基础框架的思想能力，以文明国家的世界历史视野来审视中国和平崛起的文明政治责任。也就是说，中国的和平崛起，离不开中国文化的伟大复兴，而成为一个大国的重要标志，不仅在于其内部强大的民族文化认同，也在于承担起作为大国的文化责任，并在世界文化价值体系中发挥更大的作用。

在确立中国文化主权战略目标的同时，也有必要对战略制订与实施的原则做出相应的部署与安排。这些原则概括起来主要有三点，即国家主权意义上的自主性、国家文化认同意义上的主体性、国家文化政策意义上的开放性。而由此出发，对中国文化主权战略的维度和思路的构建，则是对上述文化主权战略的性质、目标和原则的贯彻和实现。

第一节　中国文化主权战略的双重性

从根本上说，我们提出文化主权战略，在主观上体现了一种大国文化政治意识的觉醒，在客观上则是应对"全球化"和"中国和平崛起"趋势的一种历史选择。这一历史选择决定了中国文化主权战略具有双重性质。只有对这种双重性有了深刻的认识和理解，对于文化主权战略的设计，才能既获得一种历史的、理论的宏大视野，同时又具有现实的针对性。

众所周知，作为一种时代性的症候，"全球化"已经成为当今世界最为突出的发展趋势。尽管存在着太多的关于如何理解全球化的不同看法，包括全球化是开始于15世纪的大航海时代还是20世纪90年代的争论，① 甚至有人认为真正意义上的全球化并没有发生，但作为一个进行中的过程，全球化现象导致了多方面的历史后果，却是确实无疑的。经济学家大多把它视为世界各国的生产、分配和消费等经济活动的一体化趋势，主要表现为生产、贸易、投资、金融等领域全球性的自由流动，或指生产要素的全球配置和重组，以及世界各国经济的高度相互依存和融合；政治学家视之为民族国家世界体系的最后完成及世界新格局的战略体现；文化学家则多指不同文化间的相互渗透和融合，不同文明的全球整合和知识体系的全球传播，或指人类利用高科技成果，克服自然界造成的客观限制而进行的全球信息传递和交流；而社会学家关注得更多的是全球性问题，认为全球化是生产力和社会关系在时间与空间维度上的全球扩散。②

当然，我们在此关注的不是其他，而是全球化对文化主权所带来的深刻影响。

当T. 莱特最早于1985年提出"全球化"一词时，它是用来

---

① 一般认为，全球化开始于20世纪90年代，即冷战结束后。但也有学者认为，作为一种全球经济和贸易网络的形成，全球化早在15世纪的大航海与地理大发现时代就已经开始了。参看贡德·弗兰克《白银资本——重视经济全球化中的东方》，刘北成译，中央编译出版社，2000。

② 倪世雄、蔡翠红：《西方全球化新论探索》，《国际观察》2001年第3期。转引自张骥、刘中民等《文化与当代国际政治》，人民出版社，2003，第361~362页。

概括 20 世纪 60 年代以来的世界经济所发生的巨大变化的，就此而言，全球化一词的最初含义是指经济的全球化。但随着全球化进程的快速推进，国际移民、文化产品和经济产品在全球范围内快速流动，科技尤其是信息技术使信息迅速传播到世界的每一个角落，这在带来文化价值和文化模式的相遇、冲突、磨合或整合的同时，也产生了新的文化权力关系及权力结构，从而导致了对文化同一化或同质化的忧虑。

由于西方发达国家长期以来积累了资本、技术、人才、管理和信息传播等多方面的优势，它们不仅主导了世界经济的发展，而且在全球性的文化产品生产和文化价值传播方面，都占据着统摄性的主导地位。也就是说，全球化在迅速打开全球文化市场的同时，并没有同时带给世界各国相同的或相等的发展条件和发展机遇。绝大多数发展中国家有限的经济力量还支撑不起发展现代文化产业所需要的庞大资本，难以对文化产业进行全面的投入，文化资源优势无法转化成产业优势，而当国内的经济发展又继续需要国际资本支付时，以牺牲国内文化市场来换取国际资本投资也就成为许多发展中国家无奈的选择。[①] 考虑到全球化的过程也就是国家主权的相对削弱过程，全球化与国家文化主权的安全之间也就呈现出一种新的历史关系。

也就是说，全球化所导致的一个主要后果，就是文化主权问题的历史性浮现和凸显。而当我们将视角稍作调整，则可看到，文化主权问题的凸显，其诱因是全球化进程中所出现的"文化霸权"及其中可能出现的文化身份认同危机。

为了说明这一点，我们可以文化主权在当今世界的等差格局或现象为例：像美国这样非常强调国家安全和国家利益的超级大国，却很少提"文化主权"问题，这当然与美国文化在当代国际文化格局中绝对强势的软实力紧密相关——美国文化向全球的全面扩张，使美国并不存在紧迫的文化主权问题。但在一些发展中国家，

---

① 胡惠林：《中国国家文化安全论》，上海人民出版社，2005，第 121～122 页。

甚至像法国这样的西方发达国家，面对美国文化咄咄逼人的全球扩张，普遍都有一种文化焦虑，这种焦虑当然来自本国文化所受到的外在威胁——威胁导致了文化上的不安全感及对文化主权和国家利益可能受到侵害的担心。这种担心所引起的结果是，在越来越多的国际场合及相关的文化论述里，美国的文化扩张被称为"文化霸权"或"文化帝国主义"，遭到了越来越多的批评甚至抵制。

批评和抵制来自两方面。就美国内部而言，早在20世纪60年代的大学校园革命中，赫伯特·希勒就出版了《大众宣传工具和美利坚帝国》一书，指出美国国务院为了进一步扩大美国资本主义的利益，正在向全世界发动一场"电子侵略"——领军先锋是CBS、RCA和NBC等美国传媒巨头。另外一些批评家则在批评美国的文化帝国主义时说，美国的大众文化已经成为一种统治世界的麻醉工具。在美国的外部，除了一些加入到全球化进程的发展中国家，以法国为首的工业化国家和以联合国教科文组织为代表的国际性机构，也加入到攻击美国文化帝国主义的行列中来。1980年，联合国教科文组织出版的著名的《麦克布赖德报告》，公开谴责美国及其西方盟友垄断世界文化市场，为了抵制美国在不受限制和审查的条件下自由传播，交流信息、思想和文化产品而产生的"自由泛滥主义"，联合国教科文组织主张建立"世界信息交流新秩序"，以结束西方盟国对信息交流的垄断。随后的1981年，法国文化部长雅克·朗格在出席联合国教科文组织会议时，猛烈抨击了产生毒害文化影响的美国电视节目，他指责美国是一个"庞大的利润帝国"，不仅要占用别国的领土，还要统治各国人民的思想和生活方式，因此是一种"文化帝国主义"。朗格的言论经报道传到巴黎后，长期以来一直在谴责"可口可乐殖民化"的巴黎知识界立即为他欢呼。①

----

①　马修·弗雷泽：《软实力——美国电影、流行乐、电视和快餐的全球统治》，新华出版社，2006，第5~6页。

可以说，世界范围内针对美国文化扩张和霸权的批评，显示出在全球化的语境下，处于文化劣势的世界各国面对不平衡的国际文化权力结构的一种抵抗，由于这种抵抗经常以一种国家行为的面目出现，因此这种抵抗从根本上说是"文化主权"意义上的。当然，即便同样批判和抵制美国的文化霸权，西方国家与非西方文化国家的立场和出发点却是完全不同的，正如马修·弗雷泽所深刻指出的那样："西方国家对美国软实力的敌意虽然充满政治辞藻，但从根本上并没有以国家'文化主权'的名义拒绝美国的价值观。更确切地说，西方国家的反美文化抵制是一种制度化的民族精英集团和国内商人之间共谋关系的表现，他们需要尽力保护自己的共同利益。……在大多数情况下，它们故意把商业利己主义和文化保护主义之间的区别弄得含混不清。非西方文化国家对美国软实力的敌意反应正好相反，明显地显示出鸿沟般的宗教、道德和意识形态差异划出来的既定断层线。这一分界线虽然越来越容易渗透，但也对美利坚帝国形成了严峻的地缘政治意义上的挑战。"[1]

就此而言，我们提出的文化主权战略，显然也是对文化全球化特别是西方文化霸权所带来的挑战的一种回应。从中国的历史（尤其是近代史）来看，西方在15世纪向全球的扩张过程，也是西方文化借助主权国家的方式实现软实力向外扩张并确立其文化霸权的过程，正如我们在第四章所述，这一过程在有形无形之中促成了中国传统文化在近代的大溃败，形成了延续至今的文化主权危机。而从中国的现实来说，尽管中国是一个文化资源大国，但并不是美国意义上的文化大国，尤其是由于种种历史与现实原因，中国的文化市场和文化产业很不发达，严重制约了中国作为文化资源大国转化为文化大国的能力和作为，起步较晚的中国文化产业还处于初级发展阶段，还难以与美国等文化产业大国相抗衡，中国还处于

---

[1] 马修·弗雷泽：《软实力——美国电影、流行乐、电视和快餐的全球统治》，新华出版社，2006，第20～21页。

经济再崛起的起步和发展期，中国文化软实力在世界中的影响还相当有限，西方发达国家在全球确立的文化上的绝对优势和咄咄逼人的扩张趋势，决定了中国文化主权战略必然具有一定的防御性或保守性。这可以说构成了中国文化一百多年来的一种"处境性"存在。

但与此同时，我们更应该看到，中国文化主权战略是在中国和平崛起的背景下浮出历史地表的，这决定了与其保守一面不同的另一种性格，这就是它在大国文化政治意义上的开放性、主动性和进取性。

实际上，中国的经济发展之所以能取得今天的伟大成就，其根本原因也正是在于其开放性与进取性。经过多年的积累，尤其是近30年的改革开放，中国主动地、更深地卷入经济全球化的浪潮之中，并成为全球化最大的受益者之一。① 随着经济的腾飞，中国的综合国力日益得到提升，国际影响力不断增强，中国作为一个世界性大国的再度崛起正在逐渐成为现实。对于一个具有五千年古老文化，而又经历过历史性衰落的传统大国而言，中国和平崛起及其中所显现出来的大国实力、大国气象和大国风度，其最终指向都在于中华民族的伟大复兴。

换言之，中国和平崛起其实也就是恢复中国作为一个传统大国的历史地位。那么，何谓大国？在今天的全球化时代如何判定大国的标准？

在许纪霖看来，所谓大国，是指它不仅在经济、科技、军事和国际政治上的地位举足轻重，更重要的是，它的文化——制度文化

---

① 中国改革开放论坛理事长郑必坚先生就此指出："中国之所以能够用和平方式取得资源，一个极重要条件是对外开放，也就是同经济全球化相联系而不是相脱离。正是在经济全球化的特定历史条件下，中国这样的后兴大国实现崛起，可以通过国际市场引进各种资源包括能源，而不必走对外侵略、掠夺的崛起之路。在这个意义上说，经济全球化成全了中国和平崛起。"参看郑必坚《中国的发展与和平崛起新道路》，《论中国和平崛起发展新道路》，中共中央党校出版社，2005，第49页。

和观念文化——成为当代文明的主流典范和主流话语，影响遍及全世界各个国家、各个民族和各个角落。也就是说，真正的大国，是能够以自己的制度典范和文化典范辐射到全世界的那些国家。而对是否称得上大国的标准的认定，则要放在人类文明的长时段中来衡量，看它是否在人类文明史中占据一个重要的位置，对整个世界文明的发展是否有举足轻重的影响。许纪霖指出，真正的大国，不仅是 GDP 总量在全球名列前茅，不仅是能够在国际政治中左右局势，更重要的是，它的社会政治制度是世界的典范，符合人类文明的进步标准，它的文化具有巨大的魅力，影响全球主流价值观。① 反过来，如果一个国家的文化不能成为其他国家的文化典范，那么，即便它在强国之间的战争中获得胜利，也只可能是暂时的强国，而不能成为真正意义上的大国。

以此观之，美国能够确立起其在世界上的霸权地位，不仅与美国这一超级大国在当今世界强大的经济、政治、军事和科技力量有关，更与美国作为当今世界最为强大的文化大国及其所具有的"软实力"紧密相关。在约瑟夫·奈的定义里，软实力是指"在国际事务中运用媚惑替代胁迫实现所渴望结果的能力"，他特别指出，美国的全球影响不能仅仅依靠经济实力、军事力量和威慑能力，美国的领导地位必须要依靠软实力来维护，也就是说，要靠美国的生活方式、文化、娱乐方式、规范和价值观对全球的吸引力来维护。简言之，美国的领导地位只有建立在道德基础上，才是更坚稳的。②

因此，在约瑟夫·奈看来，软实力与硬实力的地位同等重要："在国际政治中通过制定议程来吸引他人，与通过威胁或使用军事或经济手段来强迫他人改变立场同等重要……决定他人喜好的能力

① 参看许纪霖在"大国之道与中国问题——《大国》丛刊学术座谈会"上的发言摘要，载《大国》第3期。
② 约瑟夫·奈：《美国实力的悖论》，转引自马修·弗雷泽《软实力——美国电影、流行乐、电视和快餐的全球统治》，新华出版社，2006，第5~6页。

往往同无形实力资源联系在一起，如有吸引力的文化、意识形态和制度等。"① 而且，正是美国的经济、军事等硬实力及其强大的软实力的相互配合和相互补充，才使美国确立起它在当今世界独一无二的超级大国地位。在这里，当奈将"软实力"与美国的生活方式、文化、娱乐方式、规范和价值观相联系时，我们发现，这些正是我们所说的文化主权的核心内容，它是美国的大国文化政治的一种贯穿和体现。因此，美国"软实力"确立起它在全球的支配地位的过程，其实也是美国文化主权战略实现其目标的过程。在此意义上，从"文化主权"与"文化霸权"的并置与对立关系来看，美国的文化霸权恰恰也是美国文化主权的一种反映与延伸，它一方面有效地拓展了美国的文化主权及国家利益，另一方面也集中体现了美国作为一个大国的文化软实力及其所具有的巨大政治效应。世界各国对美国文化霸权的批判与反抗，恰好从一个侧面反衬了美国文化本身的强大。

就大国崛起的历史来说，传统中国可谓是真正的大国，一个曾经占据世界中心的文明国家——中国的政治制度、法律制度、行政体系乃至科学、文化、艺术和文字等软实力因素都曾对世界特别是东亚产生过巨大的影响。然而，从 18 世纪开始，随着世界的中心逐渐移向欧洲，特别是西欧，然后转向美国，以古希腊和基督教文明为历史传统的西方文明最终成为全球最强势的文明，而代表了这些文明的美国、英国、德国、法国等，都先后成为无可争辩的世界大国。从东西方近 500 年的历史关系来看，西方大国的崛起过程也是传统东方大国——中国的历史性衰落过程。

但从 20 世纪 90 年代中期以后，中国却以世界工厂的姿态重新崛起，其标志就是中国的经济实力不断提升。根据我国学者胡鞍钢对五大国的比较研究，中国已经上升为世界第二大综合国力国家、

---

① 约瑟夫·奈：《处于十字路口的美国巨人》，载胡鞍钢、门洪华主编《解读美国大战略》，浙江人民出版社，2003。

世界第二大经济实体（按实际购买力计算）、世界工业生产第一大国、世界最大的国内投资国（按实际购买力计算）、世界第三大贸易国、世界人力资本最大的国家。① 目前，中国经济增长对世界经济增长的贡献率接近20%，中国外贸增长对世界外贸增长的贡献率约为17%，中国已经成为带动世界经济增长的一个重要火车头。此外，作为联合国安理会常任理事国，中国近年来在国际政治舞台上也发挥了越来越重要的作用。不过就总体而言，目前中国对世界的影响还多集中在经济和贸易层面，政治方面的影响基本上是区域性的，在制度层面和思想观念文化层面的"软实力"对世界的影响方面，更是有待加强。"中国文化"还处于传统与现代、东方与西方、社会主义与资本主义等多种悖论之中，尚未定型，在中国社会快速的现代化转型中，"文化的现代化"还尚未完成。而晚清以来的大变局，对中国文化的元气和信心的冲击太大，它们都还有待进一步的恢复和加强。这意味着，作为一个正在再度崛起的世界大国，中国的文化软实力与中国的大国地位很不相称，而如果没有在文化政治上形成对世界的巨大而广泛的影响和贡献，中国便很难说是一个真正意义上的大国。可以说，这既是中国在未来所面临的最大挑战之一，也是我们所提出的中国文化主权战略应着力解决的问题。就此而言，中国和平崛起的历史背景，决定了中国文化主权战略必须具有大国的文化政治意识及相应的进取性和主动性，推动中国作为世界性大国的历史性崛起与中华民族的伟大复兴。

实际上，这种进取性与主动性近年来不断地体现在中国的各种积极性言行中，如在面对世界敞开自己的同时，中国积极倡导中国文化"走出去"战略。作为其中的一个典型事例，中国目前已在世界各地开设了几百间"孔子学院"，推广汉语教学和汉语价值，取得了较好的成效。可以说，增强我国在文化政治上的软实力已经

---

① 胡鞍钢：《如何看待中国崛起——代序言》，载门洪华主编《中国：大国崛起》，浙江人民出版社，2004。

成为中国的自觉意识和执着追求。胡锦涛同志 2006 年 11 月在全国文代会上发表讲话，称"提升国家软实力，是摆在我们面前的一个重大现实课题"，在党的十七大报告中更是旗帜鲜明地提出"要激发全民族文化创造力，提高国家文化软实力"。这些都很好地说明中国领导人已经非常敏感地意识到了提升国家软实力对于中国和平崛起的极端重要性。而值得提及的是，近年来中国软实力的上升已经引起西方世界的注意。2007 年 5 月，耶鲁大学出版社出版了柯兰齐克（Joshua Kurlantzick）的《魅力攻势——中国的软实力如何改变世界》一书。这可能是美国、西方第一本研究中国软实力的专著。不过，该书主要论述的是中国在近十年中如何利用援助、贸易、投资等软实力外交策略来打消发展中国家对中国经济发展产生的疑虑，并与这些发展中国家建立和巩固彼此间的友好关系，尤其是同东南亚、非洲和拉丁美洲国家的关系。中国的软实力外交使中国的国际形象明显改善，民意测验和对中国的新闻报道都证明了中国软实力外交的成功。[①]

由上观之，在全球化和中国和平崛起的历史背景下，中国文化主权战略具有反对"文化霸权"、维护国家文化主权的防御式属性，但更重要的是它也具有扩展中国文化政治的影响、提升国家文化软实力、实现中华文明伟大复兴的极大进取性。当然，这一双重性质与特征是有着内在联系的，只有采取更为主动的进取性，才能最终捍卫和拓展中国的文化主权和观念性国家利益。因此，作为一种大国战略，文化主权战略要改变以往的以防御性"安全论"主导的国家文化战略思维，代之以一种积极伸张文化主权和文化政治的国家战略新路向。正如我们在第一章所强调的那样，我们提出中国和平崛起的国家战略，就是要从传统国家战略过于强调"防御性能力"的视角转向"积极性能力"的建设，这也是由中国崛起

[①] 参看丘峦《文化实力未彰显　中国软实力有限》，中国评论新闻网 http：//www.chinareviewnews.com。

成长过程这一性质决定的，因为崛起就是大国成长过程，就是国家积极性能力的苏醒和扩展。

第二节　中国文化主权战略的
目标、步骤与原则

中国文化主权战略的双重性，决定了其基本目标是：捍卫和拓展中国的文化主权与观念性国家利益，增强中国的文化软实力，实现中华文化的伟大复兴；同时，体现中国作为一个大国对于世界的文化责任，为世界文化价值体系及"和谐世界"的建构作出自己的贡献。这些都要求我们具有超越民族国家基础框架的思想能力，以文明国家的世界历史视野来审视中国和平崛起的文明政治责任。也就是说，中国和平崛起，离不开中国文化的伟大复兴，而成为一个大国的重要标志，不仅在于其内部强大的民族文化认同，也在于承担起作为大国的文化责任，并在世界文化价值体系中发挥更大的作用。这种作用既体现为中国文化对于世界的强大影响力和辐射力，也体现为中国理念在国际上成为具有召唤力的普世价值，成为世界多元文化格局中的一种重要力量。概括说来，中国文化主权战略的具体目标，一是在全球化时代维护国家文化主权和观念性国家利益；二是强化民族和国家的文化政治认同；三是积极参与世界文化价值体系的重建，扩展中国文化软实力在世界的影响，为建设"和谐世界"作出自己的贡献。

国家文化安全问题是冷战后备受关注的问题。所谓国家文化安全，是指国家安全的文化形态，确切地说是指国家文化生存和发展免于威胁或危险的状态。[①] 可以说，国家文化安全的提出，是全球化浪潮下国际安全形势和格局出现较大变动的结果。由于传统的以国防为中心的国家安全观已经不适应时代的需求，国家安全理论发

① 胡惠林：《中国国家文化安全论》，上海人民出版社，2005，第15页。

生了很大的变化，这种变化突出地体现在国家安全内容和范围的拓展和延伸，即由原来的国防安全扩展到政治安全、经济安全、文化安全和信息安全等诸多领域。而从实践层面上看，全球化的急剧推进，特别是文化全球化的快速发展，直接或间接地威胁到各民族国家文化存在和发展的独立性，发达国家的强势文化通过各种文化传播和交流通道侵蚀他国文化，通过输出文化产品等方式对其他文化进行文化渗透和文化控制，破坏、动摇、同化其他国家的价值观念和文化体系，形成各种形式的文化霸权。作为文化全球化所导致的文化主权问题的具体体现，国家文化安全与国家利益紧密联系在一起。当我们将国家利益大致划分为物质性国家利益和观念性国家利益时，我们就会看到，国家文化安全问题显然表现为国家理念、价值观，以及政策等方面的观念性国家利益受到威胁或陷入危机的状态。由于中国目前已经从广度和深度上都深深卷入了世界政治、经济和文化体系，中国文化安全所面临的挑战，其实更深层来看也是中国文化主权的内在危机。因此，如何在新的全球化语境下维护我国的文化主权安全和观念性国家利益，将是文化主权战略最为具体和主要的任务和目标之一。

在某种意义上，全球化构成了一切问题或远或近的背景。就世界经济而言，以全球化、信息化、网络化为特征的"新经济"，彻底动摇了以固定空间领域为基础的民族国家或所有组织的既有形式，商品和服务的市场日益全球化，实际的贸易单位并非国家，而是公司以及公司的网络。但由于20世纪90年代世界经济的反作用等原因，世界经济还不可能实现理想的全球一体化，区域经济和区域集团化反而越来越纳入全球经济体系之中，区域内的城市互补性、关联性和依赖性由此而日益增强。正如卡斯特所指出的那样："资本主义生产方式的特征是不断扩张，总是尝试克服时间的限制，但只有到了20世纪末，以信息与通讯科技提供的新基础设施为根基，以及政府和国际机构所执行的解除管制与自由化政策协助下，世界经济才真正变为全球性的。然而，经济体里并非一切事物都全球化了：事实上，大多数的生产、就业和企业目前仍是，而且未来也将是地域性与区域性的。"①

"全球化"与"区域化"的并存假如说是当今全球化的一个突出特征，那么与此相类似的，是全球文化认同与国家、地区文化认同的"对峙"构成了全球化时代的另一突出特征。一方面，在全球化程度不断加深的背景下，几乎所有的国家和民族都卷入了全球化的过程当中，国际资本、国际移民、国际文化产品的快速流动，世界性的消费主义的盛行及现代通讯技术的广泛应用，既导致了人类在文化认同上日趋走向多元化和复杂化，也导致人们日益严重的文化身份认同危机。② 而且这种文化认同危机显然是全球性的，它既包括那些最新卷入全球化进程的发展中国家，同时也包括像美国这样的西方发达国家。事实上，正如我们在第五章所揭示的那样，亨廷顿写作《文明的冲突》的一个主要动因，正是来自他对西方文明及其认同相对衰落的忧虑。在他看来，为挽救日益相对衰落的西方文明，应对来自非西方文明的挑战，必须加强对西方文化的认同，也就是强调西方文化的"特性"。"西方文明的价值不在于它是普遍的，而在于它是独特的。因此，西方领导人的主要责任，不是试图按照西方的形象重塑其他文明，这是西方正在衰弱的力量所不能及的，而是保存、维护和复兴西方文明独一无二的特性。"在《我们是谁?》中，亨廷顿又指出：由于拉美裔移民的涌入、次国家认同的强化，以及多元文化主义的盛行而导致盎格鲁—新教文化在美国文化中的核心地位的动摇，为应对来自其他文化的挑战，他积极倡导强化对盎格鲁—新教文化传统的认同。

但另一方面，全球化不仅没有削弱民族文化认同，相反还引起了国家或地区文化认同进一步强化的发展趋势。美国对盎格鲁—新教文化"特性"的强调（区别于以往的西方"普遍主义"），尽管

---

① 曼纽尔·卡斯特：《网络社会的崛起》，社会科学文献出版社，2003，第119页。
② 曼纽尔·卡斯特：《认同的力量》，社会科学文献出版社，2003。

依然有一种文化等级意识在发挥作用，但其本身却也是全球化时代国家文化认同反向强化的结果。由于国家文化认同构成了国家文化主权的内在根基与外在表征，文化认同的日趋强化从一个侧面说明了文化主权问题已经成为当今世界的一个重要的政治症候。事实上，仅从西方世界来看，由于语言表达个人的民族认同感和文化认同感，因此语言认同成为文化认同的主要途径和方式。在苏格兰有着古老传统的盖尔语，在 20 年前曾是濒临死亡的语言，但如今它却在苏格兰得到了广泛的应用，不仅商场、公路标志和广播节目使用盖尔语，而且学校上课也是盖尔语和英语并用。这一复兴古盖尔语运动，甚至成为苏格兰脱离英国的政治诉求的一个重要组成部分。在法国，法语的地位在全球化时代得到了更为坚决的捍卫，法国严格限制广播中的英语歌曲及进入法语的英语词汇，中世纪的古老法语正在法国复苏，并在一些学校中恢复了这种古老法语的教育。而在亚洲，对亚洲价值的强调与捍卫及对西方价值的挑战正在成为一种新的文化政治潮流，正如亨廷顿所说的那样，"'文化复兴'正席卷亚洲。它包括'自信心日益增长'，这意味着亚洲人'不再把西方或美国的一切看做必然是最好的'。这一复兴表现在亚洲国家日益强调各国独特的文化认同和使亚洲文化区别于西方文化的共性"。① 作为其中的一个例证，新加坡领导人李光耀在辞去总理职务之后，致力于"亚洲价值观"的挖掘和弘扬，并经常对美国的霸权行径提出批评："告诉美国人民他们的制度存在什么问题，这不是我的事情。我要对它说的是，不要不分青红皂白地将自己的制度强加给那些无法适用这套东西的社会。"

由此可见，伴随全球化的推进，在引起全球性的文化认同危机的同时，一种新的文化政治认同运动也在进行之中。作为其中的体现之一，就是各国开始捍卫自己的民族和国家文化本身的价值，重

---

① 塞缪尔·亨廷顿：《文明的冲突与世界秩序的重建》，新华出版社，1999，第105页。

新塑造自己的文化主体性，努力加强本民族的文化自觉意识。尽管全球化可能导致国家主权的相对削弱，但由于目前的全球化进程依然以民族国家体系为其基本的政治保障，文化认同依然以民族国家为主要载体和依托，文化自觉意识的苏醒和文化政治认同的加强，显然是与一个国家的文化主权问题紧密联系在一起的。

然而，由于种种历史和现实的原因，中国的文化认同可以说面临着诸多的挑战。其中之一就是，在经过晚清以来西方文化的冲击及中国内部对传统文化的历次批判、否定之后，中国曾经出现过严重的价值真空、信仰失落及国家文化认同危机，同时，随着中国改革开放的进一步拓展，中国文化也日益进入世界文化价值体系之中，频繁的国际交往使中国文化更多地融入了许多外来文化的因素，特别是西方的一些价值观念已经在中国生根，因此已经不存在一个本质化的"中国文化"，这都对未来的中国文化认同形成较大的挑战。就此而言，伴随中国的和平崛起，如何加强民族国家文化认同，尤其是不断加强中华民族的文化自觉意识和内在凝聚力，无疑是中国能否成为文化大国的关键和文化主权战略的主要目标之一。

中国的和平崛起，首先是中国经济的崛起及由此给世界带来的贡献。就此而言，目前中国已经成为世界上举足轻重的经济大国，对全球经济发展作出了积极的贡献。① 但作为一个大国，中国并不

---

① 按照胡鞍钢的概括，这种贡献体现在如下四个方面：（1）对全球经济增长的贡献，1980～2002 年，中国对世界新增 GDP 的贡献率为 21.31%，超越美国，位居世界首位；（2）对全球贸易增长的贡献，中国已经成为世界增长最快、最大的新兴市场，也是世界第三大进口市场；（3）对全球减贫的贡献，1978 年，中国农村贫困人口 2.5 亿人，贫困发生率为 30.7%，到 2002 年，这个数字变为 2820 万人，贫困发生率下降到 3%，中国贫困人口总量的快速减少，为扭转世界贫困人口多年上升的趋势作出了贡献；（4）中国发展模式对全球各国特别是发展中国家的示范作用。中国发展模式来自于中国实践，应用于中国实践；它来自于发展中国家，也会应用于发展中国家。参看胡鞍钢《对中国之路的初步认识》，载黄平、崔之元主编《中国与全球化：华盛顿共识还是北京共识》，社会科学文献出版社，2005。

满足于仅仅成为一个崛起的经济强国，而希望在政治和文化上也发挥一个大国的作用。由于传统中国既是一个政治、经济大国，也是一个有着五千年历史和博大精深文化的文化大国，古代中国不仅在国内形成了源远流长的文化传统，而且更是以一个强大的文明国家的面貌影响了东亚、中亚和东南亚的政治文化版图，因此今天中国的和平崛起的过程，必然也是中国文化实现伟大复兴的过程。中国文化的当代复兴，不仅在于它在全球文化政治版图中重新确立自己的独特个性并恢复自信，也不仅在于它将继续维系中华民族的内在统一，而且在于它在参与世界文化价值体系的建构中，以自己的核心价值观及其所代表的国家软实力为"和谐世界"建设作出贡献。

　　2005 年 9 月，在联合国成立 60 周年的首脑会议上，中国国家主席胡锦涛发表了《努力建设持久和平、共同繁荣的和谐世界》的演说，倡导建立"和谐世界"。"和谐世界"是现代外交理念与中国传统文化的结合，是"坚持多边主义，实现共同安全；坚持互利合作，实现共同繁荣；坚持包容精神，共建和谐"，它的提出，是对霸权主义和强权政治、恐怖主义、分裂主义和极端主义，以及南北差距不断扩大所造成的世界不和谐的回应，是中国在 21 世纪就如何建立和平稳定、公正合理的国际新秩序基本主张的高度概括，不仅是对和平共处五项原则的发展，而且也符合时代不断发展的要求。具体来看，和谐世界表现在政治、经济、社会和文化等诸多方面。在文化上，胡锦涛主席指出，"和谐世界"鼓励文明的对话，致力于实现不同文明的和谐进步；每个国家都有自己的历史文化传统，各国应该维护世界多样性和发展模式多样化，坚持平等对话和交流；各国根据本国国情探索发展道路的努力应该得到尊重，应该承认各国文化传统、社会制度、价值观念和发展道路的差异；不同文明和社会制度，应互相取长补短，应以平和、包容的心态看待彼此的差异；差异不仅不应该成为冲突和矛盾的根源，而应该成为相互借鉴和融合的动力，使世界上所有文明、所有民族携手合作，共同推进人类和平与发展的崇高事业。

就此而言，我们提出的文化主权战略，其基本目标诉求显然并非亨廷顿所说的"文化冲突"，而是世界多元文化和谐共存发展的未来图景；不是将自身的文化价值强加于人的文化霸权，而是促进文化间的对话和交流的努力，是对文化多样性乃至"文化民主"的捍卫与维护。在此意义上，我们强调的文化主权意识，就不是侵略性的，而是彼此包容的，既强调普世价值，也强调每一种文化都有自己独特的价值，只有彼此尊重和相互调适，一个真正意义的和谐世界才能建立起来。

当然，上述文化主权战略目标的设定，尽管其本身有着内在的层级递进关系，但从基本上说它们都属于某种"终极"目标，考虑到中国文化主权问题的历史与现实，我们还有必要对短期、中期和远期目标做出谋划，确定相应的战略实施步骤。与美国等西方国家所具有的强大文化实力相比，中国文化在当今世界上的影响还不够大，地位还不够高，因此根据我们在第五章提到的"现实的理想主义国家利益观"，就短期的现实目标而言，中国的文化主权战略应是配合性的，即主要是配合中国"大战略"的制订与实施，[①]在中国经济崛起、政治影响扩大的背景中强调作为一个大国的文化政治意识，并逐渐找回中国文化的自信。在此其中，重新认识和反思中国的传统文化，挖掘、弘扬中国传统文化的当代价值，促进传统文化向现代文化的创造性转化，即如何将传统的文化资源转化成中国现实的软实力，在进一步与全球普世价值的融合中不断增进中国的文化政治认同，逐渐扩展中国文化的对外影响。就中期目标而言，随着中国的综合国力的更大提升，中国新的国家战略定位，必

---

① 所谓大战略，是指综合运用国家总体战略资源实现其战略目标的艺术，即一个国家运用自身的各种手段和资源——政治、经济、文化和意识形态等——保护并拓展本国整体安全、价值观和国家利益等。参看门洪华《冷战后美国大战略的争鸣及其意义》，载胡鞍钢、门洪华主编《解读美国大战略》，浙江人民出版社，2003。

然要求中国的经济战略、外交战略和文化战略等做出更密切的相互支持与配合，在形成强大的硬实力的同时，利用各种外交、教育、商贸方式与途径，不断提升中国文化的软实力，进一步维护和拓展中国的观念性国家利益。从远期目标来看，借助于中国作为多极世界中的重要一极的超强实力，努力将中国文化发展成为世界最具影响力的文化之一，使之在世界文化价值体系中居于十分重要的地位，发挥重要作用，实现中华文化的伟大复兴。

在明确了中国文化主权战略的性质、目标与步骤后，我们有必要对战略制订与实施的原则做出相应的论述。这些原则概括起来主要有三点，即国家主权意义上的自主性、国家文化认同意义上的主体性、国家文化政策意义上的开放性。

首先，就自主性来说，它显然来自于主权概念的内在规定。就国际法意义上的国家主权而言，所谓主权，是指国家以独立自主的方式处理它的一切对内事务和对外事务的最高权力与最高权威，它不受任何其他国家或实体的干涉和影响。① 因此，对文化主权战略来说，包括对世界局势与历史条件的判定，到国家文化主权战略目标的确立，再到这一战略的实施，都要体现出一种主权意义上的国家自主性。事实上，在中国历史上，晚清以来，中国经历了一个历史性的衰落过程，在这个过程中，中华民族最为惨痛的历史经验就是在西方列强的宰割之下，中国政治、经济、军事、文化等国家自主性的丧失。而中国文化主权战略的提出，既体现了中国文化发展上的自主性，更体现了其背后的国家政治意识，这也就是在维护中国文化主权方面的"当家做主"的国家意志和民族精神。

其次，就主体性而言，建构中国的国家文化主体性，可以说是文化主权战略的最为根本的目标与原则之一。在我们看来，文化主权既是中国文化认同意义上的自我认识与自我确证，是一种文化自

---

① 王沪宁：《国家主权》，人民出版社，1987，第11页。

觉意义上的文化政治，同时也是国家文化软实力的一种主权学说和一个大国的文化表述，这一表述的基本前提正是对中国文化主体性的捍卫。文化政治上的主体意识，也正是我们所说的文化主权的核心，它集中地体现了中国文化既有普适性又有独特性的思维模式、核心价值观念、风俗习惯等内容，特别是其中众多的核心价值观念，如万物一体、天人合一、和而不同等。① 此外，它也历史性地涵盖了各种外来的文化、政治元素，包括近代以来既抵抗西方又向西方学习的传统，这些都构成了中国文化认同和主体意识不可缺少的组成部分和现实基础。因此，文化主权战略的制订和实施，到最后都是为了维护中国文化在世界文化体系中的主体性地位，它也因此构成了我国观念性国家利益的重要组成部分。

最后，是开放性原则。这是特别需要强调指出的一个基本原则。在国家的文化政策层面，维护文化主权不能采取完全的文化孤立主义，在捍卫基本的民族尊严的同时，要有广阔的胸襟接纳外来文化，并使之与本民族文化相融合。中国文化发展的历史充分说明了这一点。中国文化没有灭绝，很重要的原因就在于这种接纳的态度和包容的能力。没有极大的文化融合，就没有隋唐时代国家大一统的局面；没有明清以降的外来文化的融入就不可能有郑和下西洋和康乾盛世。不仅如此，在中国历史上，因为成功的文化接纳与融合，往往使得外来文化成了本土文化中的精华。如佛教文化，就极大地丰富了中国传统文化思想，使这个民族具有形而上的色彩，同时也平添了祥和之气。如马克思主义在中国生根开花，经历深刻的中国化以后，成了领导这个国家的中国共产党的指导思想。还有孙中山先生的三民主义就吸收了美国和日本的现代思想资源。中华文化发展兴盛的过程，国家文化主权确立的过程，就是中国对外发展的过程。越是要维护文化主权，反而越要打开国门主动吸收，否则

---

① 中国文化的核心价值观念还有很多，如仁爱、敬诚、忠恕、孝悌、信义、节俭、谦虚、勤奋、中庸、天下为公、"天下兴亡，匹夫有责"等。

文化就会萎缩，主权也无从谈起。主权的确立和实现，就是要扩大文化的开放，促进文化的融合，在开放和融合中扩大自主的空间。而与防御性的"文化安全论"不同，开放性的文化主权战略，预示得更多的是一种开放背后的文化自信。

第三节　构建中国文化主权战略的维度与思路

在相当意义上，构建立足当下、着眼未来的中国文化主权战略，可谓是事关国家发展方略的浩大而系统的工程。它既凝聚了新的历史语境下的民族复兴理想，又展现了大国崛起提升文化软实力的政治意识；它既要有极大的全局性和前瞻性，又要有国家政策层面的现实性；既要有国家理念的战略高度，也要有实施措施的具体安排。本书不可能就文化主权战略提出周全而严密的方案，[①] 而仅仅基于文化主权战略的性质、目标和原则，就构建中国文化主权战略的几个重要维度，提出相应的思路。其中，假如说前两个维度是目标，那么后三个维度则是其实现的方式或途径。

一　立足中国历史文化传统，强化中国的文化认同和主体意识

在相当意义上，中国的文化主权意识及其战略，是建立在中国文化的"传统"之上的。"文化传统"对于文化认同或文化自觉意

[①] 在这方面，入江昭先生提出的国际关系史研究中对国家层面、跨国家层面和全球层面三个层面的文化取向分析，可为我们提供积极的启示。他指出，国家层面的分析是要探究一个国家对外行为的意识形态和思想文化基础，而跨国家层面的分析包括四个领域：（一）跨越国界的商业、宗教、教育和其他方面的活动；（二）一国的产品、思想和生活方式在国外的传播与影响；（三）一般意义上的文化交流活动，例如互派留学生、学术交流、旅游等；（四）官方的文化政策和文化推广活动。参看王立新《一个文化国际主义者的学术追求和现实关怀》，见入江昭《20世纪的战争与和平》，世界知识出版社，2005，第9~13页。

识的形成来说，其意义是不言而喻的，正是它，构成了民族归属感和文化身份识别的最初也是最主要的来源。因此，要构建中国文化主权战略，首先就必须处理它与文化传统的关系。

就世界范围而言，具有五千年历史的中国文化，不仅源远流长，而且博大精深，在世界文明史上可谓自成体系，独具特色。辉煌灿烂的中国文化，曾使中国跻身于世界性文明国家的行列，为世界文化的发展作出了重大的贡献，赋予中华民族无比的自豪和自尊，成为中华民族集体认同的价值来源。正如美国著名汉学家德克·卜德所说的："中国对西方世界作出了很多贡献，这些贡献极大地影响了西方文明的发展。从公元前200年到公元1800年的这两千年间，中国给予西方的东西，超过她从西方所得到的东西。中国文化西传的结果，甚至完全改变了我们的生活方式，成为我们整个现代文明的基础。"① 1840年以后，中国进入一个备受凌辱的衰落期，中国文化受到了西方文化全面的挑战与冲击，五四运动以后也经历了一次次的全盘式反传统思潮，形成一种"反传统的传统"，使中国的现代进程在某种意义上以与传统断裂的方式进行，造成了严重的价值信仰和文化认同危机，尽管如此，中国文化传统始终具有顽强的生命力，至今依然成为全球化时代中华民族民族身份辨析和认同最为核心的依据，成为支撑中国和平崛起和中华民族伟大复兴的重要历史动力。正如甘阳所说："在许多人看来，中国的巨大'文明'是中国建立现代'国家'的巨大包袱，这基本也是20世纪中国人的主流看法；但我们今天要强调的恰恰是，21世纪的中国人必须彻底破除20世纪形成的种种偏见，而不是要把20世纪的偏见继续带进21世纪。我以为，21世纪中国人必须树立的第一个新观念就是：中国的'历史文明'是中国'现代国家'的最大资源，而21世纪的中国能开创多大的格局，很大程度上将取

---

① 转引自张骥、刘中民等《文化与当代国际政治》，人民出版社，2003，第397页。

决于中国人是否能自觉地把中国的'现代国家'置于中国源远流长的'历史文明'之源头活水中。"①

在强调文化传统的同时，也应该看到，中国文化传统本身是个庞杂甚至模糊的概念。首先，由于中国文化本身的多元性，并不存在一个统一化、本质化的"中国文化传统"。在中国的早期历史上，中国就已形成了中原文化、楚文化、吴越文化、巴蜀文化等文化概念与文化形态，尽管后来儒家文化成为中国文化的主流，但与儒家文化并行的还有道家、法家、兵家、佛家文化等。其次，假如说中国文化的主流是儒家文化，那么在几千年的历史中，它也是不断变化的，从孔子到董仲舒到朱熹再到后来的新儒家，无不可以见出儒家文化内在理路的变化。再次，传统既可以是几千年的长时段的，也可以是中、短时段的，在此意义上，中国文化传统除了千年传统，也包括1840年以来西学东渐的百年传统，这个文化传统充满了历史的张力，既有向西方学习乃至"全盘西化"的激进主义思想倾向，也有着坚决捍卫中国古老传统的保守主义文化思潮，它们都构成了中国文化传统异常复杂、丰富的历史内容。最后，中国的文化传统也包括新中国成立以后、包括1978年以来改革开放的历史传统，这一传统中的平等、公正、解放、开放、改革、市场、效率等关键词及其深刻的历史内涵，都成为中国新的文化传统不可分离的一部分。

尽管中国文化的历史面相是相当庞杂的，其内涵既有古今，也有中西，但"中国文化"作为一个整体，却成为构筑中国文化主权战略最为丰富的思想文化资源。此外，"不能被本质化理解"的中国文化传统既包括了优秀的有生命力的部分，也包括了"糟粕"，它们都是中国漫长而曲折的历史所积淀的文化经验的组成部分，因此就有一个如何创造性地继承和转化文化传统的问题。显

---

① 甘阳：《从"民族国家"到"文明国家"》，2003年12月29日《21世纪经济报道》。

然，只有在创造性地继承和转化文化传统的前提下，才能不断激活中国传统文化的当代价值，形成当代中国新的现代国家核心价值理念，才能以此提升中国现实中的文化软实力，为中国文化认同的增强和中国观念性国家利益的维护，提供更强大的价值依据。在我们看来，中国传统文化是否有活力，不在于它在历史中所产生的影响，而在于看它能否穿越时空，回应中国和世界在当下与未来所遇到的问题。由于当今的中国面临着与以往任何一个时代都不同的复杂的历史条件和国际环境，面对几千年历史文化所留下来的遗产，包括语言文字、风俗习惯、传统节日、文化古迹，以及审美、思维方式、社会心理、核心价值等独特的有形无形遗产，我们在强调对之进行创造性的转化的同时，也要强调对中国文化传统的继承必须是对其基本原则和基本精神的"抽象继承"。可以说，"创造性转化"和"抽象继承"将为中国在新的形势下建立新的文化政治认同、催生新的文化主体意识，提供更多的可能性空间。

二 积极参与世界文化价值体系的重建，扩展中国文化软实力的影响

中国文化主权的维护，不仅体现在对中国文化传统的继承及对中国文化政治认同的强化上，在相当意义上，要真正维护乃至拓展中国的文化主权，还必须以积极、开放的文化态度参与到世界文化价值体系的重建中去，在提升中国文化软实力的同时也不断扩展其影响。事实上，一个崛起的大国如果不能给世界提供一种具有普世价值的道德和文化理念，那么则不仅难以成为真正的大国，而且也不能通过自己文化对世界的深刻影响为国家文化主权的维护提供必要的外部环境。事实上，只有在中国文化价值理念同时被国内外广泛接受和认同的情况下，中国的文化才是安全的，中国的文化主权才能得到更深层次的维护。然而，以往的中国文化战略由于是"防御性"的，它无形中导致了西方世界对中国文化缺乏足够的了解，甚至造成了很多的误解。中国要和平崛起，要成为一个对国际

事务负责任的大国，就必须采取主动性的文化战略，积极参与国际政治、经济和文化新秩序的重建，这其实也是提升中国文化软实力之路。

在我们看来，积极推动中国文化参与世界文化价值体系的重建，至少应涵括如下几个基本方面：一是观念性文化的对外影响；二是为世界贡献自己的制度文化；三是积极介入国际文化规则的制定中去。

首先，在观念性文化方面，当代中国不仅继承了中国几千年的丰富的思想文化资源，而且以其近代以来的积极探索，积累了相当的实践与理论经验，我们既可以在中国文化传统中挖掘出大量的具有普遍意义的价值理念，也可以在中国当代实践中发现问题，以此来铸造我国的核心价值体系，并参与到世界文化价值体系的重建中去。在此过程中，值得强调的是，要形成观念性文化的对外影响，提升中国的文化软实力，不能只注重中国的特殊性，而需要同时着眼于人类社会的共同性，因为真正有效的软实力总是具有"普世"价值或"普适"价值的，① 它不仅仅只是某一特定国家的价值取向，而是其他国家的人也能承认的。就此而言，来自中国文化传统和现代文化经验的一些核心价值理念，在今天无疑是有着非常重大的意义的。如《礼记·中庸》中说："致中和，天地位焉，万物位焉。"强调只有达到和谐，才能正天地，育万物。可以说，中国文化传统中这种"天人合一"和"万物一体"思想所体现的整体有机和谐观，包括对"和而不同"、"同则不济"、"理一分殊"原则的强调，对于保持人们的身心平衡，协调人与人、人与自然及不同

---

① 所谓"普世"，其实是一个颇有争议的用语。"普世的"是拉丁文 oecumenicus 的意译，这个词来源于希腊文，除"普遍"之义外，还含有"根"的意味，是一个富含价值意义的词（这个词自中世纪以来便被基督教会用来自称"普世教会"）。而"普适"仅仅含有"普遍适用"的技术意义。我们可以说"诚实"、"负责"等是普适价值，但不能说它们是普世价值。只有作为一切价值基础的价值，才是普世价值。参看唐逸《什么是普世价值》，2007 年 8 月 29 日《南方周末》。

国家民族之间的关系等方面，无疑是有着普遍性的价值的。这些传统理念也是中国近年来提出"和谐社会、和谐世界"主张的基础，它既植根于中国文化传统又直面当代世界难题，既强调主体内部的和谐，也强调主体之间的和谐，对当今这个纷争层出不穷的世界来说，它的提出破除了西方文化中强烈的"自我/他者"之分与充满对抗的思维逻辑，成为极具理论生产力的理念，势必产生极为深远的影响。正如日本当代著名思想家沟口雄三先生在论述中国文化思想的普遍性价值时说："二十一世纪我们中国学的课题应是，批判世界经济发展之中的经济至上主义的风潮，抵制利己的和追求利润的原理，以及如何把中国思想中形成深厚传统而蕴积的仁爱、调和、大同等道德原理作为人类的文化遗产而提示于世界人类。……我们应该一方面利用市场原理来完成经济发展，一方面再度检讨由这个市场原理产生的欧洲的近代原理，并且再度发掘中国思想文化的重层的传统中所蕴藏的中国的原理，从而面向为回答二十一世纪的课题而构筑新的原理。"[1]

其次，制度文化既是最为核心的国家文化之一，也是一个国家软实力的具体体现，它对于文化主权与观念性国家利益的维护与拓展具有非常重大的意义。美国之所以是世界上最强大的文化大国，在相当意义上是因为美国有着高度发达而又颇具国际影响的制度文化，包括三权分立、民主代议的政治制度，庞杂而严密的法律制度与地方自治制度等，由于制度本身的安排是与核心价值观联系在一起的，因此制度从根本上说是一种文化价值的贯彻与实现。当一项制度不仅得到国内广大民众的支持，而且也受到国际社会的认同、仿效和追随，那么它将为这个国家带来极大的文化吸引力，进而成为该国软实力的重要组成部分。以此来看中国文化在中国和平崛起中的地位，则强调崛起离不开各种制度文化的创新，是非常有必要的。实际上，世界近代史上的大国，其崛起的根本原因可以说都是

---

① 沟口雄三：《中国前近代思想的演变·致中国读者的序》，中华书局，1997。

在发展过程中实现了具有世界历史意义的创新。因此，中国要实现和平崛起的目标，就必须实现中国政治、经济、社会和文化发展所需要的重大制度创新。具体来说，作为一个发展中国家，中国目前面临国内、国际诸多的挑战，如贫富差距问题、腐败问题、消灭贫困等社会和谐问题，如果能够在中国这样一个国家建立可以持续发展和有着基本社会公正的全面小康社会，形成具有中国特色的民主和法治等制度文化，那既是中国在成为伟大强国过程中进行的制度创新，也将是中国对世界的巨大贡献。事实上，中国不仅以其巨大而快速的现代化发展支撑起作为一个大国的崛起和复兴，而且以独特的发展道路、经验与模式形成了不同于"华盛顿共识"的"北京共识"，① 在国际上正吸引着越来越多的追随者，印证了中国特色的社会主义现代化道路及其制度创新所具有的世界性示范意义。

最后，要有效地维护文化主权和国家利益，中国还必须积极参与"国际机制"的制定。② 在某种意义上，一个国家能否成为世界大国，军事力量和经济力量只是基础性条件，根本上在于它能否具备在国际事务决策过程中设置议程的能力，即成为国际会议、国际组织和国际条约的主角，具备永久性席位或者否决权等国际特权。这种设置议程的能力自然不能完全靠军事力量来支撑，而是在于一

---

① "北京共识"是美国高盛公司高级顾问雷默在 2004 年提出的概念，以区别于"华盛顿共识"。雷默指出："中国正在指引世界其他国家在有一个强大重心的世界上保护自己的生活方式和政治选择。这些国家不仅在设法弄清如何发展自己的国家，而且还想知道如何与国际秩序接轨，同时使它们能够真正实现独立。我把这种新的动力和发展物理学称为'北京共识'。它取代了广受怀疑的华盛顿共识。"在国内学者俞可平看来，所谓"北京共识"或"中国模式"，实质上就是中国作为一个发展中国家在全球化背景下实现社会现代化的一种战略选择，它是中国在改革开放过程中逐渐发展起来的一整套应对全球化挑战的发展战略和治理模式。参看黄平、崔之元主编《中国与全球化：华盛顿共识还是北京共识》，社会科学文献出版社，2005，第 6、200 页。

② 所谓国际机制，指的是在国际关系特定领域里行为体愿望汇聚而成的一整套明示或默示的原则、规范、规则和决策程序，或有关国际关系特定问题领域的、政府同意建立的有明确规则的制度。参看门洪华《国际机制与美国霸权》，《美国研究》2001 年第 1 期。

个大国能否提供观念性和原则性的力量资源，这些资源就是国家软实力的外在表现。事实上，国际机制已成为国际社会合力解决政治经济文化安全等问题的必要渠道，参与并主导国际机制的创建和规则的制定，一直是美国等世界性大国提高自己软实力的一个重要的国家战略手段。能否或在多大程度上参与和主导国际机制的创建，不仅反映一个国家的国际地位，而且更重要的是反映这个国家在国际事务中影响国际关系运作的能力，这种能力是与这个国家的安全机制相一致的。因此，要维护我国的文化主权，则必须改变中国过去疏离于国际机制创建的被动、消极局面，积极加入相关的国际文化组织，参与到国际文化机制及其规则的制定中去，以扩展中国文化软实力的对外影响。正如有论者指出的那样，一方面，要参与全球化进程，不能不接受"国际共享的规范"，但由于迄今为止的大多数"国际共享的规范"是以美国为代表的西方发达国家主导的，反映的是这些国家和国家集团的利益和价值观，因此在接受这些"国际共享的规范"的同时也就接受了潜存于规范中的价值内容，并且在这个过程中改变了国家原有的规范系统和价值系统。因此中国作为负责任的大国应当担负起文化责任，必须积极参与新一轮国际文化规则的制定，借此来反映和表达中国关于国际文化利益分配的合理主张，充分利用国际文化舞台扩大自己的文化利益，以此维护自己的国家文化主权。可见，对于国家文化主权和国家利益的维护，不是消极的防御，而是积极主动的参与。只有建立合理的国际文化利益关系，中国才能在和平崛起的过程中实现中华民族的伟大复兴和在这个过程中实现对国家文化主权的最大维护。[1]

三 积极发展文化产业，以建设文化大国来维护文化主权

文化产业如今在中国受到了越来越多的关注和重视，但这种关注和重视大多是在促进经济发展的维度上，即考虑得更多的是文化

---

[1] 胡惠林：《中国国家文化安全论》，上海人民出版社，2005，第278～279页。

产业的发展能给经济创造多少产值，而很少从文化主权的国家政治高度来看发展文化产业的意义。从根本上说，国家文化主权的维护，尽管可以从外交、教育和商贸等诸多方面着手，但在最终意义上还是得益于国家文化本身的整体强大。也就是说，只有具有强大文化实力的文化大国，其文化主权才会得到根本性的维护和拓展。与美国相比，中国是一个有着丰富文化资源的国家，但还不是真正意义上的文化大国，这表现在中国文化在当今世界文化市场上尚未表现出足够的影响力和吸引力上。而中国文化之所以未能在国际上获得相应的地位，其原因也许是多方面的，但中国文化产业本身的弱小无疑是最为主要的原因。

事实上，每一种文化，要在世界上取得生存和发展，并形成对世界的广泛影响，必须通过某种媒介或载体把这种文化的价值变成一个可认知的系统。而文化产业正是这样的文化媒介和认知系统。在今天的全球化时代，只有借助文化产业这样的现代媒介系统，才能实现一种文化在世界的流通，并扩展其在国际社会中的影响。好莱坞文化之所以风靡世界乃至统治全球，是与有着极强国际影响力的好莱坞电影、电视等文化产品紧密联系在一起的。尽管在全球化的语境之下，文化认同出现了越来越多元化的发展趋势，但由于文化认同主要依托的单位依然是国家，因此好莱坞统治全球也就是美国文化对全球的统治，好莱坞成为美国文化主权和国家软实力的一个象征。

在今天，发展文化产业已经不仅仅是出于满足文化经济发展的需要，而越来越显示出它对于国家文化主权的重要意义。由于文化全球化的活动范围、速度和密度都是史无前例的，随着卫星、互联网等通信技术的发展，文化在全球的传播不再受到时间、空间障碍和高关税等贸易壁垒的阻隔，在西方与非西方之间，在强势文化与弱势文化之间，文化产业成为世界文化资源和文化主导权争夺的主战场，由于这种争夺的结果往往决定一个国家的文化在全球化时代的地位和命运，因此发展文化产业也自然成为在全球化时代维护国家文化主权的题中应有之义，即成为一个国家维护自己文化主权的必然的战略性选择。对美国这样的发达国家是这样，对中国这样的正在崛起的发展中国家也同样如此。一句话，发展文化产业不仅具有经济和文化意义，也具有相当深远的国家政治意义。

文化产业在发达资本主义国家有着较长的发展历史，但由于计划经济在我国的长期存在与影响，中国的文化体制落后，文化产业起步较晚，直到20世纪90年代才真正起步。虽然发展时间不长，但随着社会主义市场经济的确立，以及中国加入WTO后进一步融入国际社会，文化产业在我国出现了蓬勃发展的局面，日益受到政府和社会的广泛关注和重视，在党的十六大报告中，发展文化产业上升到一种国家战略的地位。而在"中国和平崛起"的背景下，中国文化产业更是肩负着异常重大的历史使命，因为中国要实现和平崛起和中华民族的伟大复兴，不能没有中国文化产业的快速发展和崛起，不能没有中国文化产业所代表的民族文化创造力和影响力的提升。在某种意义上，中国文化产业的发展程度决定了中国文化软实力能否形成全球性的影响从而有效地维护我国的文化主权，决定了它能否达到与中国和平崛起所要求的文化高度，更决定了中国和平崛起和中华文明伟大复兴能否得到最终的实现。因此，在将来，必须从国家战略的高度重视文化产业的重要性，进一步推进我国的文化体制改革，调整我国的文化产业结构，不断进行文化产业制度和政策的创新，促进文化产业的更大发展。只有成为一个真正的文化产业大国，国家文化软实力才能得到进一步的提升，文化主权问题才能得到更高意义上的根本性维护。

四　加强国家核心价值理念表述，塑造良好的国家文化形象

"核心价值理念"反映的是人们所需求的诸如目标、爱好、祈求的最高最后的精神观念，它是人们心目中关于美好的和正确的事物的决定性理念，是经历史沉淀、由文化传承且不因社会或时代

的变迁而彻底改变的核心价值理念，它构成一个国家、一个文化系统的内核，是支撑国家和文化发展的内在的、持续的精神力量。现代国家核心价值理念是一个国家解决最为紧要的"国家认同"问题的关键。① 作为一个国家对于国家定位、国家发展的集中阐释和对于国家与世界的关系的整体性理解，国家理念可以说构成了一个国家核心价值观最为重要的文化表述，并集中体现了这个国家的观念性国家利益，它因此也成为文化主权的一个重要实现方式。实际上，要建立一个什么样的国家，直接反映了这个国家的核心价值观，反映了这个国家通过什么方式和途径来实现其国家目标。而由于国家理念本身就包含了这个国家的核心价值内涵，因此基于对国家观念性利益的捍卫和维护，对国家理念的表述便成为国家推销自己、加强自身在世界上的影响的重要手段，它因而备受国际社会的青睐。如美国历来都把自由、民主、人权、宪政、法治等作为其国家理念的核心内容，通过"文化同步"输出美国的国家价值观，推销其文化产品，维持其在世界上的文化霸权地位，这可以说是美国一贯奉行的基本国策之一。而东南亚小国新加坡多年来积极倡导其"亚洲价值观"，其中既有强调家庭价值、为政以德、以民为本的东方传统价值，又有推崇法治、民主的现代内涵，在国际上有着非常广泛的影响。

随着中国近年来的快速发展，中国日益成为世界的一支重要力量，但也面临着越来越复杂的国际环境和难题，比如这些年国际盛行的"中国威胁论"就是其中之一。如何化解这些困境和难题，对中国在和平崛起中处理国际问题的心志和智慧都是空前的考验。在此意义上，如何向国际社会阐释、表述中国的国家理念，以获得国际社会的理解和认同，便成为一项异常重要的战略任务。事实上，这些年中国一直为此进行积极的努力，从党的十六大报

---

① 任剑涛：《核心价值理念　凝聚全民共识——以美国、北欧和新加坡为例》，2007 年 7 月 12 日《南方周末》。

告提出要将中国建设成为一个"民主、法治、文明、富强"的国家的发展目标,到近几年来提出的"科学发展观"、"构建和谐社会、和谐世界"、建设社会主义核心价值体系,它们都已成为中国在新的历史时期最为根本的国家核心理念。而事实上,"中国和平崛起"的国家理念,也是在直面回应"中国威胁论"的过程中提出的,它是中国对未来发展目标和实现方式的国家理念的一次集中表述。作为一个有着五千年历史的文明古国,在经历了1840年以来的历史衰落之后,重新崛起一直是中国的既定目标,但与西方大国崛起中的殖民掠夺、种族冲突和爆发战争的方式不同,中国的崛起追求一种和平的实现方式,在最终意义上是要通过文化和建立文明国家的方式崛起,中国将给世界带来的不是威胁,而是共赢。相信这一国家理念将越来越多地得到国际社会的理解与认同。

作为与国家理念有着紧密关系的重要国家战略问题,国家文化形象近年来引起了越来越多的关注和重视。国家文化形象是一个国家文化传统、文化行为、文化实力的集中体现,它折射了一个国家的国民素质和精神风貌,反映了一个国家的文化学习能力和文化创造力,也反映了一个国家的文化软实力在国际上的影响范围与深度。良好的国家文化形象对国家具有巨大的提升作用,是一个国家最大的无形资产和不可或缺的软实力。中华民族的复兴,不仅需要经济上的强盛、政治地位的提高,也需要塑造与我国经济实力、国际地位相适应的国家文化形象,它对于促进中国的和平崛起和文化主权的维护都具有非常特殊的意义。因此,塑造与我国经济实力和国际地位相适应的国家文化形象,增进我国在国际上的"声誉资本",是当前我们维护我国文化主权的一项重大而又紧迫的任务。但与此同时,我们必须看到,目前处于非常时期的中国形象问题在国际上面临着众多的挑战甚至危机,对我国的国家利益造成了多方面的损害,并因此可能成为我国未来发展最大的"战略威胁"之一,中国自己如何看待自己,以及其他国家如何看待中国,将在很大程度上决定中国改革和发展的未来。① 为此，近年来我国政府正在积极拓展对外文化交流和传播渠道，做了许多卓有成效的工作。如有关部门要求国人在海外旅游时注意文明礼貌，其中还罗列出了一些具体要求，如不要高声打手机、不要乱扔垃圾、要自觉排队、吃自助餐时不要过多地拿菜等。而在《国家"十一五"文化发展规划纲要》中，更是把塑造国家文化形象作为文化发展战略的一项重要内容来予以推进。

作为一项系统工程，塑造良好的国家文化形象需要我们做多方面的工作，正如雷默所指出的那样："对于世界而言，中国首先必须得到国际社会的信任。对于中国而言，必须设计一整套与中国的现状及其理想的未来相适应的观念、标识、品牌和说辞。这不是放弃中国传统文化，而是通过知识产品、文化产品和一般商品展示一个新颖的中国，从而进一步完善和巩固中国的传统声誉。"② 在此过程中，政府与公民的协调配合和共同推进也许是最为关键的。从政府层面上说，应继续加强思想道德建设，大力倡导基本的道德规范，引导公民养成良好的文明习惯，形成良好的文明风尚；应努力汲取我国传统文化的深厚营养，吸收人类进步文化的成果，创造出具有中国精神和风格、丰富多彩的现代中国文化内容和样式，促进文化的全面繁荣；应进一步搭建国际文化交流平台，通过各种途径向世界各国介绍中国历史、文化和艺术，特别是当代中国的文化成果，介绍中国人的思想、情感和行为方式，让世人尽可能多地了解中国的过去、现在和未来。从个人角度看，人是国家文化形象的主要承载者。塑造良好的国家文化形象，是每一位国民应尽的责任。要做到这一点，第一，要有海纳百川的开放精神和宽容态度；第二，要有健康的心态；第三，公民个人应有良好的道德素质和礼仪

---

① 乔舒亚·库珀·雷默：《淡色中国》，《中国形象——外国学者眼里的中国》，社会科学文献出版社，2006。

② 乔舒亚·库珀·雷默：《淡色中国》，《中国形象——外国学者眼里的中国》，社会科学文献出版社，2006。

修养，真正体现中国崇尚谦谦君子和作为礼仪之邦的道德风范；第四，在企业的经营活动中，应遵守国际法律法规和惯例，尊重所在国的习惯和风俗，讲诚信，拼质量，守信誉，既要讲利润，也要乐于承担企业经营者应尽的社会责任。[①]

五　发展发达的现代传媒系统，强化中国文化诠释力与话语传播力

一个国家要有效地维护其文化主权并发挥其软实力在国际上的影响，离不开文化主体对本国本民族文化的诠释力，离不开它的话语系统在世界范围内的扩散，而这种话语扩散能力和地位的确立，又离不开话语载体与传播渠道的建设。美国文化之所以能在世界确立起霸主地位，其实是与美国现代传媒的高度发达紧密相关的，它决定了美国价值观在国际上获得诠释、传播的深度和广度。因此，美国国家利益委员会提供的 2000 年度研究报告，就明确地将维护国际信息传递能力，以确保美国价值观能够持续地对外国文化产生积极影响看成美国的重要国家利益。[②] 而从传播学的角度来看，一个国家的文化传播能力是与它在国际上的地位相对应的，没有强大的大众传播系统，就没有强大的国家地位。"国际传播……在整个传播过程中，面向世界，报道世界，争取世界——甚至发展成为争夺世界，即争夺世界的受众，争夺世界的民心，也争夺世界的传播资源与世界传播市场的份额。从国际传播诞生以来，就构成国际关系的一部分，并由此形成了国际传播关系。"[③]

但从历史与现实来看，发展中国家和发达国家在世界新闻传播体系中地位的差距是非常惊人的，这从一个侧面说明了世界政治和

---

① 祁述裕：《如何塑造我国的国家文化形象》，2006 年 11 月 6 日《解放日报》。

② 美国国家利益委员会：《美国的国家利益》，载胡鞍钢、门洪华主编《解读美国大战略》，浙江人民出版社，2003，第 85 页。

③ 杨伟芬主编《渗透与互动：广播电视与国际关系》，北京广播学院出版社，2000，第 32 页。

文化秩序的严重不对等。据统计，全世界每天传播的国际新闻中，约有80%是由西方四大通讯社（美联社、合众国际社、路透社和法新社）发出的，而其中只有10%～30%的国际新闻用来报道发展中国家。根据20世纪80年代联合国教科文组织的统计，1987年西方四大通讯社每天发布的国际新闻数量是：美联社每天1700万字，合众国际社每天1400万字，法新社每天100万字，路透社每天150万字，总计每天3350万字。与此形成鲜明对照的是，由发展中国家和地区为纠正国际新闻的"单向流通"而成立的国际通讯社的发稿状况是：互联通讯社每天15万字，不结盟通讯社联盟每天10万字，泛美通讯社每天2万字，加勒比通讯社每天2.5万字，海湾通讯社每天1.8万字，总计31.3万字。两者仅在数量上就相差100倍以上。除了新闻传播，国际电视节目流通的特点依然是以单向流通和娱乐为主，单向流通源以美、英、法、德为主。其中美国电视节目一直居市场出口榜首。根据1992年的统计，美国电视节目占拉丁美洲国家进口节目的77%，在非洲占47%，在欧洲占44%，在阿拉伯国家占32%。西方传播学者黑默林曾做出这样的评述："大量在核心国家产制的社会文化观点、娱乐，单向传输到第三世界，结构化了他们国民的形象环境。"① 此外，语言作为文化传播的重要工具，也是文化交流的重要手段。目前，英语已被世界上大多数国家所采用，作为世界范围内交流的语言。全球计算机网络中储存的资料，80%以上是英语，85%以上的国际电话要求用英语通话，世界上有75%的信件、电传和电报用英语书写，而且作为互联网基础的计算机程序指令与软件绝大多数使用的也是英语。

发展中国家和发达国家在国际传播体系中地位的差距，既说明了国际传播秩序的严重不平衡、不平等，同时由于传播本身所蕴涵

---

① 参看张骥、刘中民等《文化与当代国际政治》，人民出版社，2003，第320～322页。

的价值取向，国际传播的不平等也导致了各民族、国家文化价值体系在国际上的不对等地位。可以说，国际传播格局的历史与现状，是世界旧的国际政治、经济和文化秩序的一种体现与象征。以此来观照中国现代传媒发展的现状，可以看到，改革开放以来，中国的现代传媒业得到了极为迅猛的发展，从广播电影电视到新闻出版，从传统的媒介方式到以互联网为代表的新兴媒介的极其迅速的兴起（截至 2008 年底，中国内地网民已达到 2.98 亿），其实力不断得到提升，成为中国不断增长的综合国力的重要组成部分。然而，与西方现代传媒发达的国家相比，中国的现代传媒还不够发达，其在国际信息与文化传播格局中还处于一个较弱的地位，其文化诠释力与话语传播力还远远落后，无论是单个的现代传媒集团，还是总体的发展水平，中国的媒体实力都与中国作为一个正在崛起的大国的地位不相适应，与中华民族的伟大复兴的历史性诉求不相适应。在此背景下，要维护中国的文化主权，增强中国文化软实力，扩展中国文化在国际社会的影响力，必须从国家文化战略的高度重视现代传媒工作，进一步加强中国现代传媒的综合实力和传播能力，包括华文网络媒体的建设，从而一方面维护中文的文化主体性，另一方面凭借发达的现代传媒，有效地加强中国文化价值对外的扩散和影响，为中国的和平崛起和中华民族的伟大复兴，培育更强的话语传播能力，搭建更好的文化价值诠释平台。

后　记

在全球化的语境下，"文化主权"问题正引起越来越多的关注与重视，本书的写作即是对这一问题进行的初步理论探讨。

学术界在国家主权研究方面，对政治主权等国家理论的研究是非常深入的，也取得了异常丰硕的理论成果积累。与之相比，文化主权研究可谓是个新兴的学术领域，尤其在国内，相关研究成果相对缺乏，本书可直接借鉴的基础资料并不多。尽管国内学界近年来关于文化主权的论述不少，但大多着眼于文化霸权和文化安全视角，或者是从政治主权、经济主权和文化主权等相对单一的理解中探讨文化主权在国家主权中的某种位置（这一位置往往是不大重要的），却忽视乃至取消了文化主权的独立主体地位和理论意义。

本书对文化主权的研究主要基于"中国问题"意识。与西方不同，中国由于悠久的中华"帝国"传统，形成了自己独特的政治模式与文化传统，"道统"和"治统"的自觉区分，以及"王朝更迭而文化不灭"的事实，其实揭示得更多的是文化认同和文化承认问题在中华帝国传统（包含了传统的帝国朝贡体系）中的核心地位，也昭示了文化主权问题在中国政治哲学中独特而突出的意义。这构成了本书思考和研究文化主权问题的一个历史向度。在今天的全球化时代，尤其是在中国和平崛起与走向复兴的现实语境下，如何重新理解和分析文化主权的丰富内涵及其复杂的历史面相，探讨文化主权问题在中国和平崛起和中华民族复兴中的重要地位与价值，尤其是文化主权与党的十七大报告提出的提升国家文化软实力发展战略之间的理论关系，既是我们面临的崭新的理论课题，也构成了本研究的难点。基于上述理论挑战与困难，本书的出发点与其说是为了解决问题，还不如说是为了提出问题，希望以此引起学界对它的重视与关注。

本书的构思在多年前就已经开始了。我还在深圳市文化局任职期间，就一直关注和思考文化主权这一命题，并在多个场合初步阐发了对这一问题的思考。主权的内涵很多，既有领土主权、政治主权、经济主权，也有文化主权，这些主权概念之间是彼此联系的。其中，政治主权是文化主权的根本保障，领土主权是文化主权的空间载体，经济主权是文化主权的必要前提，但文化主权同时也具有自己相对的独立性。文化主权是一个民族尊严和自我认同的必要依归，只有有了独立的民族意识的觉醒，才会有与之伴生的文化主权感；而这种由不自觉到自觉的文化主权感的认识过程，同时也是一个民族成长的心理历程。尤其对于中国现代化建设事业来说，文化主权有着极为重要的现实意义。从历史上看，过去对一个国家的征服，往往通过占有土地、推翻政权来解决文化主权问题。而在今天的经济全球一体化时代，文化的进入往往是通过经济的瓦解能力和现代科技的渗透作用来实现的。从终极意义上来说，大国之间的政治斗争往往就是文化主权上的斗争。中国古代兵法也指出，"攻心为上，攻城为下"。文化霸权与军事霸权的不同在于，它往往不需要占领你的领土，而是通过文化主权统摄人心的罗致能力，使你归依和认同。

如何认识并捍卫文化主权，这是我们在经济全球化背景下必须要认真研究和分析的。但要特别强调的是，维护文化主权不能采取完全的文化孤立主义，在捍卫基本的民族尊严的同时，要有广阔的胸襟接纳外来文化，并使之与本民族文化相融合。越要维护文化主权，反而越要打开国门主动吸收，否则文化就会萎缩，文化主权也无从谈起。从这个意义上讲，文化主权的确立和实现，就是要扩大文化的开放，促进文化的融合，在开放和融合中扩大自主的空间。后来我结合海内外的相关讨论，进一步提出文化主权问题是中国现代化过程中必然会遇到的问题，它在今天的中国是个现实的存在。从国家实力构成的理论基础角度看，军事实力和经济实力奠基于一个国家的军事主权和经济主权之上，文化软实力同样需要一种主权学说来对它进行论证和支持。文化主权就是关于国家文化软实力的一种主权学说。随着国力的日渐强大，中国正日益成为一个崛起的经济强国，但作为一个大国，其责任和地位显然不仅仅是经济意义上的，而是希望发挥一个大国更大的作用，即在经济之外，也希望在政治和文化上发挥更大的作用。文化的影响是和平崛起的题中应有之义，一个国家的兴盛，刚开始是经济的崛起，然后是军事的强大，最后显示为文化的独特影响力，文化构成民族国家的根本意义。中国的强大和崛起，意味着要在国际社会承担更大的责任，这其中也包括文化的责任、文明的责任。而文化主权的确立和文化软实力的强大正是中国作为大国承担责任的重要的战略选择。可以说，这些主张和见解既是文化主权命题的核心所在，又使文化主权的理论脉络逐步得以清晰。此次成书，就是在此基础上所作的系统的梳理和展开。

　　本书的写作进行了一年多，期间参阅了大量的相关文献资料，吸收了国内外不少学者的研究成果，在此对他们表示衷心感谢。本书最终得以面世，要感谢陈威、陈锦涛、乐正、尹昌龙、陈新亮、黄士芳、王为理等几位同志，其中尤其要感谢魏甫华、杨立青两位同志在资料收集及具体写作过程中所提供的帮助和所付出的心力，深圳市特区文化研究中心也为本书的写作创造了条件；另外，还要感谢社会科学文献出版社的谢寿光社长，没有他的大力支持，本书将不可能以较快的速度出版，在此也一并致以谢忱。

艺　衡

二〇〇九年六月

主要参考文献

一 中文文献

《马克思恩格斯选集》，人民出版社，1972，1995。

《列宁选集》，人民出版社，1995。

《毛泽东选集》，人民出版社，1991。

《邓小平文选》，人民出版社，1993。

约瑟夫·A. 凯米莱里、吉米·福尔克：《主权的终结——日趋"缩小"和"碎片化"的世界政治》，浙江人民出版社，2001。

梅里亚姆：《卢梭以来的主权学说史》，法律出版社，2006。

陈端洪：《宪治与主权》，法律出版社，2007。

杨泽伟：《主权论》，北京大学出版社，2006。

霍布斯：《利维坦》，黎思复、黎延弼译，商务印书馆，1985。

洛克：《政府论》，瞿菊农、叶启芳译，商务印书馆，1984。

卢梭：《社会契约论》，何兆武译，商务印书馆，2002。

托克维尔：《论美国的民主》，董果良译，商务印书馆，1988。

阿克曼：《我们人民：宪法变革的原动力》，孙文恺译，法律出版社，2003。

鲍曼:《立法者与解释者》,洪涛译,上海人民出版社,2003。

德沃金:《认真对待权利》,信春鹰、吴玉章译,中国大百科全书出版社,1998。

福柯:《规训与惩罚》,刘北成译,三联书店,1999。

大沼保昭:《人权、国家与文明》,王志安译,三联书店,2003。

安东尼奥·奈格里、麦克尔·哈特:《帝国——全球化的政治秩序》,杨建国、范一亭译,江苏人民出版社,2003。

篠田英朗:《重新审视主权——从古典理论到全球时代》,戚渊译,商务印书馆,2004。

约翰·霍夫曼:《主权》,陆彬译,吉林人民出版社,2005。

肖佳灵:《国家主权论》,时事出版社,2003。

亨廷顿:《文明的冲突与世界秩序的重建》,周琪等译,新华出版社,1999。

亨廷顿:《失衡的承诺》,东方出版社,2005。

亨廷顿:《我们是谁?》,新华出版社,2004。

王沪宁:《国家主权》,人民出版社,1987。

王沪宁:《比较政治分析》,上海人民出版社,1987。

王沪宁:《王沪宁集——比较·超越》,黑龙江教育出版社,1989。

王缉思主编《文明与国际政治》,上海人民出版社,1995。

王逸舟:《探寻全球主义国际关系》,北京大学出版社,2005。

王逸舟主编《中国学者看世界:国家利益卷》,新世界出版社,2007。

阎学通:《国家政治与中国》,北京大学出版社,2005。

阎学通:《中国国家利益分析》,天津人民出版社,1994。

阎学通:《中国崛起——国际环境评估》,天津人民出版社,1998。

王建:《虚拟资本主义时代与帝国主义战争》,高全喜主编《大国》第 1 辑,北京大学出版社,2004。

汉斯·摩根索：《国家间的政治》，商务印书馆，1993。

约瑟夫·奈：《美国霸权的困惑：为什么美国不能独断专行》，世界知识出版社，2002。

约瑟夫·奈：《软力量——世界政坛成功之道》，东方出版社，2005。

约瑟夫·奈：《硬权力与软权力》，门洪华编译，北京大学出版社，2005。

约瑟夫·S.奈、约翰·D.唐纳胡：《全球化世界的治理》，世界知识出版社，2003。

罗伯特·基欧汉、约瑟夫·奈：《权力与相互依赖》，北京大学出版社，2002。

帕特森：《美国政治文化》，顾肃、吕建高译，东方出版社，2006。

保罗·肯尼迪：《大国的兴衰》，世界知识出版社，1990。

徐国琦：《中国与大战：寻求新的国家认同与国际化》，马建标译，上海三联书店，2008。

查尔斯·蒂利：《强制、资本和欧洲国家（公元990～1992年）》，魏洪钟译，上海人民出版社，2007。

查尔斯·库普乾：《美国时代的终结：美国外交政策与21世纪的地缘政治》，潘忠岐译，上海人民出版社，2004。

郭树勇：《大国成长的逻辑》，北京大学出版社，2006。

入江昭：《20世纪的战争与和平》，世界知识出版社，2005。

张季良：《国际关系学概论》，世界知识出版社，1990。

肯尼思·华尔兹：《国际政治理论》，中国人民公安大学出版社，1992。

亚历山大·温特：《国际政治的社会理论》，上海世纪出版集团，2000。

马斯洛：《动机与人格》，华夏出版社，1987。

洪兵：《国家利益论》，军事科学出版社，1999。

黄硕风：《综合国力论》，中国社会科学出版社，1999。

威廉·奥尔森、戴维·麦克莱伦、弗雷德·桑德曼主编《国际关系的理论与实践》，中国社会科学出版社，1987。

刘建飞：《美国与反共主义——论美国对社会主义国家的意识形态外交》，中国社会科学出版社，2001。

罗伯特·阿特：《美国大战略》，北京大学出版社，2005。

阿兰·鲁格曼：《全球化的终结》，常志霄、沈群红等译，三联书店，2001。

高全喜：《论相互承认的法权》，北京大学出版社，2004。

高全喜主编《大国》第1～4辑，北京大学出版社，2004。

张旭东：《全球化时代的文化认同——西方普遍主义话语的历史批判》，北京大学出版社，2005。

刘小枫：《现代人及其敌人——公法学家施米特引论》，华夏出版社，2005。

刘小枫、陈少明主编《经典与解释》第1～23辑，华夏出版社，2007。

刘小枫：《现代性社会理论绪论》，上海三联出版社，1998。

汪晖：《现代中国思想的兴起》（四卷本），三联书店，2004。

汪晖：《去政治化的政治》，三联书店，2008。

滨下武志：《近代中国的国际契机——朝贡贸易体系与近代亚洲经济圈》，中国社会科学出版社，1999。

梁启超：《饮冰室合集》第6册，中华书局，1989。

米兰·昆德拉：《帷幕》，董强译，上海译文出版社，2006。

马克斯·韦伯：《民族国家与经济政策》，三联书店，1997。

梁启超：《中国之武士道》，中国档案出版社，2006。

余英时：《现代儒学的回顾与展望》，三联书店，2005。

林国华：《诗歌与历史——政治哲学的古典风格》，上海三联书店、华东师范大学出版社，2005。

上海社会科学院世界经济与政治研究院编《国际体系与中国

的软力量》，时事出版社，2006。

丁学良：《中国经济的再崛起——国际比较的视野》，北京大学出版社，2008。

丁学良：《共产主义后与中国》，牛津大学出版社，1994。

相蓝欣：《传统与对外关系》，三联书店，2008。

相蓝欣：《义和团战争的起源——跨国研究》，华东师范大学出版社，2003。

苏珊·邓恩：《姊妹革命——论法国革命和美国革命》，上海文艺出版社，2003。

迈克尔·卡门：《自相矛盾的民族——美国文化的起源》，江苏人民出版社，2006。

金耀基：《中国人的三个政治》，台北经济与生活出版公司，1989。

理查德·罗蒂：《筑就我们的国家——20世纪美国左派思想》，三联书店，2006。

罗志田：《乱世潜流：民族主义与民国政治》，上海古籍出版社，2001。

埃里克·霍布斯鲍姆：《史学家：历史神话的终结者》，马俊亚、郭英剑译，上海人民出版社，2002。

吴莉苇：《当诺亚方舟遭遇伏羲神农——启蒙时代欧洲的中国上古史论争》，中国人民大学出版社，2005。

周锡瑞：《义和团运动的起源》，刘俊义等译，江苏人民出版社，1992。

赵明：《康德〈论永久和平〉的法哲学基础》，华东师范大学出版社、上海三联书店，2005。

汪丁丁：《通向林中空地——汪丁丁自选集》，山东教育出版社，1999。

乌尔里希·贝克：《全球化时代的权力与反权力》，蒋仁祥、胡颐译，广西师范大学出版社，2006。

孙嘉明、王勋编《全球社会学——跨国界现象的分析》，清华大学出版社，2006。

崔瑞德编《剑桥中国隋唐史》，中国社会科学出版社，1990。

爱德华·吉本：《罗马帝国衰亡史》，商务印书馆，2005。

埃德加·莫兰：《反思欧洲》，三联书店，2005。

费尔南·布罗代尔：《文明史纲》，广西师范大学出版社，2003。

彼得·李伯庚：《欧洲文化史》，上海社会科学院出版社，2004。

陈乐民：《欧洲文明十五讲》，北京大学出版社，2006。

唐晋主编《大国崛起》，人民出版社，2006。

安东尼·吉登斯：《民族国家与暴力》，三联书店，1998。

本尼迪克特·安德森：《想象的共同体——民族主义的起源与散布》，上海世纪出版集团，2005。

佩尔·安德森：《绝对主义的国家谱系》，郭方等译，上海人民出版社，2001。

盖尔纳：《民族与民族主义》，中央编译出版社，2002。

贾英健：《全球化背景下的民族国家研究》，中国社会科学出版社，2005。

吉尔·德拉诺瓦：《民族与民族主义》，三联书店，2005。

罗兹·墨菲：《亚洲史》，海南出版社、三环出版社，2006。

李学勤：《走出疑古时代》，长春出版社，2007。

樊树志：《国史十六讲》，中华书局，2006。

王尔敏：《中国近代思想史论》，社会科学文献出版社，2003。

甘阳：《八十年代中国文化的意识》，三联书店，2006。

甘阳：《通三统》，三联书店，2007。

甘阳：《走向"政治民族"》，《读书》2003年第4期。

甘阳：《政治哲人施特劳斯》，牛津大学出版社，2003。

赵汀阳：《天下体系：世界制度哲学导论》，江苏教育出版社，2005。

黄仁宇：《中国大历史》，三联书店，2006。

卡尔·施米特:《宪法学说》,刘锋译,上海人民出版社,2005。

强世功:《立法者的法理学》,三联书店,2007。

伊佩霞:《剑桥插图中国史》,山东画报出版社,2005。

《鲁迅全集》(第一卷),人民文学出版社,1981。

斯塔夫里阿诺斯:《全球通史》,北京大学出版社,2005。

阮炜:《地缘文明》,上海三联书店,2006。

雅克·布道编《建构世界共同体:全球化与共同善》,万俊人等译,江苏教育出版社,2006。

贡德·弗兰克:《白银资本——重视经济全球化中的东方》,刘北成译,中央编译出版社,2000。

林毓生:《中国传统的创造性转化》,三联书店,1988。

黄平:《中国高速发展能不能持续》,《中国与世界观察》,商务印书馆,2006。

《剑桥美国对外关系史》,新华出版社,2004。

顾长声:《传教士与近代中国》,上海人民出版社,1981。

阎广耀、方生:《美国对华政策文件选编》,人民出版社,1990。

中国人民大学政治经济学系:《中国近代经济史》,人民出版社,1978。

迈克尔·亨特:《意识形态与美国外交政策》,世界知识出版社,1999。

周琪主编《意识形态与美国外交》,上海人民出版社,2006。

叶自成:《中国大战略》,中国社会科学出版社,2003。

威廉森·默里等编《缔造战略:统治者、国家与战争》,时殷弘等译,世界知识出版社,2004。

张安:《面向二十一世纪的国家战略:历史演进与理论构建》,中国经济体制改革研究会国家战略课题组2006年报告,未刊稿。

法利德·扎卡利亚:《从财富到权力》,门洪华译,新华出版社,2001。

戈尔茨坦·基欧汉主编《观念与外交政策》,北京大学出版社，2005。

福山：《国家构建》，中国社会科学出版社，2007。

沟口雄三：《中国前近代思想的演变》，中华书局，1997。

李猛等编《思想与社会》1~6辑。

黄进兴：《优入圣域：权力、信仰与正当性》，陕西师范大学出版社，1998。

赵鼎新：《东周战争与儒法国家的产生》，华东师范大学出版社，2006。

许进、赵鼎新：《政府能力和万历年间的民变发展》，《社会学研究》2007年第1期。

列文森：《儒教中国及其现代命运》，中国社会科学出版社，2000。

J. F. C. 富勒：《西洋世界军事史》，钮先钟译，广西师范大学出版社，2004。

费孝通：《乡土中国》，上海世纪出版集团，2007。

张骥、刘中民等：《文化与当代国际政治》，人民出版社，2003。

胡惠林：《中国国家文化安全论》，上海人民出版社，2005。

马修·弗雷泽：《软实力——美国电影、流行乐、电视和快餐的全球统治》，新华出版社，2006。

郑必坚：《论中国和平崛起发展新道路》，中共中央党校出版社，2005。

胡鞍钢：《中国崛起之路》，北京大学出版社，2007。

胡鞍钢主编《中国大战略》，浙江人民出版社，2003。

胡鞍钢、门洪华主编《解读美国大战略》，浙江人民出版社，2003。

门洪华主编《中国：大国崛起》，浙江人民出版社，2004。

曼纽尔·卡斯特：《网络社会的崛起》，社会科学文献出版社，2003。

曼纽尔·卡斯特：《认同的力量》，社会科学文献出版社，

2003。

黄平、崔之元主编《中国与全球化：华盛顿共识还是北京共识》，社会科学文献出版社，2005。

乔舒亚·库珀·雷默等：《中国形象——外国学者眼里的中国》，社会科学文献出版社，2006。

杨伟芬主编《渗透与互动：广播电视与国际关系》，北京广播学院出版社，2000。

陈志武：《大国崛起：面向全球化的中国》，2004 年 12 月 4 日《经济观察报》。

陈志武：《财富是怎样产生的》，中国政法大学出版社，2004。

二 英文文献

Charles Kupchan, *The End of the American Era：U. S. Foreign Policy and the Geopolitics of the Twenty—first Century*, New York：Knopf, 2002.

Saskia Sassen, *Losing Control？Sovereignty in an Age of Globalization*, New York：Columbia University Press, 1996.

Lassa Oppenheim, *International Law*, London：Longmans, Green, and Co. , 1905.

Samuel P. Huntington, *Clash of Civilizations*, Free Press, 2002.

Samuel P. Huntington, *Who Are We？The Challenges to America's National Identity*, Simon & Schuster, 2005.

Samuel P. Huntington, *The Third Wave：Democratization in the Late Twentieth Century*, University of Oklahoma Press, 1991.

John King Fairbank, "introduction", Akira Iriye, *Across the Pacific：An Inner History of American-East Asian Relation*, New York：Harcourt, Brace & World, Inc. , 1967.

Hans J. Morgenthau, "Another 'Great Debate'：The National Interest of the United States", *American Political Science Review*, Volume 46, Issue 4（Dec. , 1952）.

Arthur M. Schiesinger, Jr., *The Cycles of American History*, Boston: Houghton Mifflin, 1986.

Robert O. Keohane and Joseph S. Nye, Jr., "Power and Interdependence in the Information Age", *Foreign Affairs*, September/October 1998.

W. J. Stankiewicz, "Sovereignty as Political Theory", *Political Studies*, Volume 24 Issue 2.

Joseph S. Nye, Jr., *Soft Power: The Means to Success in World Politics*, New York: Public Affairs, 2004.

Joseph S. Nye, Jr., "The The Rise of China's Soft Power", *The The Wall Street Journal Asia*, 29 December 2005.

Joseph S. Nye, Jr., *Understanding International Conflicts: An Introduction to Theory and History*, 北京大学出版社（影印版）, 2000.

Richard A. Falk, *Human Rights and State Sovereignty*, New York, 1981.

L. L. Blake, *Sovereignty Power beyond Politics*, London, 1988.

图书在版编目（CIP）数据

文化主权与国家文化软实力/艺衡著. —北京：社会科学文献
出版社，2009.8
ISBN 978 - 7 - 5097 - 0839 - 2

Ⅰ. 文… Ⅱ. 艺… Ⅲ. 文化 - 主权 - 研究 - 中国 Ⅳ. G12

中国版本图书馆 CIP 数据核字（2009）第 082509 号

文化主权与国家文化软实力

著　　者/艺　衡

出 版 人/谢寿光
总 编 辑/邹东涛
出 版 者/社会科学文献出版社
地　　址/北京市西城区北三环中路甲 29 号院 3 号楼华龙大厦
邮政编码/100029
网　　址/http://www.ssap.com.cn
网站支持/（010）59367077
责任部门/社会科学图书事业部（010）59367156
电子信箱/shekebu@ssap.cn
项目经理/王　绯
责任编辑/李　响　王　绯
责任校对/王继林
责任印制/郭　妍　岳　阳　吴　波

总 经 销/社会科学文献出版社发行部
　　　　　（010）59367080　59367097
经　　销/各地书店
读者服务/市场部（010）59367028
排　　版/北京中文天地文化艺术有限公司
印　　刷/北京季蜂印刷有限公司

开　　本/787mm×1092mm　1/16
印　　张/19　字数/262 千字
版　　次/2009 年 8 月第 1 版　印次/2009 年 8 月第 1 次印刷

书　　号/ISBN 978 - 7 - 5097 - 0839 - 2
定　　价/45.00 元